小豆畑和之〔編〕

よくでる一問一答

世界史

山川出版社

JN107633

本書の特長と使い方

　本書は、世界史探究の学習に不可欠である基本的な用語や重要な用語（事項・人物・年代・絵画など）を一問一答形式にした問題集です。

　世界史学習においては、重要用語を正確に理解することが必要です。しかし一つ一つの知識がばらばらであっては、いつまで学習していても自分なりの世界史像を構築することはできません。数多くの知識を自分なりに関連づけて、「歴史の流れ」や「時代の枠組み」を発見・定着させることが必要です。

　本書ではこうした点を考慮して、それぞれの設問につながりを持たせ、必要な場合は解説を加えています。これは、問題を解き、解説に目を通すことで、ある程度の歴史の流れが理解でき、その結果、重要用語の定着率が高まると考えたためです。

　世界史の入試問題は複雑化しているといわれることがあります。さらに大学入学共通

使い方

❶問題文を文節ごとに記号などで区切ってしっかり読み、解答を実際に書いてみましょう。そうすることで、解答時におけるケアレスミスが激減します。

❷解答や問題文の赤字の語句は、世界史の理解のためには必要最低限の語句ばかりです。もし一つでも理解・記憶があいまいなものがあれば、徹底的に教科書の該当部分及び関連部分を読みなおしてみましょう。すべての語句を完璧に理解し、説明できるようになるまで、この本を読み込んでください。

❸問題文と「解説」の赤字は、それ自体が重要な語句、あるいは正誤判定のポイントとなる部分です。反復学習する際には、皆さんは出題者の側に立って、なぜこの部分が出題されたのかを考えていくと、さらに理解が深まるでしょう。

❹基本事項の反復学習が、理解への近道です。教科書を必ず傍らにおいて何度も参照し、上記使用法を参考に自分なりの方法を確立して、本書を愛用してください。耳から聞くことも有効ですので、スキマ時間に、自分で録音したものを聞いてみて、解答できるか、試してみてください。

テストは、重要用語に加え、図版や文字資料、地図などを読み込み、その情報を多角的に考察できる力を求めています。しかし、過去の大学入試センター試験や大学入学共通テスト、および私大入試の問題を分析してみると、どのような出題形式であれ、重要用語を正確に理解していれば十分対応できることに気がつきます。本書は、これらの入試問題を分析し、解答に必要と思われる頻出用語を整理することにより、日常の学習や定期考査においてはもちろんのこと、大学合格をめざす皆さんの自学用になるよう構成されています。

本書が有効に利用され、21世紀に生きる皆さんの歴史認識の形成に役立つことを願っています。

編者　小豆畑和之

問題文と解答

問題数は約2700問。問題文は黒字で、解答は各ページの右側に赤字で記してあります。付属の「赤シート」を使うと、解答部分が隠れます。赤シートをずらしながら一問ずつ解いていきましょう。

チェック欄

反復学習する際の確認用のチェック欄です。間違えたものにチェック、あるいはできたものにチェックなどと、各自で工夫して、何回も繰り返して利用してください。

問題文中の赤字

問題文中の重要語句や、直前の問題の解答を赤字にしています。

解説

必要に応じて解説を付しています。

One step further

節末に、論述形式の発展的な問いと空欄付きの解答例を設けています。問題文は、大学入試の論述問題を手直ししたものです。問いの「視点」に注目して、「さらに一歩進んだ」理解をめざしましょう。問いは後の章の内容を含んでいる場合もあります。

オリエントの統一と分裂

1	前7世紀前半、全オリエントを征服した国はどこか。	1 アッシリア王国
2	アッシリア王国の首都はどこか。	2 ニネヴェ
3	アッシリア王国の全盛期の王は誰か。	3 アッシュルバニパル
4	圧政により服属民族の反乱がおこり、前612年その統一王国は滅び、4王国が分立した。そのうちもっとも強勢であった国は何か。	4 新バビロニア（カルデア）
5	4王国のうち、世界最古の金属貨幣を製造した国はどこか。	5 リディア（リュディア）
6	4王国のうち、イラン高原に成立した国はどこか。	6 メディア
7	現在知られているアフリカ最古の黒人王国は何か。	7 クシュ王国
8	4世紀にクシュ王国を滅ぼしたエチオピアの国はどこか。	8 アクスム王国

解説 この国はエチオピア初の統一王国で、キリスト教（コプト派）国であった。

One step further

メソポタミアとエジプトの文明の共通点と相違点について、両地域の自然条件と関連させて説明せよ。

➡両地域とも大河の増水を利用して（＿＿）農業が早くから行われ、宗教的権威による（＿＿）政治が出現した。メソポタミアでは周辺の遊牧民の進入が繰り返されたが、エジプトでは（＿＿・＿）といった天然の要害に囲まれていたため、現地の人々による安定的な文明が営まれた。

灌漑／神権／砂漠・海

目　次

第1章 | 文明の成立と古代文明の特質

1 文明の誕生

人類の進化

解説 ▶ 生物出現後の時代を、地質年代では古生代・中生代・新生代に大別する。さらに新生代後期は、更新世と完新世にわけられる。更新世はほぼ旧石器時代と重なり、現生人類が出現した。

1	文字の発明以前の時代を何というか。	1	先史時代
2	約700万年前に出現し、**直立二足歩行**を行っていた最古の人類とは何か。	2	猿人
3	猿人のうち約420万年前に出現した、アフリカ各地で発見された化石人類は何か。	3	アウストラロピテクス
4	石を打ち欠いてつくる**打製石器**のうち、もっとも原始的なもので、猿人が用いたものは何か。	4	礫石器
5	約240万年前に出現した、猿人より発達した知力を持つ化石人類は何か。	5	原人
6	180万〜20万年前に出現した、「直立した人」の意を持つ原人は何か。	6	ホモ゠エレクトゥス
7	原人のうち、ジャワ島のトリニールと中国の周口店で発見された化石人類はそれぞれ何か。	7	ジャワ原人・北京原人
8	ジャワ原人・北京原人らが使用した、全体を整形した打製石器とは何か。	8	ハンドアックス(握斧)
9	中国で発見された化石人類は、暖房や調理などに何を使用していたと考えられるか。	9	火
10	原人は、魚や動物類、植物などを食料として獲得していたが、そうした方法を何というか。	10	狩猟・採集

□□□		
11	約60万年前に出現した、原人より発達した知力を持つ化石人類は何か。	11 旧人
□□□ 12	旧人の代表で、剝片石器や毛皮を使用し、ヨーロッパから西アジアに分布していた化石人類は何か。	12 ネアンデルタール人
□□□ 13	旧人は、どのような宗教的風習を持っていたか。	13 死者の埋葬
□□□ 14	約20万年前にアフリカに出現した現生人類に属する化石人類は何か。	14 新人
□□□ 15	新人のうち、南西フランスで発見され、約4万2000年前に出現した現生人類は何か。	15 クロマニョン人
□□□ 16	新人のうち、中国で発見され、約3万5000年前に出現した現生人類は何か。	16 周口店上洞人
□□□ 17	新人が用いた、動物の骨や角などでつくられた道具は何か。	17 骨角器
□□□ 18	新人らが残した洞穴絵画の代表例で、スペインとフランスで発見された遺跡をそれぞれ答えよ。	18 アルタミラ・ラスコー
□□□ 19	石器時代前期の、打製石器や骨角器が用いられた時代を何というか。	19 旧石器時代

文明の誕生

□□□		
1	約1万年前に氷期が終わり地球は温暖化したが、約9000年前の西アジアで画期的な食料生産方法が開始された。それは何か。	1 農耕・牧畜
□□□ 2	農耕・牧畜のことを、それ以前の狩猟・採集といった獲得経済と比較して、何というか。	2 生産経済
□□□ 3	農耕・牧畜の開始にともなって、人類は調理や貯蔵のためにどのような器具を使用しはじめたか。	3 土器
□□□ 4	農耕・牧畜にともなって発達した、石臼・石斧・石包丁など表面を磨いた石器を何というか。	4 磨製石器
□□□ 5	磨製石器が用いられた時代を何というか。	5 新石器時代

□□□			
6	約6000年前から使用されはじめた、銅と錫の合金でつくられたものは何か。	6	青銅器
□□□			
7	雨水に頼り肥料を使わない初期の農法から進んで、大河流域で行われた治水による農業を何というか。	7	灌漑農業
□□□			
8	食料の保管や他地域との交易の管理・記録の必要から発明されたものは何か。	8	文字
□□□			
9	文字が発明された時代を何というか。	9	歴史時代
□□□			
10	人間を、身体的な特徴で分類したものを何というか。	10	人種
□□□			
11	人間を、文化的な特徴で分類したものを何というか。	11	民族
□□□			
12	民族のうち、とくに言語で分類したものを何というか。	12	語族

□□□

One step further

安定した農業生産が可能となった理由とその影響について説明せよ。

➡ (___)農業が始まって農業生産が安定した。生産力の拡大で(___)生産が増大して、私有の概念が発生したため、(___・___)が成立した。

灌漑／余剰／階級・身分

2　古代オリエント文明とその周辺

メソポタミアの統一

□□□			
1	砂漠や草原からなる西アジアからエジプトを「日ののぼる所」という意味で、古代ローマ人は何と呼んだか。	1	オリエント
□□□			
2	前3000年ころから文明が栄えたメソポタミアとは「川の間の土地」の意味であるが、その両河の名を答えよ。 **解説▶** メソポタミアからシリア・パレスチナにいたる地域を「肥沃な三日月地帯」と呼ぶ。	2	ティグリス川・ユーフラテス川
□□□			
3	前3000年ころメソポタミアに都市国家を成立させた、系統不明の民族は何か。	3	シュメール人

☐☐☐ **4** シュメール人の都市国家のうち代表的なものを2つあげよ。		**4** ウル・ウルク
☐☐☐ **5** オリエント社会で行われていた、支配者が宗教の権威によって統治する政治体制を何というか。		**5** 神権政治
☐☐☐ **6** メソポタミアの都市国家の中心に建つ聖塔とは何か。		**6** ジッグラト
☐☐☐ **7** シュメール人が用いた、粘土板にペンで刻む象形文字とは何か。		**7** 楔形文字
☐☐☐ **8** シュメール人が用いた記数法は何か。		**8** 六十進法
☐☐☐ **9** シュメール人が用いた、月の満ち欠けを基準とする暦は何か。		**9** 太陰暦
☐☐☐ **10** 前24世紀半ばシュメール人の都市国家を滅ぼして、メソポタミアを統一したセム語系の人々は何人か。		**10** アッカド人
☐☐☐ **11** アッカド王朝の崩壊後、**バビロン第1王朝**を建てたセム語系民族は何か。		**11** アムル人
☐☐☐ **12** バビロン第1王朝の王で、**全メソポタミアを支配した**、前18世紀ころの人物とは誰か。		**12** ハンムラビ王
☐☐☐ **13** ハンムラビ王はそれ以前の法を集大成した成文法を発布したが、「目には目を」という復讐法の原則で知られる、この法典とは何か。		**13** ハンムラビ法典
☐☐☐ **14** 前2千年紀に移動を開始し、西アジアや地中海地域、インドなどに国家を建設した民族の語系は何か。		**14** インド＝ヨーロッパ語系
☐☐☐ **15** インド＝ヨーロッパ語系のうち、鉄器を早くから使用し、バビロン第1王朝を倒した民族は何か。		**15** ヒッタイト人
☐☐☐ **16** ヒッタイト人が都をおいた、小アジアともいわれる、現在のトルコの地を何というか。		**16** アナトリア
☐☐☐ **17** バビロン第1王朝のあと、バビロニアに建国した民族は何か。		**17** カッシート人
☐☐☐ **18** 前16世紀、北メソポタミアからシリアにかけて成立した国家は何か。		**18** ミタンニ王国

エジプトの統一国家

	問題		解答
□□□ 1	ナイル川流域に、メソポタミアとともに最古の農耕文明を成立させた民族は何か。	1	エジプト語系民族
□□□ 2	エジプトに恵みをもたらすナイル川に関して述べた、ヘロドトスの言葉とは何か。	2	「エジプトはナイルのたまもの」
□□□ 3	全土を所有し神として権力をふるった、古代エジプトの専制君主を何というか。	3	ファラオ
□□□ 4	エジプトでは統一王朝が早くからつくられたが、前27世紀ころ～前22世紀ころの王朝を総称して何というか。	4	古王国
□□□ 5	古王国の時代の都はどこにおかれたか。	5	メンフィス
□□□ 6	古王国の時代、クフ王らが墓として造営させたと推定される建造物は何か。	6	ピラミッド
□□□ 7	ピラミッドの前方にある、人頭とライオンの体を持つ像は何か。	7	スフィンクス
□□□ 8	古王国の時代の、主神である太陽神は何と呼ばれるか。	8	ラー
□□□ 9	ラーとテーベの守護神が結びついた神とは何か。	9	アメン（アモン）＝ラー
□□□ 10	テーベを都とした、前21世紀ころ～前18世紀ころの王朝を総称して何というか。	10	中王国
□□□ 11	中王国の時代末期に、シリアから流入した遊牧民は何か。	11	ヒクソス
□□□ 12	成立後、積極的に対外進出を行った、前16世紀ころ～前11世紀ころの王朝を総称して何というか。	12	新王国
□□□ 13	アクエンアテンと改称し、さまざまな改革を実行した、前14世紀のファラオは誰か。	13	アメンヘテプ4世
□□□ 14	アメンヘテプ4世が信仰した唯一神は何か。	14	アテン（アトン）
□□□ 15	アメンヘテプ4世が遷都した町はどこか。	15	テル＝エル＝アマルナ

□□□ 16	アメンヘテプ4世の時代に生まれた、写実的な芸術とは何か。	16 アマルナ美術
□□□ 17	霊魂不滅を信じたエジプト人が遺体を加工して作成したものは何か。	17 ミイラ
□□□ 18	死後の世界を司る神オシリスの審判に備え、死者の生前の行いを記し副葬された文書(写真)は何か。	18 「死者の書」

□□□ 19	エジプト人が用いた、絵文字から発達した象形文字とは何か。	19 神聖文字(ヒエログリフ)
□□□ 20	神聖文字をもっとも簡略化した文字は何か。	20 民用文字(デモティック)
□□□ 21	古代エジプトで使用された、草からつくられた一種の紙は何か。	21 パピルス
□□□ 22	ナイル氾濫後の耕地復元のため、古代エジプトで発達した技術とは何か。	22 測地術
□□□ 23	エジプト人が用いた、ナイル川の定期的氾濫から考えられたとされる暦は何か。	23 太陽暦
□□□ 24	神聖文字はシャンポリオンによって解読されるが、そのきっかけとなった、ナポレオンのエジプト遠征で発見された石とは何か。	24 ロゼッタ=ストーン

東地中海の諸民族

□□□ 1	海陸交通の要地にあたり、諸民族の活躍の舞台となった、地中海東岸の北部地域を何というか。	1 シリア

□□□			
2	シリアの南方にあたり、イェルサレムを中心とする地方はどこか。	2	パレスチナ

□□□			
3	前13世紀前後に、東地中海一帯に攻撃を繰り返した諸民族を総称して何というか。	3	「海の民」

解説▶彼らの侵入によりシリア・パレスチナ地方を支配していた勢力が後退した。それに乗じてセム語系民族の活動が活発化した。

□□□			
4	セム語系民族のうち、ダマスクスを中心に内陸貿易で活躍した民族は何か。	4	アラム人

□□□			
5	アラム人の交易活動によって各地に広まり、アッシリアやアケメネス朝が公用語としたのは何語か。	5	アラム語

□□□			
6	アラム人が使用し、アラビア文字・ソグド文字・モンゴル文字・満洲文字などの母体となった文字は何か。	6	アラム文字

□□□			
7	アラム人と同様に、地中海貿易で活躍したセム語系民族は何か。	7	フェニキア人

□□□			
8	フェニキア人が地中海東岸に建設した植民市を2つあげよ。	8	シドン・ティルス

□□□			
9	フェニキア人がアフリカ北岸に建設した植民市はどこか。	9	カルタゴ

□□□			
10	フェニキア人が考案した文字は何の起源となったか。	10	アルファベット

□□□			
11	前1500年ころパレスチナに定住したセム語系民族は何か。	11	ヘブライ人

□□□			
12	ヘブライ人の一部はエジプトに移住したが、前13世紀ころにその地を出てパレスチナに移った。そのときの指導者は誰か。	12	モーセ

□□□			
13	モーセを指導者として行われた、この移住のことを何というか。	13	「出エジプト」

解説▶彼はこの途上、神から「十戒」を授かり、これがユダヤ教の律法の中心となった。

□□□			
14	ヘブライ人は前11世紀ころ統一王国を形成するが、その王国第2代の王でイェルサレムを都としたのは誰か。	14	ダヴィデ王

□□□			
15	ダヴィデ王の子で、栄華を誇った第3代の王は誰か。	15	ソロモン王

□□□ 16	ソロモン王の死後王国は 2 つに分裂する。そのうち、アッシリアに滅ぼされた北の王国は何か。	16 イスラエル王国
□□□ 17	イスラエル王国と同様に、新バビロニアに滅ぼされた南の王国は何か。	17 ユダ王国
□□□ 18	ユダ王国が滅ぼされたとき、住民はバビロニアの都に強制移住させられたが、この事件を何というか。	18 バビロン捕囚
□□□ 19	多くの民族的苦難のなかで成立した、『旧約聖書』を教典とするヘブライ人の宗教とは何か。	19 ユダヤ教
□□□ 20	ユダヤ教における唯一神を答えよ。	20 ヤハウェ
□□□ 21	ヤハウェを信じ、やがて出現する救世主(メシア)によって、自分たちのみが救われるという、彼らの思想を何というか。	21 選民思想
□□□ 22	ユダヤ教が成立したのち、ヘブライ人は別に何と呼ばれるようになったか。	22 ユダヤ人

エーゲ文明

□□□ 1	前3000年ころ〜前1200年ころに栄えた東地中海の文明を何と総称するか。 解説 地理的に近い東地中海沿岸部に、先進のオリエント文明が伝わり、ヨーロッパに広まっていった。	1 エーゲ文明
□□□ 2	「迷宮」と称される王の宮殿などが発見された、クノッソスを中心とする文明とは何か。	2 クレタ文明(ミノア文明)
□□□ 3	前16世紀〜前13世紀ころにギリシア本土に栄えた文明とは何か。	3 ミケーネ文明
□□□ 4	ミケーネ文明の遺跡を 2 つあげよ。	4 ミケーネ・ティリンス
□□□ 5	ミケーネ文明やトロイア遺跡の発掘に成功した、ドイツ人考古学者は誰か。	5 シュリーマン
□□□ 6	エーゲ文明で使用された文字は何か。	6 線文字

□□□		
7	線文字Bを解読したイギリス人は誰か。	7 ヴェントリス

オリエントの統一と分裂

□□□		
1	前７世紀前半、**全オリエントを征服**した国はどこか。	1 アッシリア王国

□□□		
2	アッシリア王国の首都はどこか。	2 ニネヴェ

□□□		
3	アッシリア王国の全盛期の王は誰か。	3 アッシュルバニパル

□□□		
4	圧政により服属民族の反乱がおこり、前612年その統一王国は滅び、**４王国が分立**した。そのうちもっとも強勢であった国は何か。	4 新バビロニア(カルデア)

□□□		
5	４王国のうち、**世界最古の金属貨幣**を製造した国はどこか。	5 リディア(リュディア)

□□□		
6	４王国のうち、イラン高原に成立した国はどこか。	6 メディア

□□□		
7	現在知られているアフリカ最古の黒人王国は何か。	7 クシュ王国

□□□		
8	４世紀に**クシュ王国**を滅ぼしたエチオピアの国はどこか。 **解説** この国はエチオピア初の統一王国で、キリスト教(コプト派)国であった。	8 アクスム王国

□□□

One step further

メソポタミアとエジプトの文明の共通点と相違点について、両地域の自然条件と関連させて説明せよ。

➡両地域とも大河の増水を利用して(＿＿)農業が早くから行われ、宗教的権威による(＿＿)政治が出現した。メソポタミアでは周辺の遊牧民の進入が繰り返されたが、エジプトでは(＿＿・＿)といった天然の要害に囲まれていたため、現地の人々による安定的な文明が営まれた。

灌漑／神権／砂漠・海

3 南アジアの古代文明

□□□
1 前2600年ころからインダス川を中心とする地域に栄えた文明は何か。

1 インダス文明

□□□
2 インダス川下流のシンド地方にある、インダス文明の代表的遺跡は何か。

2 モエンジョ゠ダーロ

□□□
3 インダス川中流のパンジャーブ地方にある、インダス文明の代表的遺跡は何か。

3 ハラッパー

□□□
4 モエンジョ゠ダーロやハラッパーから発掘される土器や印章などに使用されているが、現在でも未解読の文字は何か。

4 インダス文字

□□□
5 インダス文明の担い手と推定される、現在南インドを中心に住む民族は何系か。

解説▶前3世紀以降、南インドにこの民族系統のタミル人がさまざまな王国を建て、海上交易で繁栄した。

5 ドラヴィダ系

□□□
6 前1500年ころからカイバル峠を通ってパンジャーブ地方に進入した、インド゠ヨーロッパ語系の民族は何か。

6 アーリヤ人

□□□
7 アーリヤ人は前1000年ころにはどこに移住したか。

7 ガンジス川上流域

□□□
8 アーリヤ人が神々にささげた賛歌や儀礼をまとめたものをヴェーダというが、そのうち最古のものは何か。

8 『リグ゠ヴェーダ』

□□□
9 アーリヤ人は4つの基本的身分をつくったが、その身分(「種姓」という意味)を何というか。

9 ヴァルナ

□□□
10 ヴァルナのうち、司祭を意味するものは何か。

10 バラモン

□□□
11 ヴァルナのうち、武士を意味するものは何か。

11 クシャトリヤ

□□□
12 ヴァルナのうち、農民・牧畜民・商人を意味するものは何か。

12 ヴァイシャ

□□□
13 ヴァルナのうち、隷属民を意味するものは何か。

13 シュードラ

□□□ 14	インド社会において、職業・出身地などで細分化された内婚集団を何というか。	14 ジャーティ(カースト)
□□□ 15	長い時間をかけしだいに成立し、ヴァルナやジャーティ(カースト)にもとづくインド独自の社会制度を、ポルトガル語に由来するいい方で何と呼ぶか。	15 カースト制度

□□□

One step further

ヴァルナ制について、その成立の経緯と内容を説明せよ。

➡ 征服者の(_____)人と先住民との間で階層化が進み、バラモン(___)、クシャトリヤ(___)、(_____)(農民・牧畜民・商人)、(_____)(隷属民)という身分的上下関係が成立した。

アーリャ／司祭／武士／ヴァイシャ／シュードラ

---

4 中国の古代文明

中華文明の発生

□□□ 1	黄河流域では、前6000年ころまでに農耕が始まっていたが、この流域の土壌は何か。	1 黄土
□□□ 2	黄河流域で栽培された、アワやヒエなどを総称して何というか。	2 雑穀
□□□ 3	イネを中心に前5000年ころから農耕が始まったのは、何という川の流域か。 解説 前4000年ころ、東北部、遼河流域で紅山文化がおこった。	3 長江(揚子江)
□□□ 4	素焼きの土器に、赤・白・黒などで文様を描いたものを何というか。	4 彩文土器(彩陶)
□□□ 5	彩文土器を用いた、黄河流域最初の文化を、河南省にある代表的遺跡の名をとって何文化というか。	5 仰韶(ヤンシャオ)文化
□□□ 6	ろくろの使用で薄手となった、黒色の磨研土器を何というか。	6 黒陶

□□□
| 7 | 黒陶を用いた、黄河下流域から長江流域まで分布するこの文化を、山東省にある代表的遺跡の名をとって何文化というか。 | 7 竜山(ロンシャン)文化 |

殷と周

□□□
| 1 | 古代中国において、樹木や土塁で囲まれた集落や都市を何というか。 | 1 邑 |

□□□
| 2 | 伝説による中国最古の王朝は何か。 | 2 夏王朝 |

□□□
| 3 | 現在確認できる中国最古の王朝は何か。 | 3 殷(商) |

□□□
| 4 | 殷の後期の都は現在の河南省安陽市小屯にあるが、その遺跡を何というか。 | 4 殷墟 |

□□□
| 5 | 殷は国事を占いによって王が決定するという神権政治を行っていたが、そのとき用いられた、亀甲や獣骨などに刻まれた文字とは何か。 | 5 甲骨文字 |

□□□
| 6 | 前11世紀ころ、殷を滅ぼし華北を支配するようになった王朝は何か。 | 6 周 |

□□□
| 7 | 周は最初どこに都をおいたか。 | 7 鎬京 |

□□□
| 8 | 古来より関中と呼ばれ、古代中国王朝の興亡の舞台となった地域を流れる、黄河の支流は何か。 | 8 渭水 |

□□□
| 9 | 周で施行された統治体制を何というか。 | 9 封建 |

□□□
| 10 | 封建のもとで、土地(封土)を与えられ、貢納と軍役の義務を負った王の一族・功臣を何というか。 | 10 諸侯 |

□□□
| 11 | 諸侯のもとにいる、世襲の家臣を何というか。 | 11 卿・大夫・士 |

□□□
| 12 | 祖先の祭祀や相続法などを定めた、同姓の父系親族集団である宗族内の規範とは何か。 | 12 宗法 |

春秋・戦国時代

□□□
| 1 | 内紛によって、前8世紀に周は都を鎬京からどこに移したか。 | 1 洛邑 |

☐☐☐ 2	周の遷都から秦の統一まで中国は分裂・抗争の時代となる。有力諸侯が覇者として尊王・攘夷を唱え争っていた、この分裂時代の前半を何というか。	2 春秋時代
☐☐☐ 3	前5世紀末になると諸侯は公然と王を自称するようになるが、この時代から秦による統一までを何時代というか。	3 戦国時代
☐☐☐ 4	戦国時代に有力であった、戦国の七雄と呼ばれる7つの国を答えよ。	4 秦・斉・燕・楚・韓・魏・趙
☐☐☐ 5	戦国時代を経済的に支えた、農業生産力の上昇を可能にした生産用具とは何か。	5 鉄製農具
☐☐☐ 6	生産力を上昇させた、犂を使った新農法とは何か。	6 牛耕
☐☐☐ 7	戦国時代は商工業が発達し、青銅貨幣が用いられるようになった。そのうち斉・燕の貨幣(写真a)と韓・魏・趙の貨幣(写真b)をそれぞれ何というか。	7 a 刀銭 b 布銭

a   b

☐☐☐ 8	青銅貨幣のうち、斉・燕・秦などで用いられた、中央に穴の開いた円形の貨幣は何か。	8 円銭(環銭)
☐☐☐ 9	激動する社会に輩出した、春秋・戦国時代の思想家たちを総称して何というか。	9 諸子百家
☐☐☐ 10	諸子百家のなかでも孔子を祖とする、政治と道徳を関連させた学派は何か。	10 儒家
☐☐☐ 11	五経の1つで、魯の年代記を何というか。	11『春秋』
☐☐☐ 12	孔子の死後、彼の弟子たちがまとめた孔子の言行録とは何か。	12『論語』
☐☐☐ 13	孔子の説を発展させ、性善説を唱えたのは誰か。	13 孟子
☐☐☐ 14	孟子の唱えた、王朝交代の理論とは何か。	14 易姓革命説

15 孔子の説を発展させ、性悪説を唱え「礼」を強調した人物 | 15 荀子
は誰か。

□□□
16 孔子に反対して、無差別の愛（兼愛）を説き、戦争を否定 | 16 墨子
（非攻）した人物は誰か。

□□□
17 人為的なものを否定し、「無為自然」を説いた、老子・荘 | 17 道家
子の学派を何というか。

□□□
18 法律的な強制力で国内を統治し、乱世に対応しようとす | 18 商鞅・韓非・李斯
る法家の代表的人物を3人あげよ。

□□□
19 自然と人間社会の現象を陰と陽の対立関係で説明した、 | 19 陰陽家
鄒衍を代表とする学派を何というか。
解説▶ 彼らの考えに、さらに五行（木・火・土・金・水）の要素が
加わり、のちの神仙思想や民間信仰に大きな影響を与えた。

□□□
20 用兵・戦術から内政・外交まで論じた、孫子・呉子らを | 20 兵家
総称して何というか。

□□□
21 蘇秦（合従策）・張儀（連衡策）らを代表とする、諸国の外 | 21 縦横家
交策を講じた学派を何というか。

□□□

One step further
諸子百家のうち、儒家・法家・道家の主張を説明せよ。

➡儒家は、（＿）の実践を通して肉親愛を社会秩序に拡大する
ことを説いた。法家は、法の（＿＿＿）を説いた。道家は、人
為を（＿＿＿）して（＿）の道に従うことを説いた。

礼／徹底／否定／天

---

5 南北アメリカ文明

□□□
1 モンゴロイド系の人々は、ある海峡が陸続きであった氷 | 1 ベーリング海峡
期に、この海峡を越えてアメリカ大陸へ渡った。この海
峡とはどこか。

□□□			
2	アメリカ大陸原産の作物で、メソアメリカ(メキシコと中央アメリカ)やアンデス地方で農耕文化を成立させ、大航海時代にヨーロッパへ伝えられたものを2つあげよ。	2	ジャガイモ・トウモロコシ(サツマイモ・トマトなど)

□□□			
3	前1200年ころまでにメキシコ湾岸で成立した、メソアメリカ初の都市文明は何か。	3	オルメカ文明

□□□			
4	前1世紀ころメキシコ高原に成立した都市文明は何か。 **解説** この文明は、太陽のピラミッドや月のピラミッドで知られる。	4	テオティワカン文明

□□□			
5	前10世紀ころ**ユカタン半島**に成立し、精密な暦法、ピラミッド状の神殿で知られる文明は何か。 **解説** マヤ文明では二十進法が用いられた。	5	マヤ文明

□□□			
6	**マヤ文明**の時代の人々が用いた絵文字とは何か。	6	マヤ文字

□□□			
7	14世紀にアステカ人は**メキシコ高原**に進出しアステカ王国を建てるが、その首都はどこか。	7	テノチティトラン

□□□			
8	前1000年ころに、アンデス高地で成立した文化は何か。	8	チャビン文化

□□□			
9	15世紀半ばに、アンデス地方にケチュア族が築いた、太陽の子である皇帝を頂点とする国は何か。	9	インカ帝国

□□□			
10	インカ帝国の首都はどこか。	10	クスコ

□□□			
11	インカ帝国の人々は石造建築の技術に優れていたが、その代表例である、ペルーの高地にある遺跡(写真)とは何か。	11	マチュ = ピチュ

□□□			
12	インカ帝国の人々が文字のかわりに用いたものは何か。	12	キープ(結縄)

□□□			
13	ヨーロッパやアジアの文明に対し、南北アメリカ文明で利用されなかった技術と動物の代表的な例を1つずつあげよ。	13	車輪(・鉄器)・馬

One step further

中南米の先住民文明の特徴は何だろうか、北米や他の古代文明と比較して説明せよ。

➡中南米の先住民文明の特徴は、（＿＿＿）地帯に成立し、大河によらず（＿＿＿）を活用して、（＿＿＿＿＿＿＿＿や＿＿＿＿＿＿＿＿）を主食とした農耕文化が栄えた点である。

山岳／雨水／ジャガイモやトウモロコシ

第2章 | 中央ユーラシアと東アジア世界

1 中央ユーラシアの遊牧民

1 アジア大陸の中央部に位置し、モンゴル高原から黒海北岸にかけての乾燥地帯を何というか。	1 中央ユーラシア
2 中央ユーラシアに家畜とともに生活し、草や水を求めて移動し生活する人々を何というか。	2 遊牧民
3 遊牧民は、そののち馬を制御する手綱や轡などの道具を開発してどのような技術を獲得したか。	3 騎馬術
4 遊牧民はしだいに部族連合を形成するが、そのような連合が成長して成立した国家を何というか。	4 遊牧国家
5 南ロシアの草原地帯からモンゴル高原をへて中国にいたる、遊牧民が活躍した交通路を何というか。	5 「草原の道」
6 騎馬術によって、前7世紀ころ南ロシア草原地帯を支配した、イラン系と推定される遊牧民は何か。	6 スキタイ
7 動物文様と黄金の使用で知られる、イランやギリシアの影響を受けた、スキタイの文化を何というか。	7 スキタイ文化
8 騎馬術によってモンゴル高原で活躍した匈奴の全盛期の首長で、漢を圧迫した人物とは誰か。	8 冒頓単于
9 匈奴に圧迫され、最終的にソグディアナ地方に移った遊牧民は何か。	9 月氏
10 匈奴のあとで強力になり、中国の華北に建国した遊牧民は何か。	10 鮮卑

One step further

中央ユーラシアに誕生した遊牧国家について、どのような人々によって構成されたかという観点から説明せよ。

➡ (＿＿＿)力に勝る遊牧民が、(＿＿＿)力に優れる(＿＿＿＿＿＿)都市民・農耕民・商業民を保護して(＿＿＿)関係を築き、紀元前後に中央ユーラシアに強力な遊牧国家を成立させた。

軍事／経済／オアシス／共生

---

2 秦・漢帝国

秦の成立

□□□
1 前221年政王のとき、中国を統一した国はどこか。

1 秦

□□□
2 政王は統一後、新しい称号を用いて何と名乗ったか。
解説 皇帝は従来の王を超越する存在として考えられた。

2 始皇帝

□□□
3 前4世紀の孝公以来、秦の都はどこにおかれたか。

3 咸陽

□□□
4 始皇帝は全国に郡、その下に県をおき、皇帝任命の官僚に治めさせるという中央集権策を進めたが、この制度を何というか。

4 郡県制

□□□
5 始皇帝が法家の李斯の献策によって行った、思想言論の統制を何というか。

5 焚書・坑儒

□□□
6 始皇帝の陵墓周辺に埋められた、人馬像(写真)とは何か。

6 兵馬俑

□□□
7 始皇帝が北方の匈奴の侵入に備えて修築したものは何か。

7 長城

□□□
8 始皇帝が華南を征服し、現在の広州に設置した郡は何か。

8 南海郡

□□□			
9	始皇帝の死後におきた中国史初の農民反乱は何か。	9	陳勝・呉広の乱
□□□			
10	陳勝・呉広の乱の指導者が挙兵の際に訴えた言葉とは何か。	10	「王侯将相いずくんぞ種あらんや」

漢の成立

□□□			
1	陳勝・呉広の乱を機に挙兵した、楚の武将は誰か。	1	項羽
□□□			
2	農民出身で、楚の軍を破り、前202年中国を統一したのは誰か。	2	劉邦
□□□			
3	劉邦の統一後、後8年までの国号を何というか。	3	前漢
□□□			
4	劉邦に贈られた廟号は何か。	4	高祖
□□□			
5	現在の西安付近におかれた、前漢の都はどこか。	5	長安
□□□			
6	劉邦は当初、封建制と郡県制を併用したが、この制度を何というか。 解説▶劉邦は他の諸侯王との共同統治を考え、この制度を採用した。この制度はのちの冊封体制につながっていった。	6	郡国制
□□□			
7	のちの皇帝が中央集権化を進めるなかで、前154年に諸侯がおこした反乱とは何か。	7	呉楚七国の乱
□□□			
8	呉楚七国の乱ののち、実質的な中央集権体制が成立するが、その時期の前141年に皇帝となったのは誰か。	8	武帝
□□□			
9	武帝は対匈奴強硬策に転じるために西方諸国(西域)の1つ大月氏に使者を派遣したが、その使者とは誰か。	9	張騫
□□□			
10	武帝は当時ベトナムにあった国を滅ぼし南海9郡を設置したが、その国とは何か。	10	南越
□□□			
11	武帝は当時朝鮮にあった国を滅ぼし楽浪など朝鮮4郡を設置したが、その滅ぼされた国とは何か。	11	衛氏朝鮮
□□□			
12	武帝は、民衆の必需品を専売にして財政再建をはかったが、何を専売にしたか。	12	塩・鉄

□□□ **13** 武帝の時代に施行された、特産品などを集め、不足地で販売するという物資均一政策は何か。	13	均輸
□□□ **14** 武帝の時代に施行された、時機をみて産物の貯蔵・販売を行うことで物価水準をはかる政策は何か。	14	平準
□□□ **15** 武帝が制定した、地方長官の推薦によって官僚を採用する制度を何というか。	15	郷挙里選
□□□ **16** 皇帝に仕える、去勢された男性を何というか。	16	宦官
□□□ **17** 皇后や妃の親族を何というか。	17	外戚
□□□ **18** 後8年、帝位を奪って新を建てた外戚は誰か。 **解説▶** 彼の時代に、儒教にもとづく国家体制が成立したと考えられている。	18	王莽
□□□ **19** 王莽の行った改革に反発が広がるなか、後18〜27年におこった農民反乱とは何か。	19	赤眉の乱
□□□ **20** 新を倒し、赤眉の乱を鎮圧して漢(後漢)を再興したのは誰か。	20	劉秀(光武帝)
□□□ **21** 光武帝は都をどこに定めたか。	21	洛陽
□□□ **22** 西域に派遣され、紀元1世紀にカスピ海以東の50余国を服属させたのは誰か。	22	班超
□□□ **23** 光武帝が倭の使者に授けた金印には何と刻まれていたか。	23	漢委奴国王
□□□ **24** 2世紀になると宦官の横暴が激しくなり、これに反対した儒学者が弾圧されたが、この事件を何というか。	24	党錮の禁
□□□ **25** 後漢末の混乱のなかで、184年に華北でおこった農民反乱は何か。	25	黄巾の乱
□□□ **26** 黄巾の乱の中心となった、2世紀に張角が始めた宗教団体とは何か。	26	太平道

漢代の社会と文化

□□□ 1	漢代に、広大な土地を所有し、多数の奴隷・小作人を使用して勢力を伸張したのは何と呼ばれる人々か。	1 豪族

解説▶春秋・戦国時代には氏族制度が崩れ、大土地所有が進行した。

□□□ 2	漢の武帝期以降、儒学は影響力を高めるが、それに貢献した学者は誰か。	2 董仲舒
□□□ 3	儒学の重要な経典である『易経』『書経』『詩経』『礼記』『春秋』を教え、文教を司った官職とは何か。	3 五経博士
□□□ 4	経典の字句解釈を中心とする訓詁学の代表的な学者は誰か。	4 鄭玄（ていげん）
□□□ 5	当時、文字の記録のために用いられていたものは何か。	5 木簡・竹簡
□□□ 6	後漢の宦官であった蔡倫はどのような技術を改良したか。	6 製紙法
□□□ 7	武帝によって宮刑に処せられながらも、歴史書『史記』を著したのは誰か。	7 司馬遷
□□□ 8	『史記』は、皇帝の事績である本紀と、功臣らの伝記である列伝を中心に叙述されているが、この叙述形式を何というか。	8 紀伝体
□□□ 9	前漢の歴史を紀伝体で叙述した『漢書』の著者で、班超の兄は誰か。	9 班固
□□□ 10	戦国時代の屈原の作品を中心とした詩集とは何か。	10 『楚辞』
□□□ 11	のちに五経の1つとなった、周代の詩を編集した中国最古の詩集とは何か。	11 『詩経』
□□□ 12	166年日南郡に到達した使者を派遣したと記録される、ローマ帝国皇帝に比定される人物は誰か。	12 大秦王安敦

□□□

One step further

漢代に採用され、その後の中華帝国を支えた仕組みのうち、
統治法、国家正統の学問、対外関係の原則について説明せよ。

➡漢は(＿＿＿)制をもとに皇帝による(＿＿＿＿＿)政策を実施し
た。前漢末には(＿＿＿)思想にもとづく国家体制が整備され
た。対外的には、中華皇帝を頂点とする(＿＿＿)体制が形成
された。

官僚／中央集権／儒
家／冊封

---

3 中国の動乱と変容

三国時代と晋の統一

□□□
1 後漢の滅亡(220年)後、魏・呉・蜀の三国が争う三国時代となったが、この時代から6世紀に中国が再統一されるまでの時代を何というか。

1 魏晋南北朝時代

□□□
2 三国のうち最大の魏の建国者で、赤壁の戦いに敗れ中国を統一できず、三国並立を招いたのは誰か。

2 曹操

□□□
3 曹操の子で魏の初代皇帝は誰か。

3 曹丕

□□□
4 宰相諸葛亮の補佐を受け、蜀を建国したのは誰か。

4 劉備

□□□
5 南方の呉の建国者は誰か。

5 孫権

□□□
6 魏の将軍司馬炎が建て、280年に中国を一度統一した国はどこか。

6 晋

□□□
7 晋が衰退する原因となった、3世紀末の帝位をめぐる争いとは何か。

7 八王の乱

五胡十六国と北朝

□□□
1 晋の混乱に乗じて華北に侵入した、匈奴・鮮卑・羯・氐・羌の遊牧民を総称して何というか。

1 五胡

□□□			
2	匈奴に攻撃されたのち江南に逃れ、317年建康を都に建国したのは、司馬氏一族の誰か。	2	司馬睿
□□□			
3	司馬睿の建てた国を何というか。	3	東晋
□□□			
4	5世紀に統一されるまで華北では漢人の政権を含め多数の国が興亡したが、これらを総称して何というか。	4	五胡十六国
□□□			
5	4世紀に北魏を建国したのは、鮮卑系の何氏か。	5	拓跋氏
□□□			
6	北魏の5世紀末までの都はどこか。	6	平城
□□□			
7	439年華北を統一した、北魏の第3代皇帝は誰か。	7	太武帝
□□□			
8	均田制を施行し、洛陽遷都を行った5世紀の皇帝は誰か。 **解説**彼が施行した均田制は、のちの隋・唐に引き継がれた。	8	孝文帝
□□□			
9	孝文帝は、鮮卑の服装や言語を禁止したが、そうした政策を何というか。	9	漢化政策
□□□			
10	北魏は東西に分裂し、さらに東魏は北斉に、西魏は北周に倒されるが、北魏以後の5王朝を総称して何というか。	10	北朝
□□□			
11	長江下・中流域では、東晋以来、建康を都に宋・斉・梁・陳の4王朝が成立する。宋以後の4王朝を総称して何というか。	11	南朝
□□□			
12	華北と江南にそれぞれ王朝が存在していたこの時代を何というか。	12	南北朝時代
□□□			
13	呉・東晋と南朝を総称して何というか。	13	六朝

魏晋南北朝時代の社会と文化

□□□			
1	後漢の郷挙里選にかわって3世紀より魏が行った、中正官による官吏登用法を何というか。 **解説**この登用法により、有力な豪族が高級官職を独占するようになり、貴族(門閥貴族)と呼ばれるようになった。	1	九品中正
□□□			
2	豪族による土地集中が進むなかで、国家による土地と農民確保のため、魏が始めた制度は何か。	2	屯田制

☐☐☐ 3	5世紀に北魏が実施した、農民に土地を授給し、豪族の大土地所有制限をねらった制度は何か。	3 均田制
☐☐☐ 4	五胡十六国時代、人々が争乱の華北から移住し、水田耕作の技術も進歩した結果、中国経済の中心となっていったのはどこか。	4 江南
☐☐☐ 5	魏晋南北朝時代に流行した風潮で、竹林の七賢を典型とした、老荘思想による超世俗的な論議を何というか。	5 清談
☐☐☐ 6	官僚をやめるときにつくった「帰去来辞」で知られる、東晋の田園詩人は誰か。	6 陶潜(陶淵明)
☐☐☐ 7	日本にも多大な影響を与えた、古来の名文を集めた書『文選』を編集した、梁の武帝の長子は誰か。	7 昭明太子
☐☐☐ 8	当時流行した、対句を多用する、華麗な文体とは何か。	8 四六駢儷体
☐☐☐ 9	「女史箴図」(写真)の作者で、山水画に長じ「画聖」と称される、東晋の画家は誰か。	9 顧愷之

☐☐☐ 10	「蘭亭序」の作者で、漢字の書体を芸術的に完成させ「書聖」と称される書家は誰か。	10 王羲之
☐☐☐ 11	魏晋南北朝時代に儒学は衰え仏教が隆盛したが、4世紀に西域から洛陽に来て仏教を広めたのは誰か。	11 仏図澄
☐☐☐ 12	西域から来て、仏典の漢訳を行ったのは誰か。	12 鳩摩羅什
☐☐☐ 13	経典を求めてグプタ朝時代のインドを訪れ、その旅行記『仏国記』を著した僧は誰か。 解説▶仏教は紀元前後に中国へ伝来していたが、一般に普及するのは魏晋南北朝時代である。	13 法顕
☐☐☐ 14	千仏洞(莫高窟)や写本の経典で知られる、甘粛のオアシス都市はどこか。	14 敦煌

□□□			
15	北魏の都である平城付近と、洛陽近郊にある巨大な石窟寺院をそれぞれあげよ。	15	雲崗・竜門

□□□			
16	中国古来の民間信仰や老荘思想が融合し、この時代に確立した、不老長寿や現世利益を願う中国の代表的宗教は何か。	16	道教

解説 この宗教は北魏の時代、国教とされた。

□□□			
17	道教の教えの重要な部分をなす、仙人や不老不死を信じる思想とは何か。	17	神仙思想

□□□			
18	新天師道を開き、道教の国教化に貢献した人物は誰か。	18	寇謙之

朝鮮・日本の国家形成

□□□			
1	前漢の武帝が建てた楽浪郡を、4世紀に滅ぼして朝鮮半島北部を支配した国はどこか。	1	高句麗

□□□			
2	3世紀に朝鮮半島南部は辰韓・馬韓・弁韓が分立していたが、4世紀に辰韓の地に成立した国は何か。	2	新羅（しらぎ）

□□□			
3	4世紀に、馬韓の地に成立した国は何か。	3	百済（くだら）

□□□			
4	4世紀に、朝鮮半島南部、弁韓の地に成立した小国家連合を何というか。	4	加耶（加羅）

□□□			
5	高句麗・新羅・百済が分立した4〜7世紀を朝鮮史上では何というか。	5	三国時代

□□□			
6	『魏志』倭人伝に記録されている、3世紀に日本にあったとされる、女王卑弥呼の治める国は何か。	6	邪馬台国

□□□			
7	卑弥呼は魏に朝貢使節を送るが、その結果何という称号を与えられたか。	7	「親魏倭王」

□□□			
8	4世紀に日本の統一を進めた政権は何か。	8	ヤマト政権

□□□

One step further

魏晋南北朝時代に、儒教にかわって仏教・道教が人々の心を
とらえるようになった理由を、当時の社会状況と各思想の特
徴をふまえて説明せよ。

➡あいつぐ(＿＿＿)で社会不安が高まるなか、(＿＿＿)を説く儒　　　戦乱／道徳／来世／
教にかわり、(＿＿＿)の平安を願う仏教や(＿＿＿＿＿)を求　　　不老長寿
める道教が支持されたため。

---

4 東アジア文化圏の形成

隋の統一

□□□
1 北朝からでた隋は589年中国を統一するが、その初代皇　　　1 文帝(楊堅)
帝となったのは誰か。

□□□
2 隋の都は何と呼ばれたか。　　　2 大興城

□□□
3 文帝は貴族勢力打倒のため学科試験によって官僚を選抜　　　3 科挙
したが、この試験制度を何というか。

□□□
4 北魏以来の土地制度で、隋も継承した制度とは何か。　　　4 均田制

□□□
5 均田制により給田された農民は、収穫物や特産品を納　　　5 租調庸制
め、土木工事に参加するなどの義務があったが、こうし
た制度を何というか。

□□□
6 西魏から唐初にかけて実施された、一部の州の農民を兵　　　6 府兵制
士として採用する制度を何というか。

□□□
7 隋の時代に導入された地方行政区画の制度とは何か。　　　7 州県制

□□□
8 隋の第2代皇帝は誰か。　　　8 煬帝

□□□
9 初代皇帝の文帝より始まり、煬帝のときに発展・完成し　　　9 大運河の建設
た、中国の南北を結ぶ大土木工事とは何か。

□□□
10 煬帝は周辺諸国にたびたび遠征を行ったが、彼に対する　　　10 高句麗遠征
反乱のきっかけとなった、失敗した遠征とは何か。

唐の盛衰

□□□ 1	隋末の混乱をおさえ、618年に中国を統一して唐を建国した武将は誰か。	1	李淵(高祖)
□□□ 2	唐の都は最盛時に百万を超える人口を数えたといわれるほど繁栄したが、その都はどこか。	2	長安
□□□ 3	李淵の次男で唐を世界的な帝国にした第2代皇帝は誰か。	3	太宗(李世民)
□□□ 4	630年に太宗が服属させた、モンゴル高原を支配していた遊牧民は何か。	4	東突厥
□□□ 5	百済・高句麗・西突厥を滅ぼし、唐の領土を最大とした第3代の皇帝は誰か。	5	高宗
□□□ 6	唐における中央政府の最高機関の総称は何か。	6	三省
□□□ 7	三省のうち皇帝の詔勅などの案を作成するのはどこか。	7	中書省
□□□ 8	中書省の作成した案を審議し、修正や差し戻しを行うのはどこか。	8	門下省
□□□ 9	通過した詔勅を実施する執行機関はどこか。	9	尚書省
□□□ 10	尚書省に所属する6つの行政機関を総称して何というか。	10	六部
□□□ 11	六部のうち、官吏の任用を行う部はどこか。	11	吏部
□□□ 12	六部のうち、財政を司る部はどこか。	12	戸部
□□□ 13	六部のうち、文教(科挙)や外交を司る部はどこか。	13	礼部
□□□ 14	六部のうち、軍事・司法・土木を司る部をそれぞれあげよ。	14	兵部・刑部・工部
□□□ 15	官吏を監察する機関は何か。	15	御史台
□□□ 16	唐が整えた、刑法・行政法・民法などを総称して何というか。	16	律・令・格・式
□□□ 17	唐が、獲得した新領土に対し、異民族統治のために設置した機関は何か。	17	都護府

	問題	解答
□□□ **18**	唐は現地の有力者に統治を任せたが、この政策を何というか。	18 羈縻政策
□□□ **19**	第3代皇帝高宗の皇后で、690年に中国史上唯一の女性皇帝となり周を始めたのは誰か。	19 則天武后

唐の近隣諸国

	問題	解答
□□□ **1**	月氏の移動とほぼ同時期にヨーロッパに侵入した遊牧民は何か。	1 フン人
□□□ **2**	5世紀にモンゴル高原で活躍した、モンゴル系の遊牧民は何か。	2 柔然
□□□ **3**	6世紀に柔然を倒し、ササン朝と組んでエフタルを倒すなど、大帝国を樹立したトルコ系民族は何か。	3 突厥
□□□ **4**	おもに馬と絹を交易し、突厥やウイグルと提携して繁栄した、イラン系民族は何か。	4 ソグド人
□□□ **5**	ソグド人が利用した交易ルートによって中国に伝えられた宗教の例を3つあげよ。	5 マニ教・仏教・キリスト教
□□□ **6**	ソグド人がもたらしたアラム系文字をもとにつくられた文字は何か。	6 ウイグル文字
□□□ **7**	突厥を倒し、統治の拠点として都城の造営などを行ったトルコ系遊牧民は何か。	7 ウイグル
□□□ **8**	840年、ウイグルを滅ぼしたトルコ系遊牧民は何か。	8 キルギス
□□□ **9**	中央ユーラシアにおいて、河川や地下水を利用できる場所を何というか。	9 オアシス
□□□ **10**	中央ユーラシアにおいて、河川や地下水を利用できる場所に成立した都市を何というか。	10 オアシス都市
□□□ **11**	オアシス都市を代表するブハラやサマルカンドなどが位置する地方とはどこか。	11 ソグディアナ

☐☐☐ **12**	オアシス都市を結び、東西の中継貿易で発達した交易路を何というか。 解説▶東西交易ルート全般を指して「絹の道」と呼ぶこともある。	**12** 「オアシスの道」
☐☐☐ **13**	天山山脈、クンルン山脈、パミール高原に三方を囲まれ、漢代には西域と呼ばれた地域はどこか。	**13** タリム盆地
☐☐☐ **14**	中華皇帝が、周辺国の首長に称号を授けることで形成された、東アジアの国際秩序を何というか。	**14** 冊封体制 さくほう
☐☐☐ **15**	唐に朝貢した、雲南地方に位置する、チベット＝ビルマ系の国は何か。	**15** 南詔 なんしょう
☐☐☐ **16**	唐に朝貢した、上京竜泉府を都として中国東北部に成立した国は何か。	**16** 渤海 ぼっかい
☐☐☐ **17**	唐と結んで、7世紀に朝鮮半島の大部分を支配し、金城（慶州）に都をおいた国はどこか。	**17** 新羅 （しらぎ）
☐☐☐ **18**	新羅の氏族制的な身分制度とは何か。	**18** 骨品制 こっぴんせい
☐☐☐ **19**	新羅は仏教がさかんであったが、慶州に建立された世界遺産の寺とはどこか。	**19** 仏国寺
☐☐☐ **20**	新羅と唐の連合軍が、百済・日本の連合軍を打ち破った、663年の戦いとは何か。	**20** 白村江の戦い （はくすきのえ）
☐☐☐ **21**	日本が、当時の先進国であった中国に対して派遣した使節団のうち、厩戸王（聖徳太子）が行ったものと、奈良・平安時代に行ったものをそれぞれ答えよ。	**21** 遣隋使・遣唐使
☐☐☐ **22**	大化改新以降、日本は唐のような律令国家をめざすが、長安にならって710年に建設した都とはどこか。	**22** 平城京 へいじょうきょう
☐☐☐ **23**	唐文化の影響を受けた、奈良時代の文化とは何か。	**23** 天平文化 てんぴょう
☐☐☐ **24**	唐に朝貢した東南アジアの国を3つあげよ。	**24** カンボジア・チャンパー・シュリーヴィジャヤ

□□□ 25	ソンツェン゠ガンポがラサを都に建国し、安史の乱後、一時長安を占領するなど強勢を誇ったチベットの王国を、中国側は何と呼んだか。	25 吐蕃
□□□ 26	ソンツェン゠ガンポがインド系の文字を参考につくらせた文字は何か。	26 チベット文字
□□□ 27	チベットの民間信仰と融合して成立した、チベット独自の仏教は何か。	27 チベット仏教

唐の変容

□□□ 1	一時混乱した唐を立て直し、繁栄を築いた第6代の皇帝は誰か。	1 玄宗
□□□ 2	玄宗の晩年の寵姫は誰か。	2 楊貴妃
□□□ 3	唐でも大土地所有が進行し、均田制の実施が困難になったので、玄宗の時代には府兵制が廃止されたが、かわって始まった兵制は何か。	3 募兵制
□□□ 4	募兵制の兵を率いて、異民族対策として辺境防衛の任についていた軍の司令官を何というか。	4 節度使
□□□ 5	節度使の1人で、755年唐に対して反乱をおこしたソグド系突厥人の武将は誰か。	5 安禄山
□□□ 6	安禄山の反乱を、安禄山と彼の部下である史思明の名にちなんで何というか。	6 安史の乱
□□□ 7	安史の乱に際し、唐は遊牧民の援助を受けて鎮圧したが、そのトルコ系遊牧民とは何か。	7 ウイグル
□□□ 8	安史の乱ののち、しだいに有力な節度使が地方権力を握るようになる。このような現地勢力を何というか。	8 藩鎮
□□□ 9	唐末の875年におきた、山東の塩の密売商人が指導した農民反乱は何か。	9 黄巣の乱
□□□ 10	黄巣の乱からでて、907年唐を滅ぼした武将は誰か。	10 朱全忠

唐の社会と文化

□□□
1　租調庸制は玄宗のころから維持できなくなった。780年、宰相楊炎の献策により行われたあらたな税制は何か。

解説　この制度は資産に応じて夏・秋2回税を銭納させるもので、布による納入も広く行われた。実質的に土地私有を認めることであったので、こののち大土地所有はさらに進行した。

1　両税法

□□□
2　唐では高級官僚に土地所有が認められていたため、彼らはしだいに広大な土地を隷属的な農民に耕作させるようになった。このような土地を何というか。

2　荘園

□□□
3　外国人居留地や、海上交易を管理する役所である市舶司が初めておかれた、広東省の都市はどこか。

3　広州

□□□
4　唐代に海上交易で繁栄した、江蘇省の都市はどこか。

4　揚州

□□□
5　唐代にマニ教やキリスト教を伝えたのは何系の人々といわれているか。

5　イラン系

□□□
6　唐代は国際交流が活性化するが、陸路や海路でどのような人々が中国を訪れたか、3例あげよ。

6　ソグド人・アラブ人・イラン人

□□□
7　玄宗に重用された、日本からの留学生とは誰か。

7　阿倍仲麻呂

□□□
8　一般に「漢文・唐詩・宋詞・元曲」といわれるくらい、唐では詩が発達した。その代表的詩人で、「詩聖」と「詩仙」と称せられる、玄宗期の人物はそれぞれ誰か。

8　杜甫・李白

□□□
9　玄宗と楊貴妃を題材とした『長恨歌』の作者は誰か。

9　白居易

□□□
10　唐宋八大家といわれ、六朝時代の形式主義的な文章を排し、古文の復興を唱えた学者2人をあげよ。

10　韓愈・柳宗元

□□□
11　唐代に発達し、呉道玄を代表とする、自然を題材にした水墨画とは何か。

11　山水画

□□□
12　安史の乱に参戦した、力強い書風で知られる唐中期の書道家は誰か。

12　顔真卿

□□□
13　唐代につくられた、儒学の注釈書である『五経正義』を編纂した儒学者は誰か。

13　孔穎達
　（こうえいたつ）

☐☐☐ **14**	唐代にペルシア人によって伝えられた、**ネストリウス派キリスト教**を中国では何と呼んだか。	**14**	景教
☐☐☐ **15**	ゾロアスター教を中国では何と呼んだか。	**15**	祆教
☐☐☐ **16**	景教と同様ペルシア人によって伝えられ、景教・祆教とあわせ三夷教と呼ばれた宗教は何か。	**16**	マニ教
☐☐☐ **17**	仏教研究のため、**陸路**でヴァルダナ朝時代のインドを訪れてナーランダー僧院で学び、帰国後仏典の漢訳を行い『大唐西域記』を著したのは誰か。	**17**	玄奘
☐☐☐ **18**	**海路**インドを訪れ、『南海寄帰内法伝』を著し、則天武后のもとで仏典の漢訳を行ったのは誰か。	**18**	義浄
☐☐☐ **19**	多くは副葬品とされた、唐代の陶器(写真)とは何か。	**19**	唐三彩

五代の分裂時代

☐☐☐ **1**	唐が滅亡すると、中国は多くの国が乱立する混乱の時代となるが、これら諸国を総称して何というか。	**1**	五代十国
☐☐☐ **2**	唐を滅ぼした朱全忠が建てた国は何か。	**2**	後梁
☐☐☐ **3**	後梁以降に成立した4つの国名をあげよ。	**3**	後唐・後晋・後漢・後周

☐☐☐

One step further

隋・唐初期の法制や土地制度は、当時の日本にどのように受容されたか、またはされなかったかについて説明せよ。

➡隋・唐初期の(＿＿＿)制や(＿＿＿)制を基礎とした(＿＿＿＿)制は、大化改新以降、日本式に改められ受容された。ただし(＿＿＿)制度は受容されなかった。

律令／均田／租調庸／科挙

第3章 | 南アジア世界と東南アジア世界の展開

1 仏教の成立と南アジアの統一国家

□□□		
1	身分制度の遵守(じゅんしゅ)を主張し、のち形式的・儀礼的になっていった、バラモン主導の宗教とは何か。	1 バラモン教
2	バラモン教の儀礼的・形式的な面に反対し、思索(しさく)を重視する哲学思想を何というか。 **解説** その思想の根本は、梵我一如(ぼんがいちにょ)と輪廻転生(りんねてんせい)(てんしょう)である。	2 ウパニシャッド哲学
3	身分や家族を捨て仏教の開祖となった、シャカ族の王子は誰か。	3 ガウタマ=シッダールタ
4	ガウタマ=シッダールタは、身分制を否定し、輪廻転生(げだつ)から逃れる解脱の方法を説いたが、彼に対する「悟った(さと)者」という尊称を何というか。	4 ブッダ
5	仏教と同じころ成立した、徹底した禁欲と不殺生主義(ふせっしょう)を唱えたジャイナ教の開祖は誰か。	5 ヴァルダマーナ(マハーヴィーラ)
6	前6世紀ころ、ガンジス川中流域で有力であった2つの国を答えよ。	6 コーサラ国・マガダ国
7	アレクサンドロスの進出後、チャンドラグプタが建てた、インド初の統一国家とは何か。	7 マウリヤ朝
8	マウリヤ朝の首都はどこにおかれたか。	8 パータリプトラ
9	南端を除くインドを支配し、中央集権策を行って、マウリヤ朝の最盛期を築いた、前3世紀の王は誰か。	9 アショーカ王
10	アショーカ王は基本的倫理(りんり)としてのダルマ(法)によって全土を統治しようと、各地に何を建てたか。	10 磨崖碑(まがいひ)・石柱碑(せきちゅうひ)

☐☐☐ **11**	アショーカ王は仏教に帰依し、シャカの教典の編集を行わせたが、それを何というか。	11 仏典の結集
☐☐☐ **12**	アショーカ王が息子を布教のため派遣したことで、伝統的仏教の一大中心となったのはどこか。	12 セイロン島（スリランカ）
☐☐☐ **13**	マウリヤ朝の衰退に乗じてインドにはバクトリアなどが進入したが、1世紀に大月氏から独立してインドに進入した、イラン系民族による王朝は何か。	13 クシャーナ朝
☐☐☐ **14**	2世紀にでた、クシャーナ朝の最盛期の王は誰か。	14 カニシカ王
☐☐☐ **15**	カニシカ王の治世に、都のある地方を中心にギリシア的な仏像美術が成立したが、これを何というか。	15 ガンダーラ美術
☐☐☐ **16**	紀元前後の仏教は従来の仏教と違い、菩薩信仰をもとに万人の救済をめざす仏教であったが、この新仏教を何というか。	16 大乗仏教
☐☐☐ **17**	2〜3世紀、大乗仏教を確立した人物は誰か。	17 竜樹（ナーガールジュナ）
☐☐☐ **18**	大乗仏教に対し従来の、出家して修行を行い、自分個人の救済をめざす仏教とは何か。	18 上座部仏教
☐☐☐ **19**	前1〜後3世紀にデカン高原を支配し、ローマとの季節風貿易で栄えた、ドラヴィダ系の王朝は何か。	19 サータヴァーハナ朝
☐☐☐ **20**	地中海・アラビア海・インド洋をへて、東南アジア・中国にいたる交易路を何というか。	20 「海の道」
☐☐☐ **21**	1世紀ころ、インド洋交易についてギリシア人が記した本は何か。	21 『エリュトゥラー海案内記』
☐☐☐ **22**	前3世紀から後13世紀にかけて、南インドにドラヴィダ系タミル人が建てた国で、全盛期の10世紀にはシュリーヴィジャヤにまで遠征した国はどこか。	22 チョーラ朝

One step further

1世紀以降インド洋は海の東西交易の中心となった。それを可能にした自然条件と、どのような地域と商品が取引されたのか、説明せよ。

➡ 1世紀ころ（＿＿＿＿）を利用したルートが成立し、インド洋は（＿＿＿＿と＿＿＿）を結ぶ中心となった。両帝国は（＿）や（＿・＿＿＿＿）を輸出し、インドは（＿＿＿＿・＿＿）を輸出した。

季節風／ローマと中国／金／絹・陶磁器／香辛料・綿布

---

2 インド古典文化とヒンドゥー教の定着

□□□

1 320年ころチャンドラグプタ1世のとき、ガンジス川流域からおこり北インドを支配した国は何か。

1 グプタ朝

□□□

2 中国では「超日王」と呼ばれた、グプタ朝の第3代の王で最盛期を現出した人物は誰か。

2 チャンドラグプタ2世

□□□

3 チャンドラグプタ2世の時代の宮廷詩人で、代表作『シャクンタラー』で知られる人物は誰か。

3 カーリダーサ

□□□

4 グプタ朝の公用語とされたのは何語か。

4 サンスクリット語

□□□

5 グプタ朝の時代には従来のギリシア的ではなく純インド的な美術が成立したが、これを何というか。

5 グプタ様式

解説▶ガンダーラ様式の仏像は、ギリシアの影響を受け写実的で、顔や衣のひだなどに特徴がある。一方グプタ様式の仏像は純インド的で優美な肉体的曲線などに特徴がある。

ガンダーラ仏像　　　　　グプタ仏像

□□□

6 グプタ様式を代表する壁画がある、デカン高原西北部の仏教遺跡は何か。

6 アジャンター石窟寺院

☐☐☐ 7	グプタ朝時代に完成した、バラタ族の戦闘を扱った、古代インドの代表的叙事詩は何か。	7 『マハーバーラタ』
☐☐☐ 8	グプタ朝時代に完成した、ラーマ王子の活躍を描いた、古代インドの代表的叙事詩は何か。	8 『ラーマーヤナ』
☐☐☐ 9	グプタ朝時代に発明され、のちイスラーム世界に伝わった、数学上の概念とは何か。	9 ゼロの概念
☐☐☐ 10	紀元前後に成立し、グプタ朝時代に人々に定着した、宗教的・社会的規範をまとめた法典は何か。	10 『マヌ法典』
☐☐☐ 11	グプタ朝時代に、特定の開祖を持たず、バラモン教と民間信仰や仏教が融合して成立した宗教は何か。	11 ヒンドゥー教
☐☐☐ 12	ヒンドゥー教の三大神のうち、破壊神・創造神(写真)は何か。	12 シヴァ神

☐☐☐ 13	ヒンドゥー教の三大神のうち、世界維持の神は何か。	13 ヴィシュヌ神
☐☐☐ 14	グプタ朝の衰退の一因とされる、中央アジアの遊牧民は何か。	14 エフタル
☐☐☐ 15	北インドを7世紀に再統一し、ヴァルダナ朝を始めた、中国では「戒日王」と呼ばれる王は誰か。	15 ハルシャ王
☐☐☐ 16	7世紀に、唐僧の玄奘や義浄が訪れて学んだ仏教の学院はどこか。	16 ナーランダー僧院
☐☐☐ 17	ヒンドゥー教の最高神に対する絶対的帰依を特徴とし、仏教やジャイナ教を攻撃した宗教運動は何か。	17 バクティ運動
☐☐☐ 18	ハルシャ王の時代以降、インドは地方政権分立の時代となるが、北インドで抗争を続ける諸王は何と自称したか。	18 ラージプート

□□□
| 19 | 10世紀に最盛期を迎え、シュリーヴィジャヤ遠征も行った、南インドのドラヴィダ系王朝は何か。 | 19 チョーラ朝 |

□□□

One step further
マウリヤ朝とグプタ朝の、統治方式を比較して説明せよ。

➡ マウリヤ朝が(＿＿＿)制をとって(＿＿＿＿＿)的統治を行ったのに対し、グプタ朝は直轄領や(＿＿)からなり(＿＿＿＿＿)的であった。

属州／中央集権／属領／地方分権

3 東南アジア世界の形成と展開

番号	問題	解答
1	前5世紀ころから、中国の影響を受けてベトナム北部を中心に発展した、青銅器文化を何というか。	1 ドンソン文化
2	ドンソン文化に特有の青銅器で、文様の描かれた祭器は何か。	2 銅鼓
3	1世紀にメコン川下流域に成立した、インド文化の影響が強くみられる国はどこか。	3 扶南
4	2世紀に後漢から独立し海上交易で栄えた、ベトナム中・南部にチャム人が建てた国はどこか。	4 チャンパー
5	6世紀にメコン川中流域にクメール(カンボジア)人が建てた、ヒンドゥー教国の中国名は何か。	5 真臘
6	真臘の最盛期はアンコール朝時代であるが、12世紀にヒンドゥー教寺院として建造されのち仏教寺院となった、代表的遺跡(写真)は何か。	6 アンコール＝ワット

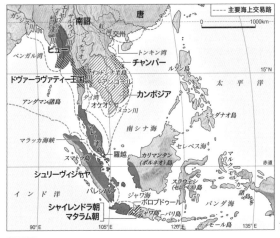

7～8世紀ごろの東南アジア

□□□ **7** 1044年エーヤワディー川流域からおこり、ビルマ初の統一王朝となったが、13世紀末に滅んだ国はどこか。	**7**	パガン朝
□□□ **8** 14世紀以降のタイの王朝が都をおいたのは、何川の流域か。	**8**	チャオプラヤ川
□□□ **9** 13世紀にカンボジアから自立し、タイ人初の王朝となった国は何か。	**9**	スコータイ朝
□□□ **10** 11世紀に成立した、ベトナム初の長期王朝は何か。 解説▶李朝以降19世紀初頭まで、ベトナムは大越(ダイベト)を正式国号とした。	**10**	李朝
□□□ **11** 漢字をもとにしてつくられたベトナムの文字は何か。	**11**	チュノム(字喃)
□□□ **12** 海上交易の発達にともない、そのルートに沿って、積出港や中継港が発展してできた国家を何というか。	**12**	港市国家
□□□ **13** 7世紀にスマトラのパレンバンを中心に成立した、マレー人の港市国家とは何か。	**13**	シュリーヴィジャヤ
□□□ **14** 8世紀なかごろマレー人がジャワ島に建てた、大乗仏教がさかんであった国は何か。	**14**	シャイレンドラ朝

15 シャイレンドラ朝の代表的仏教遺跡で、グプタ様式の影響がみられる、建築物(写真)は何か。

15 ボロブドゥール

16 『マハーバーラタ』などを題材とした、ジャワの伝統的な影絵芝居を何というか。

16 ワヤン

One step further

東南アジアはインドからさまざまな影響を受けたが、受容されたものと受容されず根付かなかったものの例を挙げよ。

➡インドから、王権概念、(___・_____)などの宗教、(_____)語を受容するが、(_____)制は根付かなかった。

仏教・ヒンドゥー教／サンスクリット／カースト

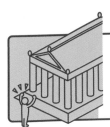

第4章 | 西アジアと地中海周辺の国家形成

1 イラン諸国家の興亡とイラン文明

□□□ 1	インド゠ヨーロッパ語系のイラン人（ペルシア人）が前6世紀に諸国を征服したが、その古代帝国の王朝は何か。	1	アケメネス朝
□□□ 2	アケメネス朝の第3代王で、インダス川流域まで領土を拡大し、全盛期を現出した王は誰か。 **解説** アッシリアが被支配民族に対し苛酷であったのに対し、アケメネス朝は貢納を怠らない限り、被支配民族の自治を認める寛容な統治を行った。	2	ダレイオス1世
□□□ 3	ダレイオス1世以降三代の王によって築かれた、祭儀のための都はどこか。	3	ペルセポリス
□□□ 4	ダレイオス1世は全国を約20の州にわけ、知事を派遣して統治させたが、その知事を何というか。	4	サトラップ
□□□ 5	ダレイオス1世の時代の、州を巡察する監察官を何というか。	5	「王の目」「王の耳」
□□□ 6	ダレイオス1世の時代、駅伝制が整備されたが、政治の中心スサとサルデス（サルディス）を結ぶ国道は何か。	6	「王の道」
□□□ 7	ダレイオス1世は前5世紀にギリシアのポリスと戦争を始めるが、この戦争を何というか。	7	ペルシア戦争
□□□ 8	善悪二元論にもとづき最後の審判によって善が勝つとする、イランで信仰された宗教は何か。	8	ゾロアスター教（拝火教）
□□□ 9	ゾロアスター教で、善（光明）の神を何というか。	9	アフラ゠マズダ
□□□ 10	ゾロアスター教で、悪（暗黒）の神を何というか。	10	アンラ゠マンユ（アーリマン）

□□□ 11	セレウコス朝から前3世紀にギリシア人が独立し、アム川上流に建てた国はどこか。	11 バクトリア
□□□ 12	前3世紀に、イラン系遊牧民の族長アルサケスがカスピ海東南に建てた国は何か。	12 パルティア
□□□ 13	パルティアは中国側の史書では何と記されるか。	13 安息（あんそく）
□□□ 14	パルティアが都をおいた、ティグリス川東岸の都市はどこか。	14 クテシフォン
□□□ 15	パルティアを倒して、224年に、イラン系農耕民が建てた国は何か。	15 ササン朝
□□□ 16	**ササン朝の初代王**は誰か。	16 アルダシール1世
□□□ 17	**ササン朝の第2代の王**で、ローマを破り広大な領土を統一した、3世紀の人物は誰か。	17 シャープール1世
□□□ 18	突厥（とっけつ）と組んで**エフタル**を滅ぼし、東ローマの**ユスティニアヌス大帝**と戦うなど、最盛期を築いたササン朝6世紀の王は誰か。	18 ホスロー1世
□□□ 19	642年ササン朝軍がイスラーム軍に敗れた戦いを何というか。	19 ニハーヴァンドの戦い
□□□ 20	ササン朝においてはゾロアスター教が国教とされたが、その教典とは何か。	20 『アヴェスター』
□□□ 21	3世紀にゾロアスター教など種々の宗教を融合（ゆうごう）しておこった、善悪二元論にもとづく宗教は何か。	21 マニ教
□□□ 22	ササン朝様式の代表的作品である、「四騎獅子狩文錦（ししかりもんきん）」をおさめる奈良県斑鳩（いかるが）の寺院は何か。	22 法隆寺（ほうりゅうじ）
□□□ 23	ササン朝様式の水差しである漆胡瓶（しっこへい）をおさめている、奈良県東大寺の宝物倉（ほうもつぐら）とは何か。	23 正倉院（しょうそういん）

One step further

サ-サン朝は周辺地域にどのような影響を与えたのか、経済・宗教・文化などの観点から説明せよ。

➡ローマ帝国の金貨に対し、サ-サン朝は(＿)貨を用いたため広大な銀経済圏が成立した。(＿＿＿＿＿＿＿)教はユダヤ教などに影響を与えた。(＿＿＿＿＿・＿＿＿＿)などの工芸品は地中海世界や日本にまで影響を与えた。

銀／ゾロアスター／ガラス器・毛織物

2　ギリシア人の都市国家

ポリスの成立と発展

1 ミケーネ文明滅亡後、400年ほど続いた混乱の時代を何というか。

解説 暗黒時代に移動を開始した人々は、そののち方言の違いからそれぞれ、イオニア人・アイオリス人・ドーリア人などと呼ばれるようになった。

1 暗黒時代(初期鉄器時代)

2 ギリシア人が、前8世紀ころから集住(シノイキスモス)して形成した、自立した都市国家とは何か。

2 ポリス

3 ポリスの中心部にある城山を何というか。

3 アクロポリス

4 交易や集会などが行われる、中心の広場とは何か。

4 アゴラ

5 古代ギリシア人は統一国家をつくることはなかったが、自民族と異民族とを区別して呼んでいた。自民族・異民族をそれぞれ何と呼んでいたか。

5 ヘレネス・バルバロイ

6 古代ギリシア人が尊重する神託が下される、アポロン神殿のあるギリシア中部の地はどこか。

6 デルフォイ

7 古代ギリシア人が参加して、4年ごとに行われる競技会が開かれた地はどこか。

7 オリンピア

8 前8世紀以降、人口増加や土地不足のためギリシア人は周辺各地に何を建設したか。

8 植民市

アテネとスパルタ

□□□
1 経済発展により平民が**重装歩兵**として軍の主力となっていったが、彼らの長槍密集隊形を何というか。

1 ファランクス

□□□
2 先住民を征服するなかで成立した、**ドーリア人**の代表的ポリスはどこか。

2 スパルタ

□□□
3 スパルタにおいて、農業に従事した隷属民を何というか。

3 ヘイロータイ(ヘロット)

□□□
4 スパルタにおいて、商工業に従事した周辺民を何というか。

4 ペリオイコイ

□□□
5 スパルタの軍国的・閉鎖的制度をつくったとされる、伝説的な人物は誰か。

5 リュクルゴス

□□□
6 集住型ポリスの代表である、**イオニア系**のポリスはどこか。

6 アテネ

□□□
7 アテネにおいて、前6世紀初めに**財産政治**を行い、**債務奴隷**を禁止するなどの改革を行ったのは誰か。

7 ソロン

□□□
8 政治に参加できない平民の不満を利用し、貴族政権を倒し非合法に権力を握った者を何というか。

8 僭主

□□□
9 僭主の代表的人物で、亡命貴族の土地を平民に分配するなどした、前6世紀アテネの人物は誰か。

9 ペイシストラトス

□□□
10 前6世紀末に、血縁にもとづく4部族制を地縁にもとづく10部族制に改め、民主政治の基礎を築いたのは誰か。

10 クレイステネス

□□□
11 クレイステネスの時代に始められた、僭主の出現を防止するため、**オストラコン**(陶器の破片)を用いて投票を行う制度を何というか。

11 陶片追放(オストラキスモス)

ペルシア戦争とペロポネソス戦争

□□□
1 ペルシア戦争のきっかけとなる反乱をおこした、ミレトスを中心とする地方はどこか。

1 イオニア地方

☐☐☐ 2	上陸したペルシア騎兵をアテネの重装歩兵が破った、前490年の戦いは何か。	2 マラトンの戦い
☐☐☐ 3	前480年、テミストクレス指揮のもと、ギリシア海軍がペルシアの大軍を破った海戦は何か。	3 サラミスの海戦
☐☐☐ 4	前479年、アテネとスパルタの連合軍が勝利した戦いは何か。	4 プラタイアの戦い
☐☐☐ 5	ペルシアの再攻に備えて、アテネを中心にギリシア諸ポリスが結成したのは何か。	5 デロス同盟
☐☐☐ 6	戦後、三段櫂船のこぎ手として勝利に貢献した無産市民の地位は上昇し、アテネ民主政は完成した。その時期の指導者・将軍とは誰か。	6 ペリクレス
☐☐☐ 7	18歳以上の成年男性市民で構成される、政治上の最高決定機関とは何か。	7 民会
☐☐☐ 8	女性や奴隷には参政権がないこと以外の、アテネ民主政の特色をあげよ。	8 直接民主政
☐☐☐ 9	アテネの支配権が強化されるなかで、スパルタを中心に結成された反アテネの同盟は何か。	9 ペロポネソス同盟
☐☐☐ 10	アテネ中心の同盟と反アテネの同盟の、2つの同盟が前431年に始めた戦争とは何か。	10 ペロポネソス戦争
☐☐☐ 11	前4世紀、スパルタに勝利して覇権を握ったポリスはどこか。	11 テーベ(テーバイ)

ヘレニズム時代

☐☐☐ 1	前338年カイロネイアの戦いでアテネ・テーベ連合軍を破り、ギリシアを支配したマケドニア王は誰か。	1 フィリッポス2世
☐☐☐ 2	フィリッポス2世が結成した、スパルタを除く全ギリシア都市の同盟とは何か。	2 コリントス同盟(ヘラス同盟)
☐☐☐ 3	フィリッポス2世の息子で、東方遠征を行い、ギリシア・エジプトからインドにいたる大帝国を建設したのは誰か。	3 アレクサンドロス大王

□□□			
4	アレクサンドロス大王の東方遠征からプトレマイオス朝滅亡までの約300年間を、何時代というか。	4	ヘレニズム時代

□□□			
5	アレクサンドロス大王が前333年、ペルシア王ダレイオス3世を破った戦いを何というか。	5	イッソスの戦い

□□□			
6	アレクサンドロス大王は東西文化の融合をめざし、各地にギリシア風の都市を建設したが、その都市を何というか。	6	アレクサンドリア

□□□			
7	アレクサンドロス大王の死後、部下たち(ディアドコイ)が争い、結果的に帝国は分裂した。そのうちもっとも繁栄した王朝は何か。	7	プトレマイオス朝エジプト

□□□			
8	ディアドコイの建てた国のうち、シリアを支配した王朝は何か。	8	セレウコス朝シリア

□□□			
9	ディアドコイの建てた国のうち、マケドニアを支配した王朝は何か。	9	アンティゴノス朝マケドニア

ギリシア文化

□□□			
1	人間的性格の強い神々がギリシア神話には登場するが、なかでも代表的な神々を総称して何というか。	1	オリンポス12神

□□□			
2	トロイア戦争を題材にした『イリアス』、オデュッセウスの冒険を描いた『オデュッセイア』などの叙事詩の作者と推定されている詩人は誰か。	2	ホメロス

□□□			
3	『労働と日々』や、神々の系譜詩である『神統記』で知られる叙事詩人は誰か。	3	ヘシオドス

□□□			
4	レスボス島出身の女性詩人は誰か。	4	サッフォー

□□□			
5	古代ギリシアの三大悲劇詩人をあげよ。	5	アイスキュロス・ソフォクレス・エウリピデス

□□□			
6	ペロポネソス戦争を風刺した『女の平和』で知られる、喜劇作家は誰か。	6	アリストファネス

☐☐☐ 7	**イオニア地方**では、自然の本質を合理的に考えようとする**自然哲学**が発達したが、その哲学者の1人で、万物の根元（こんげん）を水と考えたのは誰か。	7 タレス
☐☐☐ 8	直角三角形に関する定理でも有名で、万物の根元を数と考えたのは誰か。	8 ピタゴラス
☐☐☐ 9	弁論が重視された古代ギリシアにおける、弁論術を教える教師のことを何というか。	9 ソフィスト
☐☐☐ 10	ソフィストの代表者で、「**万物の尺度（しゃくど）は人間**」といったのは誰か。	10 プロタゴラス
☐☐☐ 11	ソフィストに反対し、問答法によって普遍的真理にいたることを説き、誤解され刑死したのは誰か。	11 ソクラテス
☐☐☐ 12	ソクラテスの弟子で、哲人政治がポリスの理想であるとした『国家』の著者は誰か。	12 プラトン
☐☐☐ 13	プラトンが唱えた、事象の背後にある永遠の実在を何というか。	13 イデア
☐☐☐ 14	古代思想の体系化を行い、イスラーム哲学やキリスト教神学、とくにスコラ哲学に大きな影響を与えたのは誰か。	14 アリストテレス
☐☐☐ 15	ペルシア戦争を物語風に記述した、『歴史』の作者は誰か。	15 ヘロドトス
☐☐☐ 16	ペロポネソス戦争の史料を批判的に探究し『歴史』を著した人物は誰か。	16 トゥキディデス
☐☐☐ 17	フェイディアスが工事を監督した、アテネのアクロポリスの丘にある建造物は何か。	17 パルテノン神殿
☐☐☐ 18	フェイディアスが作製したといわれる、神像は何か。	18 アテナ女神像（めがみ）
☐☐☐ 19	前5世紀～前4世紀の医学者で、西洋医学の祖といわれる人物は誰か。	19 ヒッポクラテス
☐☐☐ 20	ギリシア文化が東方に波及して成立した、ヘレニズム時代の融合文化を何というか。	20 ヘレニズム文化
☐☐☐ 21	ポリスが衰退した当時おこってきた、民族や国家の枠を超えた生き方を理想とする思想を何というか。	21 世界市民主義（コスモポリタニズム）

22	心の平静こそ快楽であり最高の幸福と説く、哲学の一派の創始者は誰か。	22 エピクロス

□□□

23	禁欲による心の平静を理想とする、**ストア派**の創始者は誰か。	23 ゼノン

□□□

24	ヘレニズム時代には**自然科学**が発達したが、そうした学者のうち、平面幾何学を大成したのは誰か。	24 エウクレイデス

□□□

25	浮体の原理や梃の原理などを発見し、ポエニ戦争で殺されたシチリア出身の数学・物理学者は誰か。	25 アルキメデス

□□□

26	自然科学や人文科学を研究した、エジプトのアレクサンドリアにつくられた王立研究所とは何か。	26 ムセイオン

□□□

27	ムセイオンの館長をつとめ、地球の円周を計測した、ギリシア人天文学者は誰か。	27 エラトステネス

□□□

28	太陽中心説・地動説を唱えた、ギリシア人天文学者は誰か。	28 アリスタルコス

□□□

29	ヘレニズム時代に共通語となったギリシア語を何というか。	29 コイネー

□□□

30	ヘレニズム彫刻を代表する、写真aの像は何か。	30 ミロのヴィーナス

a   b

□□□

31	ヘレニズム彫刻を代表する、写真bの像は何か。	31 ラオコーン

□□□

One step further

アテネ民主政治と今日の民主政治との違いを列挙してみよう。

➡ (＿＿＿)制度に立脚する点、参政権が(＿＿＿＿＿)のみに限られていた点、(＿＿＿＿＿)政であった点などが異なる。

奴隷／男性市民／直接民主

ローマ共和政

□□□ 1	前12世紀ころイタリア半島に南下定着したイタリア人のうち、のちに半島中部に定住し**ティベル河畔**に都市国家**ローマ**を建設した一派を何というか。 **解説▶**民会を最高機関とするギリシアの民主政に対し、ローマ共和政は貴族で構成される元老院の存在を特徴としている。	1 ラテン人
□□□ 2	ローマは服属していた先住民族の王を前6世紀に追放するが、その民族とは何か。	2 エトルリア人
□□□ 3	王の追放後、開始されたローマの政体は何か。	3 共和政
□□□ 4	都市国家ローマで、市民権を持つ成年男性が参加する議決機関とは何か。	4 民会
□□□ 5	ローマにおいて大土地所有者で、政治的にも要職を独占していた人々を何というか。	5 貴族（パトリキ）
□□□ 6	貴族に対して、参政権がない中小農民を何というか。	6 平民（プレブス）
□□□ 7	任期1年で2人選ばれ、無給で行政・軍事を担当する共和政ローマの最高官は何か。	7 コンスル（執政官）
□□□ 8	非常事態には、コンスルのうちの1人が任期半年で独裁権を行使したが、その官職とは何か。	8 独裁官（ディクタトル）
□□□ 9	国政の中心で、貴族出身の終身議員からなる共和政ローマの重要機関は何か。	9 元老院
□□□ 10	重装歩兵として活躍するようになった中小農民が、貴族に対抗して設置した平民のみの民会は何か。	10 平民会
□□□ 11	平民会によって選出され、元老院に対しても拒否権を持つ、平民保護のための官職を何というか。	11 護民官
□□□ 12	従来の慣習が明文化され、前5世紀半ばに成立したローマ最古の法とは何か。	12 十二表法

□□□
13 公有地の占有を制限し、コンスルのうちの1人は平民 　**13** リキニウス・セクス
から選ぶことなどを制定した、前367年の法は何か。 　　　ティウス法

□□□
14 平民会の決議が元老院の承認なしに国法となるとした、 　**14** ホルテンシウス法
前287年の法は何か。

> **解説** この法の結果、貴族と平民は政治的には平等となったが、経済的な不平等は残っていたため、社会不安は続いた。

地中海征服とその影響

□□□
1 前3世紀にイタリア半島を統一したローマが、征服した 　**1** 分割統治
諸都市を支配するために用いた統治法を何というか。

□□□
2 ローマと、西地中海を支配していたフェニキア人植民市 　**2** ポエニ戦争
カルタゴとの3回にわたる戦争を何というか。

□□□
3 ポエニ戦争の第1次戦争に勝利したローマが、初めて獲 　**3** シチリア島
得した半島外の直轄地はどこか。

□□□
4 ポエニ戦争の第2次戦争において、アルプスを越えロー 　**4** ハンニバル
マに侵入し、カンネーの戦いでローマ軍を圧倒したカル
タゴの将軍は誰か。

□□□
5 ハンニバルを、前202年ザマの戦いで破ったローマの将 　**5** スキピオ
軍は誰か。

□□□
6 ポエニ戦争のような長期の征服戦争がローマ社会にもた 　**6** 中小農民の没落（貧
らした深刻な影響の例をあげよ。 　　　富の対立の激化）

> **解説** 元老院議員は商業行為が禁じられていたため、征服地に対する徴税を請け負った騎士（エクイテス）階級が台頭した。

□□□
7 ローマが獲得した、半島外の征服地を何というか。 　**7** 属州

□□□
8 あいつぐ戦勝により獲得した奴隷を多数使役し、果樹栽 　**8** ラティフンディア
培を主とする大農場が発展したが、これを何というか。 　　　（ラティフンディウ
　　　ム）

□□□
9 市民の間にも貧富の差は拡大し、支配層も分裂した。そ 　**9** 閥族派
のうち元老院の権威を重んじる、保守的なグループを何
というか。

□□□
10 閥族派に対し、平民会に拠るグループを何というか。 　**10** 平民派

☐☐☐ 11	前2世紀にあいついで護民官となって自作農の再建などの改革をめざすが失敗したのは誰か。	11 グラックス兄弟
☐☐☐ 12	グラックス兄弟の改革の失敗後、ローマは混乱の時代に突入するが、この時代を何というか。	12「内乱の1世紀」
☐☐☐ 13	内乱の1世紀、私兵を率いて争った、平民派と閥族派の代表をそれぞれあげよ。	13 マリウス・スラ
☐☐☐ 14	義務のみ課せられ、参政権などを持たない都市が、前91年に市民権を要求して開始した戦争とは何か。 解説 これを鎮圧したのが閥族派のスラで、戦後、ローマ市民権は半島全域に広まった。	14 同盟市戦争
☐☐☐ 15	ローマでは剣闘士の見世物が流行していたが、前73年におきた剣闘士の反乱の指導者は誰か。	15 スパルタクス
☐☐☐ 16	スパルタクスの反乱を鎮圧し、のち元老院と対抗して前60年に第1回三頭政治を行ったのは誰か。	16 ポンペイウス
☐☐☐ 17	第1回三頭政治に参加し、そののちパルティアとの戦争で死亡した富豪とは誰か。	17 クラッスス
☐☐☐ 18	第1回三頭政治に参加し、ガリアに遠征、ポンペイウスを打倒し、終身独裁官となったのは誰か。	18 カエサル
☐☐☐ 19	カエサルが暗殺されたのち、後継者争いを展開し、最終的にエジプトの女王と結んで敗れた軍人は誰か。	19 アントニウス
☐☐☐ 20	アントニウスや、レピドゥスと結んで第2回三頭政治を行った、カエサルの養子は誰か。	20 オクタウィアヌス
☐☐☐ 21	アントニウスが結んだプトレマイオス朝エジプト最後の女王は誰か。	21 クレオパトラ
☐☐☐ 22	ローマの内乱を終結させることになった、オクタウィアヌス対アントニウス・クレオパトラで戦われた、前31年の海戦は何か。	22 アクティウムの海戦

ローマ帝国

□□□ 1	前27年、オクタウィアヌスが元老院から贈られた称号は何か。	1	アウグストゥス(尊厳者)
□□□ 2	アウグストゥス(尊厳者)は共和政の伝統を尊重し、「市民のなかの第一人者」を意味するプリンケプスとして政治を行ったが、この政体を何というか。	2	元首政(プリンキパトゥス)
□□□ 3	アウグストゥスから、ネルウァ帝に始まる五賢帝時代までの約200年間にわたる帝国の黄金時代を、とくに何というか。	3	「ローマの平和」(パクス゠ロマーナ)
□□□ 4	五賢帝の1人で、ダキア(現在のルーマニア)を併合し領土を最大にしたのは誰か。	4	トラヤヌス帝
□□□ 5	対外積極策から防衛策に転じ、ブリタニアなどに長城を築いた五賢帝の1人は誰か。	5	ハドリアヌス帝
□□□ 6	共和政時代には民会に参加できる一部の限られた者の権利であったが、212年カラカラ帝によって帝国内の全自由民に与えられたものは何か。	6	ローマ市民権
□□□ 7	3世紀になると各地の軍団が勝手に皇帝を立てるようになり帝国は混乱したが、この時代を何というか。	7	軍人皇帝時代
□□□ 8	自由民でありながら土地も農具も持たず、4世紀には移動の自由も失った農民を何というか。	8	コロヌス
□□□ 9	ラティフンディアにかわって普及した、コロヌスから地代を取る小作制を何というか。	9	コロナトゥス
□□□ 10	混乱をおさめ、東方風の専制君主政(ドミナトゥス)を行い、帝国を再編成した皇帝は誰か。	10	ディオクレティアヌス帝
□□□ 11	ディオクレティアヌス帝が広大な帝国支配のために行った政策は何か。	11	四帝分治制(テトラルキア)
□□□ 12	帝国統一のためキリスト教を公認し、専制君主政を確立した皇帝は誰か。	12	コンスタンティヌス帝

☐☐☐ 13	コンスタンティヌス帝が遷都したギリシア植民市ビザンティウムは、何と改称されたか。	13 コンスタンティノープル
☐☐☐ 14	395年、帝国を東西に分割して息子に継承させた皇帝は誰か。	14 テオドシウス帝

ローマの生活と文化

☐☐☐ 1	ローマの拡大でローマ字とともに帝国各地に広がり、西欧中世には聖職者の言語とされていたのは何か。	1 ラテン語
☐☐☐ 2	ローマ市民が手軽な娯楽センターとして利用したものは何か。	2 浴場
☐☐☐ 3	戦勝した将軍・軍隊を歓迎するための石造門は何か。	3 凱旋門
☐☐☐ 4	ローマにある、4階建ての円形闘技場とは何か。	4 コロッセウム
☐☐☐ 5	元老院などがおかれていた、都市国家ローマの中心であった広場の遺跡とは何か。	5 フォロ=ロマーノ
☐☐☐ 6	現在フランスにある、人馬も通ることのできる、3層アーチによる水道施設は何か。	6 ガール水道橋
☐☐☐ 7	前4世紀に建設されたとされる、ローマ最古の軍道とは何か。	7 アッピア街道
☐☐☐ 8	ローマの下層市民が楽しみとしていた享楽的な文化を、象徴的に示す言葉とは何か。	8 「パンと見世物」
☐☐☐ 9	ローマ市民に適用される市民法や、あらゆる民族に適用される万民法を総称して、何と呼ぶか。	9 ローマ法
☐☐☐ 10	ローマ法を整理して、6世紀にユスティニアヌス大帝が編纂させた法律書は何か。	10 『ローマ法大全』
☐☐☐ 11	カエサルが制定し、16世紀に現行のグレゴリウス暦にかわるまで使用された、エジプト系太陽暦は何か。	11 ユリウス暦
☐☐☐ 12	ラテン文学の代表者で、トロイアの英雄を扱った『アエネイス』の著者は誰か。	12 ウェルギリウス

☐☐☐ 13	ローマ最大の散文家・雄弁家とされるのは誰か。	13 キケロ
☐☐☐ 14	ストア派哲学者で、ネロ帝の師でもあったのは誰か。	14 セネカ
☐☐☐ 15	セネカと同じくストア派の哲学者であり、ギリシア語で『自省録』（じ せいろく）を著した五賢帝最後の皇帝は誰か。	15 マルクス = アウレリウス = アントニヌス帝
☐☐☐ 16	『ローマ建国史』の著者は誰か。	16 リウィウス
☐☐☐ 17	ケルト人やゲルマン人の貴重な史料ともなった、カエサルの著書は何か。	17 『ガリア戦記』
☐☐☐ 18	古ゲルマンの史料『ゲルマニア』や『年代記』の著者は誰か。	18 タキトゥス
☐☐☐ 19	ポエニ戦争に参加し、『歴史』において政体循環史観を記したギリシア人は誰か。	19 ポリビオス
☐☐☐ 20	『天文学大全』を著し天動説を主張した、2世紀ころのギリシア人学者は誰か。	20 プトレマイオス
☐☐☐ 21	ギリシア・ローマの英雄を比較した『対比列伝』（たい ひ れつでん）（『英雄伝』）で知られる、ギリシア人は誰か。	21 プルタルコス
☐☐☐ 22	帝国各地の自然・歴史をまとめた『地理誌』で知られる、ギリシア人は誰か。	22 ストラボン

☐☐☐

第4章

One step further
アテネとローマの違いについて、戦争と市民権という観点から説明せよ。

➡ ギリシアのポリスは戦争で他ポリスを併合することはなく、市民権をアテネの場合(＿＿＿)とも市民権所有者に限定した。ローマは戦争で領土を拡大し、(＿＿＿＿＿)や一定年限をつとめた(＿＿＿)に市民権を与え、3世紀には帝国の(＿＿＿＿＿)に与えたため、市民権を持つ者が激増した。

両親／解放奴隷／兵士／全自由人

キリスト教の成立と発展

□□□ 1	ユダヤ教の選民思想に反対し、**神の絶対愛と隣人愛**を説いて、反逆罪で**十字架刑**に処された人物は誰か。	1	イエス
	解説▶ 属州であったユダヤの総督**ピラト**が、**イエス**を処刑した。		
□□□ 2	**イエス**を「救世主」と信じる者は、ギリシア語で何と呼んだか。	2	キリスト（クリストス）
□□□ 3	イエスの処刑後、彼の復活を信じる信仰が生まれたが、その信仰を中心とした宗教は何か。	3	キリスト教
□□□ 4	イエスの12人の直弟子をとくに何というか。	4	使徒
□□□ 5	使徒のなかでも最高位の直弟子で、**ネロ帝**によって処刑され、初代ローマ教皇とされるのは誰か。	5	ペテロ（ペトロ）
□□□ 6	教義を発展させ、**異邦人への伝道**に活躍した、ローマ市民権を持つ人物は誰か。	6	パウロ
□□□ 7	ペテロやパウロらの活動によって、しだいに各地に形成された信徒の団体を何と呼ぶか。	7	教会
□□□ 8	信者が礼拝所としても利用した地下墓所を何というか。	8	カタコンベ
□□□ 9	使徒の言行を記し、福音書や使徒行伝からなる、ギリシア語のコイネーで書かれた教典とは何か。	9	『新約聖書』
	解説▶ 国家祭儀に参加しないキリスト教徒は、当時のローマの人々から反社会的とみなされていた。		
□□□ 10	ローマ帝政期に皇帝は神格化されていくが、その結果、皇帝は何を強制するようになったか。	10	皇帝崇拝
□□□ 11	皇帝崇拝に反対するキリスト教徒に対し、4世紀初めに最大の迫害を行った皇帝は誰か。	11	ディオクレティアヌス帝
□□□ 12	従来の迫害政策を一転させ、**キリスト教を公認**した、313年の勅令とは何か。	12	ミラノ勅令
□□□ 13	ミラノ勅令ののち、教義上の混乱を収拾するため、コンスタンティヌス帝が325年に開いた会議は何か。	13	ニケーア公会議

□□□		
14	ニケーア公会議では、キリストを神と同質であるとする教派が正統とされたが、この教派を何というか。	**14** アタナシウス派
□□□		
15	アタナシウス派の主張はのちに、父なる神、子なるイエス、聖霊が一体であるとする説として確立し、**正統教義**とされるが、その説のことを何というか。	**15** 三位一体説
□□□		
16	ニケーア公会議で異端とされた、イエスの神性を否定する教派は何か。	**16** アリウス派
□□□		
17	4世紀にミトラ教を信仰し、多神教復興を試みたためキリスト教会から「背教者」と呼ばれた皇帝は誰か。	**17** ユリアヌス帝
□□□		
18	**キリスト教を国教**とし、392年他の宗教を厳禁したローマ皇帝は誰か。	**18** テオドシウス帝
□□□		
19	マリアを神の母と呼ばず、イエスの人性を主張したため、**エフェソス公会議**で異端とされた教派は何か。	**19** ネストリウス派

解説 追放されたネストリウス派は東方に伝わり、中国では景教と呼ばれた。

□□□		
20	神の子イエスにおいては、神性と人性は分離も融合もしていないとして、イエスに神性のみを認める単性論を異端とした、451年の公会議は何か。	**20** カルケドン公会議
□□□		
21	カルケドン公会議で異端とされた単性論を信仰する人々が、エジプトなどで成立させた教会は何か。	**21** コプト教会
□□□		
22	5世紀までに各地で教会や信者を指導する司祭・司教という聖職者も成立したが、正統教義の理論化などを行ったキリスト教の著作家を何というか。	**22** 教父
□□□		
23	教父の代表的人物で、自伝『告白録』やゲルマン人による混乱に際して書かれた『神の国』の著者は誰か。	**23** アウグスティヌス
□□□		

One step further

西アジアに生まれた、ゾロアスター教、ユダヤ教、キリスト教の特徴の相違を説明せよ。

➡共通点は（_____）という概念。ゾロアスター教は（_____）論、ユダヤ教は（___）思想、キリスト教は神の（____）・（____）などを特徴とする。

最後の審判／善悪二元／選民／絶対愛／隣人愛

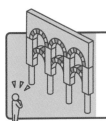

第5章 | イスラーム教の成立とヨーロッパ世界の形成

1 アラブの大征服

イスラーム教の誕生

☐☐☐ 1	大部分が砂漠である**アラビア半島**に住み、遊牧や隊商で生活するセム語系の民族は何か。	1	アラブ人
☐☐☐ 2	ササン朝とビザンツ帝国の戦いが激化するなかで中継都市として発展した、アラビア半島の都市はどこか。	2	メッカ(マッカ)
☐☐☐ 3	のちイスラーム教の信仰の中心となる、メッカにある聖堂とは何か。	3	カーバ聖殿
☐☐☐ 4	メッカの名門**クライシュ族**出身で、7世紀初めに神の言葉を授かった預言者とは誰か。 解説▶預言者とは神の啓示を人々に伝える人間のことで、彼は最後にして最大の預言者とされている。	4	ムハンマド
☐☐☐ 5	ムハンマドに啓示を授けた、この宗教の唯一神とは何か。	5	アッラー
☐☐☐ 6	ムハンマドを創始者とする世界的な宗教とは何か。	6	イスラーム教
☐☐☐ 7	イスラーム教の信徒の義務として課せられた、神・天使・預言者を信じることや、礼拝・断食・巡礼などを総称して何というか。	7	六信五行
☐☐☐ 8	イスラーム教の信徒の義務の1つである、異教徒に対する戦いを何というか。	8	ジハード(聖戦)
☐☐☐ 9	ムハンマドはメッカの有力者たちに迫害され、622年北のヤスリブ(のちのメディナ)に逃れたが、この事件を何というか。	9	ヒジュラ(聖遷)

□□□		
10	ヒジュラ(聖遷)の年を紀元とする、イスラーム教徒が用いる太陰暦を何というか。	10 イスラーム暦(ヒジュラ暦)

□□□		
11	ヒジュラ(聖遷)ののち成立した、信徒の共同体を何というか。	11 ウンマ

□□□		
12	イスラーム教徒をアラビア語で何というか。 解説▶ムスリムは、ユダヤ教徒やキリスト教徒を、神の啓示を受けた者、という意味で「啓典の民」と呼んだ。	12 ムスリム

□□□		
13	イスラーム教の教典は何か。 解説▶この教典は初めアラビア語以外に訳すことができなかったため、イスラーム教が世界的に拡大するにつれてアラビア語圏も拡大していった。	13 『コーラン(クルアーン)』

□□□		
14	632年ムハンマドが死ぬと、イスラーム教徒はアブー=バクルをウンマの指導者として選出するが、「後継者」を意味するこの指導者のことを何というか。	14 カリフ

□□□		
15	カリフは4代までイスラーム教徒によって選出されていたが、この4代までをとくに何というか。	15 正統カリフ

□□□		
16	シリア・エジプトを征服し、ササン朝軍にも勝利した、第2代正統カリフは誰か。	16 ウマル

□□□		
17	ムハンマドの女婿で、反対派によって暗殺された4代目のカリフは誰か。	17 アリー

□□□		
18	アラブ=ムスリム軍の征服によって、各地につくられた軍営都市とは何か。	18 ミスル

ウマイヤ朝とアッバース朝

□□□		
1	アリーののちに指導者になり、661年ダマスクスを都にウマイヤ朝を開いたシリア総督は誰か。	1 ムアーウィヤ

□□□		
2	被征服地において自由身分の成年男性に、安全を保障するかわりに課した人頭税を何というか。	2 ジズヤ

□□□		
3	征服地の住民に対し、収穫の半分を納めさせる地租を何というか。	3 ハラージュ

☐☐☐ 4	ウマイヤ朝を打倒し、**750年アブー＝アルアッバース**が始めた王朝を何というか。	4 アッバース朝
☐☐☐ 5	製紙法が伝来する契機となった、**751年アッバース朝**軍が唐軍に勝利した戦いは何か。	5 タラス河畔(かはん)の戦い
☐☐☐ 6	**アッバース朝の第2代カリフのマンスール**のときに建設された、ティグリス川西岸の円形都市は何か。	6 バグダード
☐☐☐ 7	ビザンツ帝国への親征などを行った、8世紀末にでた**アッバース朝の最盛期**の人物は誰か。	7 ハールーン＝アッラシード
☐☐☐ 8	アッバース朝はウマイヤ朝におけるアラブ人の特権を廃し、異民族改宗者に対する差別を解消したため、何帝国と呼ばれるか。	8 イスラーム帝国
☐☐☐ 9	**アリーとその子孫のみを正統**と認める、イスラーム教の少数派を何というか。	9 シーア派
☐☐☐ 10	歴代の指導者を正統と認める、イスラーム教の多数派を何というか。	10 スンナ派(スンニー)
☐☐☐ 11	アッバース朝成立後、ウマイヤ朝の一族が756年に**イベリア半島**に建てた国は何か。	11 後(こう)ウマイヤ朝
☐☐☐ 12	アンダルシア地方にあり西方イスラーム世界の中心として栄えた、**後ウマイヤ朝**の首都はどこにおかれたか。 **解説** 後ウマイヤ朝は10世紀に最盛期を迎え、コルドバには大モスク(メスキータ)が建立され、西方イスラーム世界の中心となった。	12 コルドバ
☐☐☐ 13	10世紀にチュニジアで建国され、969年エジプトを征服した王朝は何か。 **解説** この王朝は**シーア派**の王朝で、建国当初からカリフを名乗った。これに対抗して後ウマイヤ朝もカリフを名乗り、ここに本来1人のカリフが複数存在するにいたった。	13 ファーティマ朝
☐☐☐ 14	ナイル川デルタに建設した、**ファーティマ朝**の都はどこにおかれたか。	14 カイロ
☐☐☐ 15	946年バグダードに入城し、アッバース朝カリフから実権を奪ったイラン系シーア派の軍事政権は何か。	15 ブワイフ朝

16	ブワイフ朝の君主に対し、アッバース朝カリフは何という称号を授け、イスラーム法施行の権限を与えたか。	16 大アミール

□□□

17	大アミールは、徴税権を軍人に与え給料のかわりとする制度を開始したが、のちイスラーム世界各地に広まるこの制度とは何か。	17 イクター制

□□□

One step further

ウマイヤ朝とアッバース朝について、帝国支配の相違を税制面から説明せよ。

➡ ウマイヤ朝はアラブ人に（＿＿＿）特権を与えたが、アッバース朝は征服地の（＿＿＿＿＿＿）には（＿＿＿＿）を免除するなど、民族による差別を撤廃した。

免税／ムスリム／ジズヤ

第5章

---

2 ヨーロッパ世界の形成

ゲルマン人の移動

□□□

1	先住のケルト人を圧迫してライン・ドナウ川流域に進出した、バルト海沿岸を原住地とするインド＝ヨーロッパ語系の民族とは何か。	1 ゲルマン人

□□□

2	ケルト人の文化がいまだに残る地域の例をあげよ。	2 アイルランド、スコットランド、ウェールズ、ブルターニュ

□□□

3	4世紀にゲルマン人の一派を圧迫した、アジア系の騎馬遊牧民とは何か。	3 フン人

□□□

4	フン人に征服されたゲルマン人の一派は何人か。	4 東ゴート人

□□□

5	375年移動を開始し、翌年ドナウ川を渡河、のちイベリア半島に王国を建てたのは何人か。	5 西ゴート人

解説▶ フン人によって圧迫された西ゴート人は、376年ローマ領に移住した。それをきっかけにゲルマン諸部族が移動（ゲルマン人の大移動）を開始した。

□□□			
6	ゲルマン人の一派で、北アフリカおよび北イタリアに建国したのはそれぞれ何人か。	6	ヴァンダル人・ランゴバルド人
7	ゲルマン人の一派で、ガリア東南部に建国したのは何人か。	7	ブルグンド人
8	ゲルマン人の一派で、原住地を保持しつつ拡大・移住、北ガリアに建国したのは何人か。	8	フランク人
9	ゲルマン人の一派で、大ブリテン島にわたり、七王国と呼ばれる小王国を形成したのは何人か。	9	アングロ＝サクソン人
10	アングロ＝サクソン人の小王国が、9世紀にエグバートによって統一されて成立した国とは何か。	10	アングロ＝サクソン王国（イングランド王国）
11	西ローマ帝国に敗れたが、パンノニア（現ハンガリー）の地に大帝国を建設した、フン人の王は誰か。	11	アッティラ王
12	西ローマ帝国を476年に滅ぼした、ゲルマン人傭兵隊長とは誰か。	12	オドアケル
13	フン人の衰退後、オドアケルを倒して東ゴート王国を建てたゲルマン人の王は誰か。	13	テオドリック大王
14	東ゴート王国を555年に滅ぼした国はどこか。	14	ビザンツ帝国（東ローマ帝国）

フランク王国の発展と分裂

□□□			
1	ゲルマン人の一派、フランク人は5世紀にクローヴィスによって統一されるが、彼に始まる王朝とは何か。 解説▶クローヴィスがアタナシウス派に改宗したことが、フランク王国発展の要因となった。	1	メロヴィング朝
2	8世紀以降、王にかわって実権を持つようになった、フランク王国の行・財政面の長を何というか。	2	宮宰（マヨル＝ドムス）
3	進撃を続け領内に侵入したウマイヤ朝軍を、732年にフランク王国が破った戦いを何というか。	3	トゥール・ポワティエ間の戦い

□□□ 4	トゥール・ポワティエ間の戦いのときに活躍した人物は誰か。	4 カール＝マルテル
□□□ 5	カール＝マルテルの子は、教皇の支持を得て751年カロリング朝を始めた。その名を答えよ。	5 ピピン（小ピピン）
□□□ 6	ピピン（小ピピン）は教皇の要請（ようせい）でランゴバルドを討ち、ある地方を教皇に寄進した。教皇領の起源となった、その地方とはどこか。	6 ラヴェンナ地方
□□□ 7	ピピンの子で西ヨーロッパの主要部分を統一し、800年に教皇から帝冠を与えられた（戴冠（たいかん）した）人物は誰か。	7 カール大帝（シャルルマーニュ）
□□□ 8	カール大帝（シャルルマーニュ）に帝冠を与えたローマ教皇は誰か。	8 レオ3世
□□□ 9	カール大帝が30余年をかけて服従させた、エルベ川下流域に居住していたゲルマン人の一派は何人か。	9 ザクセン人
□□□ 10	カール大帝が破ったアジア系遊牧民とは何人か。	10 アヴァール人
□□□ 11	カール大帝は中央集権化を進めるうえで、各地の有力者を地方長官として任命したが、その地方長官を何というか。	11 伯（はく）
□□□ 12	各地の行政の監督や連絡のため派遣された、官僚や聖職者を何というか。	12 巡察使（じゅんさつし）
□□□ 13	カール大帝は教育や文化の復興につとめたが、この古代文化復興運動を何というか。	13 カロリング＝ルネサンス
□□□ 14	カロリング＝ルネサンスの中心となった、イングランド出身の神学者は誰か。	14 アルクイン
□□□ 15	カール大帝の孫が、帝国を三分した843年の条約とは何か。	15 ヴェルダン条約
□□□ 16	870年に結ばれ、今日のドイツ・フランス・イタリア3国の基礎がつくられるもととなった条約は何か。	16 メルセン条約
□□□ 17	メルセン条約で三分された国のうち、のちのドイツの起源となった王国はどこか。	17 東フランク王国

第5章

☐☐☐ **18** イタリアを制圧し、962年教皇から戴冠された、東フランクのザクセン朝第2代王は誰か。	**18** オットー1世
☐☐☐ **19** オットー1世の戴冠によって皇帝位が復活したが、こうして成立するにいたった帝国は何か。	**19** 神聖ローマ帝国
☐☐☐ **20** 955年レヒフェルトの戦いで、オットー1世が撃退したアジア系の民族は何か。	**20** マジャール人
☐☐☐ **21** メルセン条約で三分された国のうち、のちのフランスの起源となった国はどこか。	**21** 西フランク王国
☐☐☐ **22** 987年、西フランクの王に選ばれてカペー朝を創始した、パリ伯は誰か。	**22** ユーグ゠カペー
☐☐☐ **23** メルセン条約で三分された国のうち、カロリング朝の断絶がもっとも早かったのはどこか。	**23** イタリア

ビザンツ帝国

☐☐☐ **1** 首都コンスタンティノープルの旧名にちなんだ、東ローマ帝国の別称を何というか。 解説▶この国においては官僚制・貨幣経済が維持された。	**1** ビザンツ帝国
☐☐☐ **2** 『ローマ法大全』をまとめ領土を広げた、6世紀のビザンツ帝国最盛期の皇帝は誰か。 解説▶彼はササン朝のホスロー1世と争った。	**2** ユスティニアヌス大帝
☐☐☐ **3** ユスティニアヌス大帝が倒したゲルマン人国家を2つあげよ。 解説▶この結果、一時的ではあるが地中海のほぼ全域にローマ帝国が復活した。	**3** ヴァンダル王国・東ゴート王国

4	ユスティニアヌス大帝が首都に建立させた、ビザンツ様式の代表的建築物(写真)は何か。	4	ハギア(セント)=ソフィア聖堂

解説 四隅の尖塔(ミナレット)はオスマン帝国の時代に建設された。

□□□

5	ビザンツ様式の代表的建築物で、ラヴェンナにあり、モザイク壁画で有名な聖堂は何か。	5	サン=ヴィターレ聖堂

□□□

6	帝国の重要産業で、中国伝来の技術とは何か。	6	絹織物産業

外部勢力の侵入

□□□

1	海上交易で活躍した、スカンディナヴィア半島を現住地とするゲルマンの一派を何というか。	1	ノルマン人

□□□

2	ノルマン人はヴァイキングとも呼ばれるが、そのほか、イングランドやスラヴ人地域ではそれぞれ何と呼ばれたか。	2	デーン人・ルーシ

□□□

3	911年ノルマンの首長ロロがフランス王より認められて、北フランスに建てた国とは何か。	3	ノルマンディー公国

□□□

4	イスラームの支配下にあったシチリア島にノルマン人が侵入し、1130年に建てた国は何か。	4	両シチリア王国(ノルマン=シチリア王国)

□□□

5	9世紀末デーン人の侵入を撃退したイングランド王とは誰か。	5	アルフレッド大王

□□□

6	1016年イングランドを征服し、デンマークやノルウェーも支配して「北海帝国」を築いた、デーン人の王は誰か。	6	クヌート(カヌート)

解説 彼の死後、イングランドにはアングロ=サクソン系の王家が復活した。

□□□ 7	ノルマン人の原住地に、8世紀から10世紀にかけて建てられた王国の例を3つあげよ。	7 デンマーク・スウェーデン・ノルウェー
□□□ 8	1066年、イングランドに侵入してアングロ=サクソン系の王を破り、イングランド王ウィリアム1世となったのは誰か。	8 ノルマンディー公ウィリアム
□□□ 9	ノルマンディー公ウィリアムがイングランドにノルマン朝を成立させることになった、この事件を何というか。	9 ノルマン=コンクェスト

解説▶征服の過程でノルマン朝はアングロ=サクソン人の土地を没収したので、王権は強大となった。

ノルマン人のイングランド征服 (バイユーの刺繍画)

| □□□ 10 | 9世紀にルーシ首長のリューリクが建てた国は何か。 | 10 ノヴゴロド国 |
| □□□ 11 | ノヴゴロド国のオレーグがドニエプル川を南下して882年に建国し、現在のロシアの起源となった国は何か。 | 11 キエフ公国 |

カトリック教会の発展と封建社会

□□□ 1	ペテロ殉教地の教会として権威を持ち、フランク王国の発展とともに勢力を伸ばした教会はどこか。	1 ローマ=カトリック教会
□□□ 2	ペテロの後継者とされる、ローマ=カトリック教会の最高首長を何というか。	2 教皇(法王)
□□□ 3	大司教のもとで、教会の行政区である司教区を管轄する聖職者を何というか。	3 司教
□□□ 4	司教のもとで、一般の信徒にミサや洗礼などを行う聖職者を何というか。	4 司祭
□□□ 5	自給自足が原則の農村を基礎とし、聖職者・貴族が農民を支配するヨーロッパ中世社会を何というか。	5 封建社会

☐☐☐
| 6 | 広大な領地や多くの家臣を持つ、貴族ら有力者階級を何というか。 | 6 | 諸侯 |

☐☐☐
| 7 | 主君は家臣に封土(領地)を与えるかわりに、家臣は軍事的奉仕の義務を負う、このような関係を何というか。 | 7 | 封建的主従関係 |

☐☐☐
| 8 | 封土を支配する者を何というか。 | 8 | 領主 |

☐☐☐
| 9 | 領主とは具体的にどのような人々を指すか。 | 9 | 教会・諸侯・騎士 |

☐☐☐
| 10 | 領主は裁判や課税について国王や官吏の立ち入りを拒否することができた。この権利を何というか。 | 10 | 不輸不入権(インムニテート) |

☐☐☐
| 11 | 領主の所有地は荘園とも呼ばれるが、荘園は、共有地や農民保有地と何からなるか。 | 11 | 領主直営地 |

☐☐☐
| 12 | 移動の自由がなく、結婚時や家族が死亡した際には領主に対し税を支払う義務を負った、荘園で働く人々を何というか。 | 12 | 農奴 |

☐☐☐
| 13 | 農奴は領主の土地を週に何回か耕作する義務を負っていたが、それを何というか。 | 13 | 賦役 |

☐☐☐
| 14 | 農奴は自らの保有地の収穫物を領主に納める義務を負っていたが、それを何というか。 | 14 | 貢納 |

☐☐☐
| 15 | 農奴が教会に納める税を何というか。 | 15 | 十分の一税 |

☐☐☐
| 16 | 領主は農奴を裁く権利を持っていた。この権利を何というか。 | 16 | 領主裁判権 |

☐☐☐

○ne step further

イスラーム教徒の進出が、地中海世界に与えた影響について説明せよ。

➡ (_____人・____語・_____)を基調とする西欧圏、(____人・_____語・____)を基調とする東欧圏、アラブ人・イスラーム教を基調とする西アジア・アフリカに、地中海世界は分裂した。

ゲルマン・ラテン・カトリック/スラヴ・ギリシア・正教会

第5章

第6章 | イスラーム教の伝播と西アジアの動向

1 イスラーム教の諸地域への伝播

アジア各地のイスラーム化

☐☐☐
1 住民の多くがもともとはイラン系であったが、9世紀にウイグル人が移住した結果、トルコ化が進んだ中央アジアを別名で何というか。

解説 この地域はパミール高原を境に東西にわかれる。まず住民のトルコ化が進み、そののちイスラーム化が進行した。

1 トルキスタン

☐☐☐
2 アム・シル両河が流れる西トルキスタンには、イスラーム化以前には何人が多く居住していたか。

2 ソグド人

☐☐☐
3 東トルキスタンのウイグル人を中心に信仰されていた宗教は何か。

3 仏教・マニ教

☐☐☐
4 9世紀に西トルキスタンに成立し、トルコ人のイスラーム化を進めた、イラン系国家は何か。

4 サーマーン朝

☐☐☐
5 サーマーン朝を滅ぼし、東西トルキスタンをあわせて、トルコ人のイスラーム化をさらに進展させたトルコ系国家は何か。

5 カラハン朝

☐☐☐
6 11世紀以降インド侵入を繰り返した、アフガニスタンのトルコ系王朝は何か。

6 ガズナ朝

☐☐☐
7 ガズナ朝を滅ぼして北インドをイスラーム化した、イラン系とされる王朝は何か。

7 ゴール朝

☐☐☐
8 ゴール朝の将軍アイバクが13世紀に建てた、インド初のイスラーム王朝は何か。

8 奴隷王朝

☐☐☐
9 奴隷王朝以降16世紀前半までの5王朝を、その都のあった都市にちなんで何と総称するか。

9 デリー＝スルタン朝

□□□			
10	14世紀末に成立し、交易で繁栄した東南アジアのイスラーム教国は何か。	10	マラッカ(ムラカ)王国

□□□			
11	イスラーム商人が、ポルトガルの支配するマラッカ海峡を避けたため繁栄することとなった、スマトラ北端のイスラーム王国は何か。	11	アチェ王国

□□□			
12	**マジャパヒト王国**にかわってジャワ島中・東部に成立し、交易で繁栄した、イスラーム王国は何か。	12	マタラム王国

□□□			
13	8世紀ころから中国まで進出し、活発な交易活動を展開したのはどのような人々か。	13	ムスリム商人

□□□			
14	陸上の交易路に沿って建てられた隊商宿を何というか。	14	キャラヴァンサライ

□□□			
15	交易を重視するイスラーム政権の成立や、唐滅亡にともなう中央アジアの混乱と中国経済の中心が江南に移動したことなどにより、重要性が高まった交易ルートは何か。	15	「海の道」

□□□			
16	ムスリム商人の用いた、三角帆の木造船(写真)を何というか。	16	ダウ船

アフリカのイスラーム化

□□□			
1	インド洋交易で繁栄し、4世紀にはキリスト教を受容した、エチオピアの国は何か。	1	アクスム王国

□□□			
2	西アフリカの黒人王国で、**サハラの岩塩と金との交換**で繁栄したが、ムラービト朝の攻撃で衰退した国はどこか。	2	ガーナ王国

□□□			
3	北アフリカ一帯の先住民で、11世紀以降急速にイスラーム化した民族は何か。	3	ベルベル人

□□□			
4	ベルベル人が11世紀に建てた国で、**ガーナ王国**を衰退させイベリア半島に進出した国はどこか。 解説 ムラービト朝は12世紀にムワッヒド朝に倒された。	4	ムラービト朝

☐☐☐ 5	ガーナ王国の衰退後、西アフリカではイスラーム化が進行したが、13世紀にマンデ系民族が建てた**イスラーム教国**は何か。	5 マリ王国
☐☐☐ 6	豪勢なメッカ巡礼を行った、**マリ王国**の最盛期の王は誰か。	6 マンサ=ムーサ
☐☐☐ 7	衰退するマリ王国にかわり、産出される金や岩塩の交易で繁栄した、ガオを都とした王国は何か。	7 ソンガイ王国
☐☐☐ 8	マリ王国の時代アフリカにおける、学問・経済・文化の中心として栄えた、ニジェール川中流域の都市はどこか。	8 トンブクトゥ

トンブクトゥにあるモスク

☐☐☐ 9	金・象牙・奴隷などの交易でインド洋貿易の中心として繁栄した、アフリカ東岸の海港都市はどこか。4つあげよ。	9 マリンディ・モンバサ・ザンジバル・キルワ
☐☐☐ 10	アフリカ東岸の地には、現地のバントゥー語とアラビア語が融合した言語が成立するが、何という言語か。	10 スワヒリ語
☐☐☐ 11	ジンバブエを中心に、11世紀ころザンベジ川流域に成立し、インド洋交易で繁栄した国は何か。	11 モノモタパ王国

☐☐☐

One step further
トルコ系民族の移動により中央ユーラシアでおこった変化のうち、言語と宗教について説明せよ。

➡（＿＿＿＿＿）人の移住により、（＿＿＿＿）系住民の住む中央ユーラシアで（＿＿＿）語が広まった。さらにカラハン朝のもとで、（＿＿＿＿・＿＿＿＿＿＿＿）にかわりイスラーム教が広まった。

ウイグル／イラン／トルコ／マニ教・ゾロアスター教

2　西アジアの動向

□□□
| 1 | 騎馬にすぐれ兵士として活躍した、トルコ人らの奴隷を何というか。 | 1 | マムルーク |

□□□
| 2 | 1055年**トゥグリル＝ベク**のときブワイフ朝を倒した、スンナ派のトルコ人王朝は何か。 | 2 | セルジューク朝 |

□□□
| 3 | トゥグリル＝ベクはその功によりカリフから「支配者」の意の称号を授かったが、それは何か。 | 3 | スルタン |

解説▶11世紀、宰相ニザーム＝アルムルクが軍制や税制を整備し、学院を設立して、スンナ派諸学を発展させた。

□□□
| 4 | **1258年**アッバース朝を倒した、モンゴル軍の武将は誰か。 | 4 | フレグ（フラグ） |

□□□
| 5 | フレグがタブリーズを都に建てた国は何か。 | 5 | イル＝ハン国（フレグ＝ウルス） |

□□□
| 6 | イル＝ハン国の第7代ハンはイスラーム教を国教としたが、このハンは誰か。 | 6 | ガザン＝ハン |

解説▶この地域では当初ネストリウス派が信仰されていた。

□□□
| 7 | クルド人出身の**サラーフ＝アッディーン（サラディン）**が、1169年エジプトに建てた国は何か。 | 7 | アイユーブ朝 |

□□□
| 8 | マムルークの出身者が**1250年**エジプトに建てた国は何か。 | 8 | マムルーク朝 |

□□□
| 9 | アデンやアレクサンドリアを中心に、**香辛料交易**で活躍したムスリム商人団とは何か。 | 9 | カーリミー商人 |

□□□
| 10 | グラナダを都にキリスト教徒に対抗した、イベリア半島最後のイスラーム王朝は何か。 | 10 | ナスル朝 |

第6章

□□□

One step further

ムハンマド死後からセルジューク朝期にかけて、イスラーム
世界(スンナ派)における聖権と俗権を掌握する地位はどのよ
うに変化したか、説明せよ。

➡ ムハンマドの死後カリフが(＿)権のみを掌握したが、アッ
バース朝期にはカリフの(＿＿＿)化が進んだ。その後カリフ
は(＿＿＿＿＿＿＿＿)朝君主に俗権を掌握する(＿＿＿＿＿＿)位
を授けた。

俗/神格/セルジュ
ーク/スルタン

3　イスラーム文明の発展

□□□
1　イスラーム文明はイスラーム教と各地の伝統的文化が融合し発展したものであるが、その発展の基礎となった共通語とは何か。

1　アラビア語

□□□
2　聖職者がいないイスラーム世界において、イスラーム法であるシャリーアを研究する学者のことを何というか。

2　ウラマー

□□□
3　ウラマーを育成するためにつくられた教育機関は何か。

3　マドラサ(学院)

□□□
4　マドラサの1つで、ファーティマ朝によってカイロに建てられたものは何か。

4　アズハル学院

□□□
5　信仰・学問の場である礼拝堂を何というか。

5　モスク

□□□
6　モスクに付属して建てられる塔を何というか。

6　ミナレット

□□□
7　8世紀にダマスクスに建てられた、現存する最古のモスクは何か。

7　ウマイヤ＝モスク

□□□
8　マドラサやモスクは、寄付によって建設されることが多かったが、その寄付のことを何というか。

8　ワクフ

□□□
9　都市に、マドラサやモスクとともにつくられた、生産や流通の場を何というか。

9　市場(スーク、バザール)

□□□		
10	ウラマーの形式主義化に対し、禁欲を説き神との合一を主張した、イスラーム教の神秘主義を何というか。 ■解説▶ セルジューク朝期のガザーリーは、この思想を理論化した。	**10** スーフィズム
□□□		
11	スーフィズムを信奉する者たちは12世紀以降教団を結成し、商人とともに各地に移動し、教えを広めた。彼らのことを何というか。	**11** スーフィー
□□□		
12	14世紀に、遊牧民と農耕民の関係を重視し、歴史の法則を論じる『世界史序説』を著したのは誰か。	**12** イブン＝ハルドゥーン
□□□		
13	14世紀に『集史』を著した、イル＝ハン国の宰相は誰か。	**13** ラシード＝アッディーン
□□□		
14	アリストテレスの注釈で有名な、ラテン名がアヴェロエスであるコルドバ出身の哲学者は誰か。	**14** イブン＝ルシュド
□□□		
15	中世ヨーロッパで教科書とされた『医学典範』の著者で、ラテン名がアヴィケンナである人物は誰か。	**15** イブン＝シーナー
□□□		
16	『大旅行記』（『三大陸周遊記』）を著した、14世紀モロッコ出身の大旅行家は誰か。	**16** イブン＝バットゥータ
□□□		
17	タラス河畔の戦いの結果、イスラーム世界にもたらされた技術とは何か。	**17** 製紙法
□□□		
18	イスラーム教徒が数字とともにインドから取り入れた、数学的な考え方とは何か。	**18** ゼロの概念
□□□		
19	四行詩集『ルバイヤート』で知られる、セルジューク朝のマリク＝シャーに仕えた人物は誰か。	**19** ウマル＝ハイヤーム
□□□		
20	イスラーム世界各地の説話を集大成した、アラブ文学中もっとも有名なものは何か。	**20** 『千夜一夜物語』（『アラビアン＝ナイト』）

第6章

□□□		
21	ナスル朝が残した、「赤い城」の意味を持つ、グラナダにある宮殿(写真)は何か。	**21** アルハンブラ宮殿

□□□		
22	イスラーム世界でみられる、写本の挿し絵などを何というか。	**22** 写本絵画

□□□		
23	偶像崇拝の禁止されたイスラーム世界で発達した、植物や文字を図案化した模様を何というか。	**23** アラベスク

□□□

One step further

イスラーム文化について、どのような文化を取り入れ、どのように発展させ、各地に伝えたかを説明せよ。

➡イスラーム文化は、(_____)から数学を学び代数学を発展させた。中国から(_____)を学び、(_____・_____)から医学・哲学を取り入れ発展させ、(_____)に伝えた。

インド／製紙法／ギリシア・イラン／ヨーロッパ

第7章 | ヨーロッパ世界の変容と展開

1 西ヨーロッパの封建社会とその展開

教会の発展と叙任権闘争

1 ペテロ殉教地の教会として権威を持ち、フランク王国の発展とともに勢力を伸ばした教会はどこか。

1 ローマ=カトリック教会

2 アリウス派を信奉していた**ゲルマン人**を改宗させたことで知られる、6世紀末の教皇（法王）は誰か。

2 グレゴリウス1世

3 戒律に従い禁欲生活を送る修道士たちが共同生活を行う場のことを何というか。

3 修道院

4 6世紀に、「祈り、働け」を標語とする修道院を、イタリアのモンテ=カシノに開いた人物は誰か。

4 ベネディクトゥス

5 11世紀フランスで創設され、**開墾運動**を展開したことで知られる修道会は何か。

5 シトー修道会

6 修道院が各地に成立するようになると、その世俗化・富裕化を批判して、財産を持たず都市で活動する**托鉢修道会**が13世紀にはおこってきた。その修道会の例を2つあげよ。

6 フランチェスコ修道会・ドミニコ修道会

7 10世紀にフランスに設立され、**聖職売買・聖職者妻帯**などに対する粛正運動の中心となった修道院はどこか。

7 クリュニー修道院

8 聖職者の**叙任権**は世俗諸侯のものであったが、それに対し叙任権を手中にしようとするローマ教皇と、ドイツ国王（のち神聖ローマ皇帝）との争いを何というか。

8 叙任権闘争

解説 一方、ギリシア正教会とローマ=カトリック教会は対立を深め、1054年相互に破門したため、**キリスト教世界は東西に分裂**した。

☐☐☐ 9	クリュニー修道院の改革運動の精神を受けつぎ、聖職売買や聖職者の妻帯を禁じたり、ドイツ国王を破門した教皇は誰か。	9 グレゴリウス7世
☐☐☐ 10	グレゴリウス7世によって破門されたドイツ国王は誰か。	10 ハインリヒ4世
☐☐☐ 11	ハインリヒ4世は教皇に謝罪し破門を許されたが、この1077年の事件を何というか。	11 カノッサの屈辱
☐☐☐ 12	叙任権は教皇が持つとして、教皇対皇帝の争いに決着をつけた、1122年の協約は何か。	12 ヴォルムス協約
☐☐☐ 13	「教皇は太陽、皇帝は月」と豪語し、イギリス王ジョンやフィリップ2世らを破門するなどした、13世紀初め教皇権全盛期の人物は誰か。	13 インノケンティウス3世

十字軍

☐☐☐ 1	10世紀ころから始まった中世の代表的農法で、耕地を秋耕地・春耕地・休耕地にわけ、3年に1度休耕地をつくる農法を何というか。	1 三圃制
☐☐☐ 2	三圃制と相まって農業生産力を増大させた、家畜を利用し土を深く掘りおこす道具を何というか。	2 重量有輪犂
☐☐☐ 3	キリスト教・ユダヤ教・イスラーム教の聖地であるイェルサレムを、11世紀に支配していた国はどこか。	3 セルジューク朝
☐☐☐ 4	セルジューク朝の進出に悩んだビザンツ皇帝から、援助の要請を受けたローマ教皇は誰か。	4 ウルバヌス2世
☐☐☐ 5	要請を受けてウルバヌス2世が1095年に開き、聖地回復のための聖戦をおこすことを提唱した会議とは何か。	5 クレルモン宗教会議
☐☐☐ 6	1096年、フランス諸侯が中心となって陸路イェルサレムに向かい、聖地奪還に成功した遠征とは何か。	6 第1回十字軍
☐☐☐ 7	第1回十字軍の結果、聖地に成立したキリスト教国は何か。	7 イェルサレム王国

□□□			
8	1169年エジプトに**アイユーブ朝**を建て、イェルサレムを奪い返したクルド人出身の王は誰か。	8	サラーフ＝アッディーン（サラディン）
□□□			
9	**サラーフ＝アッディーン（サラディン）**に対して、ドイツ皇帝・イギリス王・フランス王が参加して開始した遠征は何か。	9	第3回十字軍
□□□			
10	交渉によって聖地を奪還した神聖ローマ皇帝は誰か。	10	フリードリヒ2世
□□□			
11	**ヴェネツィア商人**の主導によって、海路コンスタンティノープルに向かい、ここを占領した遠征は何か。	11	第4回十字軍
□□□			
12	**第4回十字軍**の結果、コンスタンティノープルに成立した国は何か。	12	ラテン帝国
□□□			
13	巡礼の保護や聖地防衛のため宗教騎士団が結成されたが、そのうち、第3回十字軍の際アッコンで創設され、帰国後**東エルベ植民**を進めた騎士団は何か。 解説▶十字軍運動の結果、教皇の権威は失墜し、諸侯・騎士は没落する一方、王権は伸長した。	13	ドイツ騎士団
□□□			
14	ヨーロッパ世界の拡大の例として、エルベ川以東ではドイツ人による、どのような動きがみられたか。	14	東方植民
□□□			
15	ヨーロッパではキリスト教の聖地を訪れることが流行するが、そうした行為を何というか。	15	巡礼
□□□			
16	ローマ、イェルサレムと並ぶ聖地で、スペイン西北部の都市はどこか。	16	サンティアゴ＝デ＝コンポステーラ

第7章

商業の発展と都市の成立

解説▶中世都市は、ローマ時代の司教座都市や王侯の城砦を核にした防備都市などから発達した。

□□□			
1	農業生産の増大や、ムスリム商人らの商業活動によって、ヨーロッパではどのような経済的現象がおこったか。	1	貨幣経済の普及
□□□			
2	十字軍運動の影響で、交通が発達した結果どのような経済的現象がおこったか。	2	遠隔地貿易の発達
□□□			
3	**遠隔地貿易の発達**がまずおこった商業圏はどこか。	3	地中海商業圏

□□□ 4	十字軍の輸送を担当した北イタリア海港都市が行った、アジア物産の輸入がおもな貿易を何というか。 解説▶こうした交易の活性化を、「商業の復活」ということがある。	4 東方貿易（レヴァント貿易）
□□□ 5	経済の発達により成立した都市は、領主の支配からの独立をめざした。市場権や居住権などを買収し特許状を得て、最終的に獲得する市政運営権を何というか。	5 自治権
□□□ 6	自治権を獲得する運動がさかんに展開されたイタリアで、運動の結果成立した都市共和国を何というか。	6 自治都市（コムーネ）
□□□ 7	東方貿易（レヴァント貿易）で発展し、「アドリア海の女王」とうたわれた海港都市はどこか。	7 ヴェネツィア
□□□ 8	ヴェネツィアと対抗した、地中海沿岸の北イタリア海港都市はどこか。	8 ジェノヴァ
□□□ 9	トスカナ地方にある、イタリア半島西岸の都市はどこか。	9 ピサ
□□□ 10	毛織物業や金融業などで栄えた、トスカナ地方の内陸都市はどこか。	10 フィレンツェ
□□□ 11	フィレンツェの富豪で、一族から教皇を出したのは何家か。	11 メディチ家
□□□ 12	ドイツ皇帝に対抗して、北イタリア諸都市が結んだ同盟とは何か。	12 ロンバルディア同盟
□□□ 13	北海・バルト海を中心に、木材・穀物などの生活必需品を取り引きした商業圏はどこか。	13 北ヨーロッパ商業圏
□□□ 14	ロンドンやベルゲンなどの在外商館を持ち、全ヨーロッパで商業活動を行った、北ドイツの都市同盟は何か。	14 ハンザ同盟
□□□ 15	ハンザ同盟の盟主で、バルト海沿岸部の都市はどこか。	15 リューベック
□□□ 16	ハンザ同盟に属する、エルベ河口の港市はどこか。	16 ハンブルク
□□□ 17	毛織物産業がさかんな、ライン河口のフランドル地方の中心都市を2つあげよ。	17 ブリュージュ・ガン
□□□ 18	農業生産力の上昇から余剰生産物が生まれるが、その交換のために各地に成立したものは何か。	18 定期市

□□□		
19	交易路や河川が集中する内陸交通の要地であるために大きな定期市が開かれた、フランスの地方はどこか。	19 シャンパーニュ地方
□□□		
20	ヨーロッパ随一の銀や銅の産地として栄え、フッガー家などの豪商を出した、南ドイツ、バイエルン地方の都市はどこか。	20 アウクスブルク
□□□		
21	中世都市の内部において、自治運営の基礎となった組織は何か。	21 ギルド
	解説 この組織は、市民の自治を守る半面、生産や価格の統制を行うなど自由な経済活動を妨げる面も持っていた。	
□□□		
22	ギルドのうち、当初市政を独占していた組織は何か。	22 商人ギルド
□□□		
23	商人ギルドに対抗して、手工業者がつくった組織は何か。	23 同職ギルド(ツンフト)
□□□		
24	手工業者の組合の正規構成員として市政に参加でき、職人や徒弟に対して強力な管理を行うことができる身分は何か。	24 親方
□□□		

One step further

ギリシアのポリス、中世ヨーロッパの都市の性格の相違を説明せよ。

➡ギリシアのポリスが市民(___)の原則にもとづく(___)的共同体であったのに対し、中世ヨーロッパ都市は、封建領主の支配から離れ、(___)が中心となって市政を運営する(___)的共同体であった。

皆兵／政治／商人／経済

---

2 東ヨーロッパ世界の展開

ビザンツ帝国

□□□		
1	イスラームの侵入を受けシリア・エジプトを失った7世紀以来、ビザンツ帝国の公用語となった言語は何か。	1 ギリシア語

☐☐☐ **2** 7世紀以降異民族の侵入に対処するため、帝国をいくつかの軍管区(テマ)にわけ、その司令官に軍事・行政の権利を与える制度を何というか。	2	軍管区制(テマ制)
☐☐☐ **3** 726年に聖像禁止令をだし、聖像を布教の手段としていたローマ教会と対立したビザンツ皇帝は誰か。	3	レオン3世
☐☐☐ **4** レオン3世の論争の結果、ローマ=カトリック教会と最終的に1054年に分裂した東方教会を何というか。	4	ギリシア正教会
☐☐☐ **5** 11世紀以降導入された、軍事的奉仕と引き換えに領地を与えるという制度とは何か。	5	プロノイア制
☐☐☐ **6** 1204年にビザンツ帝国を一時中断させ、ラテン帝国を建設した十字軍とは何か。	6	第4回十字軍
☐☐☐ **7** 1453年にビザンツ帝国を滅ぼした国はどこか。	7	オスマン帝国
☐☐☐ **8** ビザンツ文化は、西欧のラテン的・カトリック的文化とは異なる性格を持つが、その特徴の1つである、教会の壁画とは何か。	8	モザイク壁画
☐☐☐ **9** ビザンツ文化の特徴の1つである、聖母子像(写真)などを描いたものは何か。 	9	イコン

スラヴ人と周辺民族

☐☐☐ **1** ゲルマンの移動ののち東ヨーロッパに広がった、カルパティア山脈一帯を原住地とする民族は何か。	1	スラヴ人
☐☐☐ **2** スラヴ人のうち、ロシア人・ウクライナ人などの総称は何か。	2	東スラヴ人

□□□			
3	10世紀にギリシア正教に改宗したキエフ大公は誰か。	3	ウラディミル1世

□□□			
4	13世紀にモンゴルのバトゥが南ロシアに建設し、キエフ公らの諸侯を支配した国とは何か。	4	キプチャク＝ハン国（ジョチ＝ウルス）

□□□			
5	ロシアにおける、モンゴルによる支配のことを何と呼ぶか。	5	「タタール（モンゴル）のくびき」

□□□			
6	他の諸侯国を併合し、1480年にはモンゴルの支配から完全に独立を達成し、婚姻によりビザンツ皇帝の後継者を任じるようになったモスクワ大公は誰か。	6	イヴァン3世

□□□			
7	バルカン半島に南下した、セルビア人・クロアティア人などの総称は何か。	7	南スラヴ人

□□□			
8	南スラヴ人のうち、1389年にコソヴォの戦いに敗れ、オスマン帝国に支配されたのは何人か。	8	セルビア人

□□□			
9	南スラヴ人のうち、カトリックに改宗し16世紀からはオーストリアの支配を受けたのは何人か。	9	クロアティア人

□□□			
10	スラヴ人のうち、カトリックに改宗、ラテン文化の影響を受けた、ポーランド人・チェック人の総称は何か。	10	西スラヴ人

□□□			
11	14世紀に、ドイツ騎士団に対抗するため、リトアニア大公ヤゲウォがポーランド女王と結婚して成立した国は何か。	11	リトアニア＝ポーランド王国

□□□			
12	フランクに対抗して9世紀にモラヴィア王国を建設した民族は何か。	12	チェック人

□□□			
13	11世紀に神聖ローマ帝国に編入されたチェック人の国は何か。	13	ベーメン（ボヘミア）

解説 この王国は13世紀に中・東欧の強国となり、14世紀の国王は神聖ローマ皇帝を兼任するにいたった。一方、ドイツ人対チェック人の対立も生じるようになった。

□□□			
14	7世紀と12世紀に帝国を建設するが、14世紀にオスマン帝国に征服された、アジア系遊牧民は何か。	14	ブルガール人

□□□			
15	ブルガール人はしだいにスラヴ化するが、彼らが改宗した宗教は何か。	15	ギリシア正教

第7章

16	アジア系のマジャール人がレヒフェルトでオットー1世に敗れたのち、10世紀末パンノニアに建てた国は何か。	16 ハンガリー王国

□□□

One step further

西ローマ帝国滅亡のころの東ローマ帝国の特徴に関して、政治面・経済面・文化面について説明せよ。

➡帝政ローマ時代以来の、官僚制にもとづく（_____）体制や（___）経済が維持されていた。（_____）文化とギリシア（___）を融合させた独自の文化が発展していた。

皇帝専制／貨幣／ギリシア／正教

3　西ヨーロッパ世界の変容

封建社会の衰退

□□□

1	貨幣経済が広まった結果、領主の恣意にまかされることの多かった賦役は何に変化していったか。 **解説** 賦役は全収穫が領主のものになるのに対し、貨幣地代は定率・定額であったので貨幣経済の普及とあいまって、農民側に有利であった。	1 貨幣地代

□□□

2	14世紀に大流行し、当時の西ヨーロッパ人口の3分の1を失わせた伝染病は何か。	2 黒死病（ペスト）

□□□

3	黒死病（ペスト）による人口減少や農業技術の進歩により農民の地位は向上した。その結果どのような現象がおこったか。	3 農奴解放

□□□

4	農奴解放はとくにイギリスにおいて著しく、身分的にほぼ自由な農民があらわれた。このような農民を何というか。	4 独立自営農民（ヨーマン）

□□□

5	農奴解放の動きに対し領主が支配強化をはかると、農民一揆がおこる。その例として、14世紀半ばにフランスでおこったものは何か。	5 ジャックリーの乱

□□□

6	農民一揆の例として、14世紀後半にイギリスでおこったものは何か。	6 ワット＝タイラーの乱

□□□			
7	ワット＝タイラーの乱の際に、思想的指導者のジョン＝ボールが説教した言葉は何か。	7	「アダムが耕しイヴが紡いだとき、誰が貴族であったか」

教皇権の衰退

□□□			
1	フランス王フィリップ4世によって1303年アナーニでとらわれ、教皇権の衰退を示した教皇とは誰か。	1	ボニファティウス8世
□□□			
2	1309年フィリップ4世は教皇庁を強制的に南フランスの都市に移転したが、その都市とはどこか。	2	アヴィニョン
□□□			
3	教皇庁のアヴィニョンへの移転以降、約70年間教皇がフランス王の支配下におかれた事態を称して何というか。	3	「教皇のバビロン捕囚」
□□□			
4	1378年教皇がローマに戻ると、フランスでも教皇が立ち2人の教皇が並立した。これを何というか。	4	教会大分裂(大シスマ)
□□□			
5	混乱・腐敗する教会を改革しようという動きに対し、教会はどのような行動をとったか。2つ答えよ。	5	異端審問・魔女裁判
□□□			
6	教会批判を強め、聖書の英訳などを行った14世紀のオクスフォード大学教授は誰か。	6	ウィクリフ
□□□			
7	教会大分裂(大シスマ)の混乱を収拾するため、ドイツ皇帝ジギスムントによって1414年に開かれた公会議は何か。	7	コンスタンツ公会議
□□□			
8	教会大分裂(大シスマ)のとき、異端とされ処刑されたプラハ大学総長は誰か。	8	フス
□□□			
9	フスの処刑の結果、ベーメンで始まった、反ドイツの民族運動とは何か。	9	フス戦争

イギリスとフランス

□□□			
1	13世紀以降、ヨーロッパ各国では、王が貴族・聖職者・都市の代表らを集めて、課税などを協議するようになったが、そのような協議の場を何というか。	1	身分制議会
□□□			
2	ノルマン朝にかわり、フランスのアンジュー伯アンリが1154年に始めた王朝は何か。	2	プランタジネット朝

第7章

☐☐☐ 3	アンリはイギリス王として何と名乗ったか。	3 ヘンリ2世
☐☐☐ 4	プランタジネット朝の第3代の王で、フランスの領土を失い、また教皇から破門されるなど、失政を繰り返した王は誰か。	4 ジョン王
☐☐☐ 5	失政の結果、ジョン王が貴族に対して1215年に認めさせられた、イギリス憲法の始まりとされる文書は何か。	5 大憲章(マグナ=カルタ)
☐☐☐ 6	1265年失政の続くヘンリ3世に対し、聖職者・貴族の集会に州と都市の代表を加えて国政を協議し、イギリス議会の起源をつくった貴族とは誰か。	6 シモン=ド=モンフォール
☐☐☐ 7	1295年エドワード1世のもとで招集された、身分制議会を何というか。	7 模範議会
☐☐☐ 8	14世紀に議会は、貴族が構成するものと、州の騎士と都市の代表が構成するものの二院制となっていくが、それぞれを何というか。	8 上院(貴族院)・下院(庶民院)
☐☐☐ 9	当初王権が弱かったカペー朝において、王権を強化し、ジョン王から領土を奪った王は誰か。	9 フィリップ2世
☐☐☐ 10	異端のアルビジョワ派(カタリ派)を征服して、王権を南フランスにも拡大し、「聖王」と呼ばれる王は誰か。	10 ルイ9世
☐☐☐ 11	教皇をとらえ、教皇庁をアヴィニョンに移した王は誰か。	11 フィリップ4世
☐☐☐ 12	フィリップ4世は国内の支持を得るため1302年身分制議会を開催するが、その議会のことを何というか。	12 全国三部会(三部会)
☐☐☐ 13	カペー朝断絶後成立した王朝は何か。	13 ヴァロワ朝
☐☐☐ 14	ヴァロワ朝が成立したとき王位継承権を主張し、1339年フランスとの間に百年戦争を始めたイギリス王は誰か。	14 エドワード3世
☐☐☐ 15	百年戦争の原因の1つは、イギリスの羊毛の輸出先であった地方の帰属問題であるが、その地方とはどこか。	15 フランドル地方
☐☐☐ 16	長弓隊の活躍などにより、イギリス軍がフランス軍に大勝した、1346年の戦いとは何か。	16 クレシーの戦い

☐☐☐ 17	フランス王シャルル7世が敗戦寸前のとき、オルレアンの包囲を撃破し、戦局を逆転した農民の娘は誰か。	17 ジャンヌ＝ダルク
☐☐☐ 18	百年戦争後の1455年、イギリスで王位継承をめぐって始まった、**ランカスター家とヨーク家**の内乱を何というか。	18 バラ戦争
☐☐☐ 19	ランカスター派の**ヘンリ7世**はヨーク家の女性と結婚し内乱をおさめたが、1485年に始まるこの王朝は何か。	19 テューダー朝

スペインとポルトガル

☐☐☐ 1	イベリア半島における、キリスト教徒によるイスラーム勢力打倒の運動を何というか。	1 国土回復運動（レコンキスタ）
☐☐☐ 2	12世紀に**カスティリャ**から独立し、15世紀にはアジア航路を開拓した国はどこか。	2 ポルトガル王国
☐☐☐ 3	1479年、**アラゴン王国**とカスティリャ王国は統合しスペイン王国となるが、そのときの両国の王子と王女は誰か。	3 フェルナンド・イサベル
☐☐☐ 4	1492年、最後に陥落した**ナスル朝**の都はどこか。	4 グラナダ

ドイツ・スイス・イタリア・北欧

☐☐☐ 1	歴代のドイツ皇帝は、ローマ皇帝の後継者ゆえにイタリア統治の責任を負いイタリアに遠征せざるを得なかったが、ドイツ皇帝のその政策を何というか。	1 イタリア政策
☐☐☐ 2	**イタリア政策**のため本国ドイツでは諸侯の自立化が進み、皇帝による国内統一を困難にした。約300といわれるこれらの小国家を何というか。	2 領邦
☐☐☐ 3	1256年ドイツでは王朝が断絶し、実質的に皇帝不在という混乱の時代が続いた。この時代を何というか。	3 「大空位時代」
☐☐☐ 4	「大空位時代」ののちも皇帝権の弱体が続くが、1356年に**金印勅書**を発布し、諸侯優位を決定づけた皇帝は誰か。	4 カール4世
☐☐☐ 5	**金印勅書**により皇帝選出権を与えられた聖俗の諸侯を何というか。	5 七選帝侯

□□□			
6	15世紀以降、神聖ローマ皇帝位を独占したオーストリア王家とはどこか。	6	ハプスブルク家

□□□			
7	ハプスブルク家の支配に抵抗し、13世紀より独立運動を続け、1648年に独立を承認された国はどこか。	7	スイス

□□□			
8	13世紀後半シチリア島はアラゴン家の支配下に移ったが、アンジュー家のもとに残った国はどこか。	8	ナポリ王国

□□□			
9	イタリア中部には教皇領が存在していたが、北部には多くの都市国家が分立していた。そのうち、ジェノヴァ共和国と海上覇権を争った共和国はどこか。	9	ヴェネツィア共和国

□□□			
10	イタリア北部、ロンバルディア地方に位置し、14世紀以降ヴィスコンティ家の支配下にあった国はどこか。	10	ミラノ公国

□□□			
11	ドイツ皇帝によるイタリア遠征が続くなかで、イタリア諸都市は何という党派にわかれて争ったか。	11	教皇党（ゲルフ）・皇帝党（ギベリン）

□□□			
12	1397年デンマークの摂政マルグレーテのもとに、デンマーク・スウェーデン・ノルウェーの北欧3国が結んだ同君連合を何というか。	12	カルマル同盟

□□□			
13	カルマル同盟から、16世紀に独立した国はどこか。	13	スウェーデン

□□□

> **One step further**
> 近代以降の議会と比較したとき、中世以降のフランスの身分制議会の特徴について、議員の選抜法やおもな機能に注目して説明せよ。
>
> ➡近代以降の議会が、（＿＿）で選ばれた国民の代表から構成される（＿＿＿＿）であるのに対し、フランスの三部会は（＿＿＿＿・＿＿＿・＿＿＿）の代表から構成される国王の（＿＿）機関であった。

選挙／立法府／聖職者・貴族・平民／諮問

□□□
| 1 | キリスト教の教義や信仰について研究する、中世においてもっとも重要とされた学問とは何か。 | 1 | 神学 |

□□□
| 2 | ギリシア哲学を取り入れ成立した、中世キリスト教学問の諸体系を何というか。 | 2 | スコラ学 |

□□□
| 3 | 「普遍(神)は事物に先行して存在する」という実在論を唱え、「スコラ学の父」とされるのは誰か。 | 3 | アンセルムス |

□□□
| 4 | 実在論に対し、「存在するのは事物だけである」という唯名論を唱えた、フランスの学者は誰か。 | 4 | アベラール |

□□□
| 5 | 信仰と理性を調和させてスコラ学を大成した、13世紀のイタリア人は誰か。 | 5 | トマス=アクィナス |

□□□
| 6 | トマス=アクィナスの代表的著作は何か。 | 6 | 『神学大全』 |

□□□
| 7 | 観察や実験を重視した、13世紀のイギリスの科学者・哲学者は誰か。 | 7 | ロジャー=ベーコン |

□□□
| 8 | 十字軍の影響で先進のイスラーム文化が流入し、西欧では文化が発展した。この動きを何というか。 | 8 | 12世紀ルネサンス |

□□□
| 9 | 12世紀ルネサンスの動きのなかで、ギリシア語やアラビア語の文献が、当時の西欧の共通語であった言語に本格的に翻訳されていった。その言語とは何か。 | 9 | ラテン語 |

□□□
| 10 | ラテン語のような翻訳活動が活発に行われたのは、イベリア半島とどこであったか。
解説 ▶ トレドやパレルモがその中心となった。 | 10 | シチリア島 |

□□□
| 11 | ギルドとして組織されラテン語の「組合」を語源とする、大聖堂や修道院付属の研究機関とは何か。 | 11 | 大学 |

□□□
| 12 | 北イタリアにある、法学で有名な大学はどこか。 | 12 | ボローニャ大学 |

□□□
| 13 | 神学で有名な大学のうち、12世紀にフランスとイギリスで設立された大学はそれぞれどこか。 | 13 | パリ大学・オクスフォード大学 |

第7章

□□□		
14	11世紀ころから西ヨーロッパで流行し、ラテン十字形の平面と半円状アーチ、厚い壁を特徴とする建築様式は何か。	14 ロマネスク様式
□□□		
15	斜塔でも有名な、ロマネスク様式の代表的建築物は何か。	15 ピサ大聖堂
□□□		
16	12世紀以降北フランスから普及し、高い尖塔とステンドグラスを特徴とする建築様式は何か。	16 ゴシック様式
□□□		
17	ゴシック様式の代表で、ライン川中流域の都市にある、世界最大の聖堂(写真)とは何か。	17 ケルン大聖堂

□□□		
18	ともに世界遺産に指定されているゴシック様式の代表的建築物で、パリの聖堂と、パリの南西にあり、鮮やかな青いステンドグラスで有名な聖堂とはそれぞれ何か。	18 ノートルダム大聖堂・シャルトル大聖堂
□□□		
19	騎士を主題に口語で表現された、中世を代表する文学とは何か。	19 騎士道物語
□□□		
20	騎士道物語の1つで、カール大帝のスペイン遠征における騎士の活躍を描いた叙事詩は何か。	20 『ローランの歌』
□□□		
21	ジークフリートやその妻クリームヒルトが活躍する、ゲルマンの英雄叙事詩は何か。	21 『ニーベルンゲンの歌』
□□□		
22	イギリスにおけるケルト人の伝説的英雄の物語は何か。	22 『アーサー王物語』
□□□		
23	各地を遍歴し、宮廷などで騎士と貴婦人の恋愛を題材とする詩をうたった人々を何というか。	23 吟遊詩人(トゥルバドゥール)

□□□
24 15世紀に完成した、次の図のように、描かれた風景から当時の農民生活を知ることができる、装飾写本は何か。

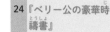

24 『ベリー公の豪華時禱書』

畑の耕作とブドウの手入れ（3月）

羊毛の刈り取りと麦刈り（7月）

豚にドングリを食べさせる農民（11月）

冬の農家（2月）

□□□

One step further

12世紀以降のヨーロッパにおいて、さまざまな学問が発達するようになった経緯をイスラーム圏との関係から説明せよ。

➡ (＿＿＿＿)を契機にビザンツ帝国やイスラーム圏から先進の学問がもたらされ、高度な数学・天文学・医学・(＿＿＿＿＿＿＿＿)哲学などが流入し、トレドやパレルモで(＿＿＿＿)語に翻訳され、各地に(＿＿＿)が創設された。

十字軍／アリストテレス／ラテン／大学

第7章

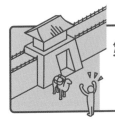

第8章 | 東アジア世界の展開とモンゴル帝国

1 アジア諸地域の自立化と宋

東アジアの勢力交代

□□□ 1	10世紀王建によって開城を都に成立、仏教を国教とした朝鮮半島の国は何か。	1	高麗
□□□ 2	高麗の代表的美術品は何か。	2	高麗青磁
□□□ 3	モンゴル撃退を祈念して刊行されたものは何か。	3	高麗版大蔵経
□□□ 4	千年以上中国に支配されてきたベトナムで、11世紀に李氏が建て支配を固めた国は何か。	4	大越
□□□ 5	唐末の混乱が激しくなったこともあって、9世紀に日本が停止したことは何か。	5	遣唐使の派遣
□□□ 6	当時日本で栄えていた、仮名文字や大和絵に代表される文化は何か。	6	国風文化
□□□ 7	12世紀末ころ、日本や朝鮮で政治の実権を握った階級は何か。	7	武士階級
□□□ 8	10世紀に遼を建国したモンゴル系遊牧民は何か。	8	キタイ（契丹）
□□□ 9	キタイ（契丹）の建国者は誰か。	9	耶律阿保機（太祖）
□□□ 10	後晋の建国者石敬瑭が、建国の際に遼の援助を受けた代償として与えた領土とはどこか。	10	燕雲十六州
□□□ 11	燕雲十六州の奪還をめざした宋を遼は敗走させるが、その結果1004年に結ばれた条約は何か。	11	澶淵の盟

解説 ▶宋を兄、遼を弟として、毎年絹や銀を遼に贈るとする内容であった。

12	遼は遊牧民には部族制を、農耕民には州県制を採用し、それぞれ北面官・南面官をおいて統治したが、この体制を何というか。	12 二重統治体制

□□□

13	遼がウイグル文字や漢字の影響を受けてつくった文字(図a)は何か。	13 契丹文字

□□□

14	契丹(キタイ)は12世紀に金によって倒されるが、一族の耶律大石が中央アジアに逃れ、カラハン朝を倒し建てた国は何か。	14 西遼(カラキタイ)

□□□

15	11世紀に西夏を建国したチベット系民族は何か。	15 タングート

□□□

16	西夏(大夏)の建国者は誰か。	16 李元昊

□□□

17	漢字をもとにした、タングートの文字(図b)とは何か。	17 西夏文字

□□□

18	12世紀に完顔阿骨打のもとで金を建国した、半猟半農生活を送っていたツングース系民族は何か。	18 女真(女直)

□□□

19	金の軍事・行政組織を何というか。	19 猛安・謀克

□□□

20	契丹文字と漢字をもとにした、金の文字(図c)は何か。	20 女真文字

漢字	a	b	c
天	秂	尖	朕	夭
年	米	牛	叕	米
月		月	女	徴	月
一		モ	刃	ㄩ
二		ㄥ	秖	二
三		自	散	屴

(伊原 弘・梅村 坦
『宋と中央ユーラシア
〈世界の歴史7〉』
中央公論社より)

宋

□□□

1	960年宋を建てた、五代最後の王朝の武将は誰か。	1 趙匡胤(太祖)

□□□

2	宋は、黄河と運河の交差点にある交通の要衝に都をおいたが、その都とはどこか。	2 開封(汴州)

解説 979年、第2代皇帝の太宗のとき、宋は中国を統一した。

3 宋はそれまでの武断政治を改め、官僚による統治をめざ したが、これを何というか。

3 文治主義

4 文治主義のため忠実・優秀な官僚を獲得する必要が生 じ、宋では科挙の最終試験に皇帝による直接試験（写真） が加えられた。この試験を何というか。

4 殿試

5 儒学の教養を身につけた資産家・官僚のことを何というか。

5 士大夫

6 政治・財政の改革をはかるため、11世紀に神宗が宰相に 起用したのは誰か。

6 王安石

7 王安石は新法と呼ばれる改革を実施したが、それらのう ち、農民に対する政府の低利融資策を何というか。

7 青苗法

8 青苗法と同様に、商人に対する低利融資策を何というか。

8 市易法

9 王安石の改革に司馬光ら保守派は猛反対するが、この改 革に賛成する者たちを何というか。

9 新法党

10 王安石の改革に反対した、大地主・豪商らの一派を何と いうか。

10 旧法党

11 1125年金に攻撃され、息子の欽宗に譲位した第8代皇 帝は誰か。

11 徽宗

12 1126年金は都を占領、翌年皇帝を含む皇族を北方に連 れ去ったため、北宋が滅亡した事件を何というか。

12 靖康の変

13 靖康の変のとき江南に逃れ、南宋を建てた人物は誰か。

13 高宗

14 南宋の都に定められたのはどこか。

14 臨安（杭州）

15 靖康の変の結果1142年に金と南宋は和を結び、南宋は 金の臣下となったが、両国の国境となったのは何か。

15 淮河

□□□
16 金と南宋の講和に反対する軍人の岳飛を処刑し、講和を　16 秦檜
　　すすめた宰相は誰か。　　　　　　　　　　　　　　　　　　しんかい

宋の社会

□□□
1 従来の貴族にかわって宋代に台頭した、地方の新興地主　1 形勢戸
　　層を何というか。　　　　　　　　　　　　　　　　　　　けいせいこ

□□□
2 形勢戸が用いた、収穫の約半分を地主に納める小作人を　2 佃戸
　　何というか。　　　　　　　　　　　　　　　　　　　　　でんこ

□□□
3 宋代に導入された、日照りに強いイネを何というか。　　3 占城稲
　　　　　　　　　　　　　　ひで　　　　　　　　　　　　せんじょうとう

□□□
4 低湿地であった長江下流域が開発され、新たな穀倉地帯　4 「蘇湖(江浙)熟すれ
　　となったことを示す言葉は何か。　　　　　　　　　　　　そこ こうせつ
　　　　　　　　　　　　　　　　　　　　　　　　　　　　ば天下足る」

□□□
5 宋代の開封の賑わいを描いた、張択端の作といわれる絵　5 「清明上河図」
　　巻物(写真)は何か。　　　　　ちょうたくたん　　　　　　せいめいじょうがず

□□□
6 交通の要地や寺社の門前など、城外に開かれた交易場を　6 草市
　　何というか。　　　　　　　　　　　　　　　　　　　　　そうし

□□□
7 商工業の発展により成立した小都市とは何か。　　　　　7 鎮
　　　　　　　　　　　　　　　　　　　　　　　　　　　　ちん

□□□
8 唐代の手形から発展した、北宋及び南宋の紙幣とは何か。　8 交子・会子
　　　　　　　　　　　　　　　　　　　　　　　　　　　　こうし かいし

□□□
9 宋代に同業商人が結成した組合を何というか。　　　　　9 行
　　　　　　　　　　　　　　　　　　　　　　　　　　　　こう

□□□
10 行と同様に手工業者が結成した組合を何というか。　　　10 作
　　　　　　　　　　　　　　　　　　　　　　　　　　　　さく

□□□
11 宋代の代表的陶器は、青磁・白磁であるが、江西省にあ　11 景徳鎮
　　る窯業で有名な都市はどこか。　はくじ　　こうせい　　けいとくちん
　　　　　　　　　　ようぎょう
　　解説▶宋代には石炭が利用されるようになり、加熱する調理法が発
　　達し、飲茶も一般化した。

□□□ 12	中国系商人の用いた、蛇腹式の帆と隔壁で仕切られた頑丈な船体を持つ船(写真)とは何か。 	12 ジャンク船
□□□ 13	唐代に始まり宋代に整備された、海上交易を管理した機関は何か。	13 市舶司
□□□ 14	市舶司が設置され、宋代に繁栄した港の例を3つあげよ。 解説▶明州(現在の寧波)が日本との貿易の中心であった。	14 広州・泉州・明州
□□□ 15	金の圧力に苦しむ南宋との貿易を活性化させ、日本に大量の銅銭をもたらす貿易をすすめた武家政権とは何か。	15 平氏政権

宋代の文化

□□□ 1	宋学の祖といわれる、『太極図説』を著した北宋の儒学者は誰か。 解説▶宋代に成立した新しい儒学大系を総称して宋学という。	1 周敦頤
□□□ 2	宋学を大成した南宋の儒学者は誰か。 解説▶彼は、すべての本質は理である(性即理)こと、宇宙万物の本質にいたる(格物致知)ことが大切であると説いた。	2 朱熹(朱子)
□□□ 3	朱熹(朱子)は『論語』『大学』『中庸』『孟子』を根本経典としたが、この4つの書物を総称して何というか。 解説▶朱子学では、君臣・父子関係や華夷の別などが強調された。	3 四書
□□□ 4	北宋の政治家・学者で、儒学的正統論による編年体の歴史書『資治通鑑』の著者は誰か。	4 司馬光
□□□ 5	北宋の政治家・学者であり、唐宋八大家の1人としても有名な、『新唐書』『新五代史』の著者は誰か。	5 欧陽脩
□□□ 6	王安石の新法に反対した唐宋八大家の1人で、「赤壁の賦」などで知られる文章家は誰か。	6 蘇軾

☐☐☐ **7**	音曲にあわせてうたわれる歌詞で、宋代に文学として発達したものは何か。	**7** 詞
☐☐☐ **8**	宋代に成立した歌劇を何というか。	**8** 雑劇
☐☐☐ **9**	勅令で絵画を制作する画院を中心に発達した、花鳥山水や人物を写実的に描いた絵を何というか。	**9** 院体画
☐☐☐ **10**	「桃鳩図」(写真)の作者は誰か。 (とうきゅうず) 	**10** 徽宗
☐☐☐ **11**	院体画に対し、儒学や文学の素養のある知識人たちが描いた絵を何というか。	**11** 文人画
☐☐☐ **12**	北魏の時代の達磨に始まり、宋学に影響を与えるなど知識人に広まった仏教の宗派は何か。	**12** 禅宗
☐☐☐ **13**	華北において王重陽が唱えた、儒・仏・道を調和した宗教とは何か。	**13** 全真教
☐☐☐ **14**	のちルネサンス期のヨーロッパで実用化が進んだ、宋代の三大発明とは何か。	**14** 木版印刷・羅針盤・火薬

☐☐☐

One step further

唐滅亡後の10世紀における東アジアの諸国家の状況を説明せよ。

➡ (＿)が台頭し、(＿)に対して圧力を強めた。新羅が(＿＿＿)に、南詔が(＿＿＿)に変わった。ベトナムが(＿＿＿)として自立し、日本では律令体制がゆるみ、地方政権の(＿＿)化がおこった。

遼/宋/高麗/大理/大越/自立

2　モンゴルの大帝国

モンゴル帝国の形成

□□□ 1	1206年モンゴル諸部族を統一したテムジンが建てた国は何か。	1	大モンゴル国(モンゴル帝国)
□□□ 2	テムジンをカン(ハン)という君主に推戴した、遊牧貴族の有力者会議を何というか。	2	クリルタイ
□□□ 3	チンギス゠カンが定めた、遊牧民を編制した組織を何というか。	3	千戸制
□□□ 4	チンギス゠カンが滅ぼした、イランのトルコ系遊牧民の王朝は何か。	4	ホラズム゠シャー朝
□□□ 5	チンギス゠カンはある国への征服後亡くなるが、その国はどこか。	5	西夏(大夏)
□□□ 6	チンギス゠カンの息子で第2代皇帝となり、金を滅ぼし首都カラコルムを建設したのは誰か。	6	オゴデイ(オゴタイ)
□□□ 7	オゴデイの命で西征(ヨーロッパ遠征)を行い、ロシアの大半を征服したチンギス゠カンの孫は誰か。	7	バトゥ
□□□ 8	バトゥが1241年ドイツ・ポーランド連合軍を破った戦いを何というか。	8	ワールシュタット(リーグニッツ)の戦い
□□□ 9	東方にクビライを、西方にフレグを遠征させた、トゥルイ家出身のモンゴル帝国第4代皇帝は誰か。	9	モンケ(憲宗)
□□□ 10	カイドゥの乱の結果、チンギス゠カンの子孫たちはたがいに独立したが、そのうちアルマリクを都とする中央アジアの国は何か。	10	チャガタイ゠ハン国(チャガタイ゠ウルス)
□□□ 11	バトゥが建てた、サライを都とする南ロシアの国は何か。	11	キプチャク゠ハン国(ジョチ゠ウルス)

□□□		
12	モンケ(憲宗)の弟のフレグ(フラグ)が、1258年アッバース朝を滅ぼし、西アジアに建てた国とは何か。 **解説** この国では当初ネストリウス派が広く信仰されていたが、13世紀末のガザン＝ハンはイスラーム教を国教に定めた。	12 イル＝ハン国(フレグ＝ウルス)
□□□		
13	チンギス＝カンの末子トゥルイの子で、第5代皇帝に即位したのは誰か。	13 クビライ(フビライ)
□□□		
14	クビライの即位に対して、40年近く反乱を続けた、オゴデイの孫は誰か。	14 カイドゥ(ハイドゥ)
□□□		
15	クビライが遷都した、現在の北京を当時何といったか。	15 大都
□□□		
16	クビライが1271年中国風に定めた国号は何か。	16 元(大元)
□□□		
17	クビライが1276年首都臨安を攻略した国とはどこか。	17 南宋
□□□		
18	クビライが属国とした、朝鮮半島の国はどこか。	18 高麗
□□□		
19	クビライが1274年、81年に行うも失敗に終わった遠征はどこに対するものか。	19 日本

元の東アジア支配と東西交流

□□□		
1	元の国内で、モンゴル人についで重く用いられ、おもに財政面で活躍した西域出身者を何というか。	1 色目人
□□□		
2	もと金の支配下にあった住民を総称して何というか。	2 漢人
□□□		
3	もと南宋の支配下にあった住民を何というか。	3 南人
□□□		
4	主要路に駅をおき、牌符(牌子)(通行証)を持った者には人馬・食料を提供する制度を何というか。	4 駅伝制(ジャムチ)
□□□		
5	交易を重視した元によって、改修・新造されたものとは何か。 **解説** この結果中国の南北が連結され、陸上路と海上路が結びついたことで、世界的な円環状の交易網が成立した。	5 大運河
□□□		
6	元の時代に繁栄し、マルコ＝ポーロが「キンザイ」と紹介した浙江省の港市はどこか。	6 杭州

☐☐☐ 7	マルコ=ポーロが「ザイトン」と紹介した、福建省の港市はどこか。	7 泉州
☐☐☐ 8	中国ではすでに紙幣が発行されていたが、元のフビライが通貨とした紙幣は何か。	8 交鈔
☐☐☐ 9	元代には東西交流が活発化した。当時十字軍の最中であったローマ教皇が、13世紀にモンゴルに派遣したフランチェスコ派修道士は誰か。	9 プラノ=カルピニ
☐☐☐ 10	プラノ=カルピニと同様にフランス王ルイ9世が派遣した、フランチェスコ派修道士は誰か。	10 ルブルック
☐☐☐ 11	イル=ハン国をへて13世紀末元に来て、初めてカトリックを布教した修道士は誰か。	11 モンテ=コルヴィノ
☐☐☐ 12	ヴェネツィア出身でフビライに仕え、帰国後『世界の記述』（『東方見聞録』）を口述したのは誰か。	12 マルコ=ポーロ
☐☐☐ 13	モンゴル帝国や元の公用語はモンゴル語であったが、公文書に用いられた文字は何か。	13 ウイグル文字
☐☐☐ 14	13世紀にフビライがパクパにつくらせたチベット系の文字は何か。	14 パクパ文字
☐☐☐ 15	パクパは何という宗教の僧であったか。	15 チベット仏教
☐☐☐ 16	13世紀末に郭守敬がイスラームの天文学に影響を受けてつくった暦は何か。	16 授時暦
☐☐☐ 17	授時暦は日本に伝えられ、何という暦になったか。	17 貞享暦
☐☐☐ 18	元代には庶民文化が栄えていたが、とくに発達した歌劇を何というか。	18 元曲
☐☐☐ 19	元曲の代表的作品を2つあげよ。	19 『西廂記』・『琵琶記』
☐☐☐ 20	元代につくられるようになった、西アジアのコバルト顔料を用いて模様を描いた白磁のことを何というか。	20 染付

モンゴル帝国の解体とティムール朝の興亡

☐☐☐
1 弥勒仏を信仰する白蓮教徒が中心となり、元をモンゴル高原に退ける原因となった農民反乱とは何か。

1 紅巾の乱

☐☐☐
2 1370年、西チャガタイ＝ハン国の混乱に乗じて自立し、中央アジアを制圧した武将は誰か。

2 ティムール

☐☐☐
3 ティムールの帝国の都がおかれた、ソグディアナの都市はどこか。

3 サマルカンド

☐☐☐
4 ティムールがオスマン帝国のバヤジット１世を捕虜にした、1402年の戦いを何というか。

4 アンカラの戦い

☐☐☐
5 天文学の発展に寄与した、ティムール朝第4代君主は誰か。

5 ウルグ＝ベク

☐☐☐
6 ティムールの帝国を滅ぼした遊牧部族は何か。

6 遊牧ウズベク

解説▶ ウズベク族は、16世紀にブハラ・ヒヴァ、18世紀にコーカンドの３つのハン国を樹立した。

☐☐☐

One step further
モンゴル帝国の成立が「新しい世界史の始まり」といえる理由について説明せよ。

➡モンゴル帝国によって（＿＿＿）を結節点に（＿＿＿と＿＿＿）が結びつき、（＿＿＿＿＿＿）大陸の東西が統合されたから。

大都／陸路と海路／ユーラシア

第9章 | 大交易・大交流の時代

1 アジア交易世界の興隆

明

□□□ **1** 白蓮教徒による紅巾の乱で頭角をあらわし、1368年に明を建国したのは誰か。	1 朱元璋（洪武帝）
□□□ **2** 朱元璋はどこを都としたか。	2 南京
□□□ **3** 洪武帝以降、1人の皇帝に対し1つの元号という制度が成立するが、この制度を何というか。	3 一世一元の制
□□□ **4** 洪武帝は皇帝に権力を集中させるため、従来の政治の中枢を廃止しているが、それは何か。	4 中書省
□□□ **5** 中書省や丞相を廃止した結果、皇帝に直属することになった機関は何か。	5 六部
□□□ **6** 唐代の法典を基本に、洪武帝が制定した法典は何か。	6 明律・明令
□□□ **7** 一般の民戸とは区別された軍戸で編制された兵制は何か。	7 衛所制
□□□ **8** 民戸で編制した村落行政制度を何というか。	8 里甲制
□□□ **9** 明で作成された租税台帳と土地台帳をそれぞれ何というか。	9 賦役黄冊・魚鱗図冊
□□□ **10** 民衆教化のために定められた教訓を何というか。 解説▶明では朱子学が官学とされ、専制支配体制の基礎を固めた。	10 六諭
□□□ **11** 明は対モンゴルの防衛を重視したが、そうした北方の防衛にあたる諸王のうち、北平（北京）に本拠をおいたのは誰か。	11 燕王

□□□		
12	建文帝の諸王抑圧策に抵抗して、1399年に靖難の役をおこした燕王は誰か。	12 永楽帝
□□□		
13	1421年、永楽帝が遷都した都市はどこか。	13 北平(北京)
□□□		
14	永楽帝が自ら軍を率いて5回遠征したのはどこか。	14 モンゴル

明の朝貢世界

□□□		
1	1333年、鎌倉幕府が滅亡したのち、皇室が2つに分裂して争った時代を何というか。	1 南北朝時代
□□□		
2	1392年、2つの皇室の合体を実現した、室町幕府第3代将軍は誰か。	2 足利義満
□□□		
3	足利義満が明から「日本国王」に封ぜられて開始した日明貿易を、明から交付された証票にちなんで何というか。	3 勘合貿易
□□□		
4	倭寇を撃退して名声を高め、高麗を倒して朝鮮王朝を建てたのは誰か。	4 李成桂
□□□		
5	朝鮮の都はどこか。	5 漢城
□□□		
6	徳川家康によって、17世紀初めに最盛期をむかえた、渡航許可証を受けた船による対外貿易を何というか。	6 朱印船貿易
□□□		
7	アユタヤなど東南アジア各地に日本人が移住して形成されたものは何か。	7 日本町
□□□		
8	当時、日本は銀を輸出し、中国の何をおもに輸入していたか。	8 生糸
□□□		
9	当時の中国には日本銀とどこからの銀が大量に流入していたか。	9 アメリカ大陸(メキシコ)
□□□		
10	キリスト教の禁止と貿易の統制を目的に、江戸幕府が外国との通交を禁止した政策を何というか。	10 「鎖国」
□□□		
11	明は当初、民間人の海上交易を許さなかったが、そうした政策を何というか。	11 海禁

第9章

□□□		
12	永楽帝の命で南海遠征を指揮した、イスラーム教徒の宦官(かん)は誰か。	12 鄭和(ていわ)

解説 彼の艦隊の一部はアフリカ東岸のマリンディまで達した。

□□□		
13	明に追われ、モンゴル高原に後退した元朝の政権を明朝は何と呼んだか。	13 北元(ほくげん)

□□□		
14	15世紀半ばに、西北モンゴルで強大化したモンゴル系部族は何か。	14 オイラト

□□□		
15	1449年の土木(どぼく)の変で、明の正統帝(せいとうてい)(英宗(えいそう))を捕虜(ほりょ)としたオイラトの指導者は誰か。	15 エセン

□□□		
16	16世紀、内モンゴルの部族を率いて台頭したのは誰か。	16 アルタン＝ハーン

□□□		
17	14世紀・16世紀に、東アジアの沿岸部で活動を激化させた、海賊集団(写真右)を何というか。	17 倭寇(わこう)

□□□		
18	明代中期以降の北からのモンゴル、南からの倭寇の侵入を総称して何と呼ぶか。	18 北虜南倭(ほくりょなんわ)

解説 こうした北方からの侵入に対抗して明は長城を修築した。

東アジアの新興勢力と明の滅亡

□□□		
1	日本統一を果たしたのち、1592年と1597年に朝鮮へ出兵した人物は誰か。	1 豊臣秀吉(とよとみひでよし)

□□□		
2	豊臣秀吉の出兵のことを、日本及び朝鮮ではそれぞれ何と呼ぶか。	2 文禄(ぶんろく)・慶長(けいちょう)の役(えき)、壬辰(じんしん)・丁酉(ていゆう)の倭乱(わらん)

□□□		
3	豊臣秀吉の出兵に対し、亀船(きせん)(亀甲船(きっこうせん))を用いて日本軍を苦しめた将軍は誰か。	3 李舜臣(りしゅんしん)

□□□		
4	訓民正音(くんみんせいおん)を定めるなど、朝鮮王朝第一の名君とたたえられる、15世紀前半の王は誰か。	4 世宗(せいそう)

5	明は海禁策をとって民間人の海上交易を禁止したが、明が推進した対外・貿易政策とは何か。	5	朝貢貿易

□□□

6	万暦帝初期、行政整理や戸口調査・土地丈量などを進め、財政の再建をはかった宰相は誰か。	6	張居正

□□□

7	顧憲成らが、無錫に建てた東林書院関係者を中心に結成した党派を何というか。	7	東林派

□□□

8	東林派と対立した派は、どのような勢力と結び、党争を繰り返したか。	8	宦官

□□□

9	1644年、明を滅ぼした反乱軍の首領は誰か。	9	李自成

明代後期の社会と文化

□□□

1	明代には長江下流域から中流域に穀倉地帯が移るが、そのことを表す言葉とは何か。	1	「湖広熟すれば天下足る」

□□□

2	江西省の景徳鎮などを代表的な生産地とする、明代に発達した産業は何か。	2	陶磁器生産

□□□

3	明代に、専売塩の販売などをもとに、遠距離交易を展開した代表的な商人たちをその出身地から何と呼んだか。	3	山西商人・徽州（新安）商人

□□□

4	同郷者や同業者が集まって、連絡や共栄をはかる互助組織の拠点として建てた建物を何というか。	4	会館・公所

□□□

5	16世紀なかごろから、両税法にかわった税法は何か。 **解説**▶地税や人丁の徭役などを一括して銀で納めさせ、税制を簡略化した。	5	一条鞭法

□□□

6	在郷の科挙合格者や官僚経験者で、地方の実力者となった人々を何というか。	6	郷紳

□□□

7	永楽帝の命により、編纂された百科事典は何か。	7	『永楽大典』

□□□

8	朱子学の形式主義化を批判し、「心即理」を主張した儒学者は誰か。	8	王守仁（王陽明）

□□□

9	実践を重視して「知行合一」を説く、王守仁（王陽明）の学派を何というか。	9	陽明学

第9章

□□□ **10** 李時珍が著した、薬物に関する総合書は何か。	10 『本草綱目』
□□□ **11** 徐光啓が編纂した、農政・農業の総合書は何か。	11 『農政全書』
□□□ **12** 宋応星が著した、産業技術の解説書は何か。	12 『天工開物』
□□□ **13** 元末〜明初に羅貫中が完成したとされる、三国時代の豪傑が活躍する歴史小説とは何か。	13 『三国志演義』
□□□ **14** 元代に原型ができ明代に完成された、108人の豪傑が活躍する長編小説とは何か。	14 『水滸伝』
□□□ **15** 唐僧の玄奘が孫悟空らを従えて、インドへの求法の旅を行うという明代の伝奇小説とは何か。	15 『西遊記』
□□□ **16** 『三国志演義』、『水滸伝』、『西遊記』の3冊とともに明代の四大奇書とされる、富豪の西門慶を主人公とする風俗小説とは何か。	16 『金瓶梅』

東南アジアの動向

□□□ **1** 地方豪族であった黎利(レー=ロイ)が明軍を撃退して、1428年に建てたベトナム王朝は何か。	1 黎朝
□□□ **2** 13世紀末に建国され、東ジャワを中心に栄えた最後のヒンドゥー教王国は何か。	2 マジャパヒト王国
□□□ **3** 14世紀末に成立し、明との朝貢貿易の拠点として、また15世紀にはイスラーム化して、交易で繁栄した王国は何か。	3 マラッカ(ムラカ)王国
□□□ **4** パガン朝が滅んだのち、16世紀に成立したビルマ人の王朝は何か。	4 タウングー(トゥングー)朝
□□□ **5** イスラーム商人が、ポルトガルの支配するマラッカ海峡を避けたため繁栄することとなった、スマトラ北端に15世紀末に成立したイスラーム王国は何か。	5 アチェ王国
□□□ **6** マジャパヒトにかわって、ジャワ島中・東部に16世紀後半に成立したイスラーム王国は何か。	6 マタラム王国

□□□			
7	交易が活性化した東南アジア諸地域に米などを輸出して、17世紀に繁栄した**タイ**の王朝は何か。	7	アユタヤ朝

□□□			
8	18世紀に成立し、**アユタヤ朝**を倒して大国となったビルマの王朝は何か。	8	コンバウン朝

□□□			
9	活発な東南アジアの交易に参入したスペインの拠点はマニラだが、スペインはここにアカプルコから何を運び、交易を行ったか。	9	メキシコ銀

□□□

One step further

明代後期はヨーロッパでは封建制が崩壊して絶対王政が発展した時代にあたっている。両者の経済政策の違いを説明せよ。

➡明は外国との（＿＿）な交易という考えではなく、（＿＿）貿易を原則とした。ヨーロッパの絶対王政諸国では、国王が（＿＿＿＿・＿＿＿＿）の維持のため（＿＿＿＿＿＿）政策を展開した。

対等／朝貢／官僚制・常備軍／重商主義

---

2 ヨーロッパの海洋進出とアメリカ大陸の変容

ヨーロッパの海洋進出

□□□			
1	ヨーロッパでは高額で取引された、インドや東南アジアの特産品は何か。	1	香辛料

□□□			
2	アジア航路開拓を奨励し、「航海王子」と呼ばれたポルトガル王子は誰か。	2	エンリケ

□□□			
3	1488年アフリカ南端の喜望峰に到達した、ポルトガルの航海者は誰か。	3	バルトロメウ＝ディアス

□□□			
4	喜望峰をまわり、マリンディからインド西岸に到達、インド航路の開拓者となったポルトガル人は誰か。	4	ヴァスコ＝ダ＝ガマ

5	1498年、ヴァスコ=ダ=ガマが到達したインドの西南岸の港はどこか。 **解説** 彼はイスラーム教徒の水先案内人の指示で、インドのヴィジャヤナガル王国に到達した。	**5** カリカット
6	香辛料の直接取引で繁栄した、ポルトガルの首都はどこか。	**6** リスボン
7	16世紀初頭、ポルトガルが占領したインドとマレー半島の港市（こうし）はそれぞれどこか。	**7** ゴア・マラッカ
8	ポルトガルのねらいは香辛料貿易への介入であったが、インドネシア東部の香辛料の一大産地はどこか。	**8** マルク(モルッカ・香料)諸島
9	1557年、ポルトガルが居住権（きょじゅうけん）を獲得して、対中国貿易の拠点とした港はどこか。	**9** マカオ
10	1543年、ポルトガル人を乗せた中国人倭寇（わこう）の船が漂着した日本の島はどこか。	**10** 種子島（たねがしま）
11	1550年ポルトガル船が来航し、「南蛮貿易（なんばん）」が行われることとなった長崎の港はどこか。	**11** 平戸

ヨーロッパの「アメリカ」発見と征服

1	スペイン女王イサベルの援助で、1492年パロス港を出航し大西洋を横断、西インド諸島に到達したジェノヴァの航海者は誰か。	**1** コロンブス
2	コロンブスは地球球体説を信じて航海を続けたが、その説を唱えたフィレンツェの地理学者は誰か。	**2** トスカネリ
3	コロンブスの初上陸地点となった、パナマ諸島の島はどこか。	**3** サンサルバドル島
4	コロンブスは上陸した土地をインドと誤解していたため、その地の先住民を何と呼んだか。	**4** インディオ(インディアン)
5	1494年、スペイン・ポルトガルが結んだ海外領土分割条約は何か。	**5** トルデシリャス条約
6	ブラジルに漂着し、ここをポルトガル領とした航海者は誰か。	**6** カブラル

□□□			
7	南米大陸を探検し、この地がヨーロッパ人に未知の「新世界」(「新大陸」)であるとした、フィレンツェの人物は誰か。	7	アメリゴ=ヴェスプッチ
□□□			
8	1513年、パナマ地峡を横断して、太平洋に到達したのは誰か。	8	バルボア
□□□			
9	西回り航路によって、太平洋を横断し、彼自身はフィリピンで死亡したのち、部下が世界周航を完成させた航海者は誰か。	9	マゼラン(マガリャンイス)
□□□			
10	航海者の名にちなんで命名された、南米大陸南端の海峡は何か。	10	マゼラン海峡
□□□			
11	1521年メキシコのアステカ王国を滅ぼした、スペイン人征服者(コンキスタドール)は誰か。	11	コルテス
□□□			
12	1533年ペルーのインカ帝国を滅ぼした、スペイン人征服者は誰か。	12	ピサロ
□□□			
13	先住民を鉱山や農園での労働力として使役することを、スペイン国王がコンキスタドールに認めた制度を何というか。	13	エンコミエンダ制
□□□			
14	16世紀に発見された、ボリビアの銀山はどこか。	14	ポトシ銀山
□□□			
15	強制労働や、伝染病などにより先住民が激減したのち、プランテーションの労働力とされたのはどのような人々か。	15	黒人奴隷

アジア・アフリカ・ヨーロッパ3大陸の人口の変化

解説▶アフリカの人口停滞に注目すること。

□□□			
16	スペインによる先住民虐待をスペイン王に告発した、ドミニコ派修道士は誰か。	16	ラス=カサス

第9章

☐☐☐ 17	スペイン商人がガレオン船を用いて行った、メキシコとマニラを結ぶ貿易を何というか。	17 アカプルコ貿易

「世界の一体化」

☐☐☐ 1	15世紀以降、ヨーロッパ人がアジアやアメリカ大陸に進出した時代を、何と呼ぶか。	1 大航海時代
☐☐☐ 2	アメリカ大陸からジャガイモやトウモロコシ、ヨーロッパからサトウキビやコーヒー・馬などがもたらされ、伝染病などが双方の地域で発生したことなどを、何と呼ぶか。 解説 ヨーロッパ勢力を中心に世界の一体化がすすみ、支配と従属という分業体制が成立していったことを、20世紀のウォーラーステインは近代世界システム論として説明した。	2 「コロンブス交換」
☐☐☐ 3	人口増加や、安価で大量なアメリカ大陸産の銀の流入によって、物価の高騰がおこったことを何というか。 解説 このインフレによって、定額地代に依存していた封建貴族(荘園領主)は没落していった。	3 価格革命
☐☐☐ 4	新航路開拓の結果、大西洋岸が経済の中心となったことなどの貿易構造の変化を何というか。	4 商業革命
☐☐☐ 5	商業革命に呼応して、エルベ川以東では西欧諸国への穀物輸出が増加する。そこで領主は賦役を利用した経営を行うが、この制度を何というか。	5 農場領主制(グーツヘルシャフト)

☐☐☐

One step further
16世紀以降ヨーロッパ主導で「世界の一体化」がすすむが、ヨーロッパ・中南米にはどのような影響があったか、説明せよ。

➡ ヨーロッパと中南米間で、様々な産物の(＿＿)がおこり、食生活を豊かにした。ヨーロッパでは経済の中心が(＿＿＿＿)岸に移り、中南米では先住民の文明が滅び、(＿＿＿)化が進んだ。

交換／大西洋／従属

第10章 | アジアの諸帝国の繁栄

1 オスマン帝国とサファヴィー朝

オスマン帝国

□□□
1 1300年ころ、アナトリア西北部に建てられたのち3大陸にまたがる大帝国となった国は何か。

1 オスマン帝国

□□□
2 ニコポリスで勝利するも、アンカラで敗れた第4代スルタンは誰か。

2 バヤジット1世

□□□
3 改宗させたキリスト教徒の子弟(「スルタンの奴隷」)で編制された、スルタン直属の常備歩兵軍団を何というか。

3 イェニチェリ

□□□
4 1453年、オスマン帝国のスルタンメフメト2世が滅ぼした帝国はどこか。

4 ビザンツ帝国

□□□
5 ビザンツ帝国の滅亡以降、オスマン帝国の首都となったコンスタンティノープルは何と呼ばれるようになったか。

5 イスタンブル

□□□
6 シリア・エジプトを攻略し、メッカ・メディナの保護権を掌握したスルタンは誰か。

6 セリム1世

□□□
7 セリム1世が、1517年に滅ぼしたエジプトの王朝は何か。

7 マムルーク朝

□□□
8 南イラク・北アフリカ・ハンガリーに支配を広げた、オスマン帝国の最盛期のスルタンは誰か。

8 スレイマン1世

スレイマン=モスク

☐☐☐ **9**	1529年、スレイマン1世が1カ月あまり包囲した都市はどこか。	**9** ウィーン
☐☐☐ **10**	1538年、オスマン帝国の海軍がスペイン・ヴェネツィア連合艦隊を破り、地中海の制海権を掌握した海戦は何か。	**10** プレヴェザの海戦
☐☐☐ **11**	オスマン帝国が行った、キリスト教徒やユダヤ教徒に対し、人頭税を支払うことで保護を与え、宗派ごとに統括するシステムを何というか。	**11** ミッレト
☐☐☐ **12**	オスマン帝国が恩恵的措置として、外国人に与えた商業活動や居住の自由などを認めた特権を何というか。	**12** カピチュレーション
☐☐☐ **13**	スレイマン1世の死後の1571年、オスマン帝国の海軍がスペイン・ヴェネツィアなどの連合軍に敗れた海戦とは何か。	**13** レパントの海戦
☐☐☐ **14**	オスマン帝国において、軍役の代償として騎士(シパーヒー)に対して与えられた徴税権とは何か。	**14** ティマール

サファヴィー朝

☐☐☐ **1**	神秘主義教団の教主イスマーイール1世が、トルコ系遊牧民の協力で、1501年イランに建国した国は何か。	**1** サファヴィー朝
☐☐☐ **2**	サファヴィー朝の初期の都はどこか。	**2** タブリーズ
☐☐☐ **3**	イスマーイール1世が用いた、イランの伝統的王号は何か。	**3** シャー
☐☐☐ **4**	サファヴィー朝で国教とされた、シーア派の主流を占める宗派とは何か。	**4** 十二イマーム派
☐☐☐ **5**	オスマン帝国と対抗して領土を回復するなど、サファヴィー朝の最盛期を築いた国王は誰か。	**5** アッバース1世
☐☐☐ **6**	アッバース1世がポルトガルから奪還した島はどこか。	**6** ホルムズ島
☐☐☐ **7**	アッバース1世が建設し、その繁栄から「世界の半分」とうたわれた、新首都はどこか。	**7** イスファハーン
☐☐☐ **8**	イスファハーンにアッバース1世が建てたモスクは何か。	**8** イマームのモスク

□□□

One step further

16世紀に西アジアで繁栄していたオスマン帝国とサファ
ヴィー朝の、経済・軍制・宗派などを比較せよ。

➡16世紀の両国は(_____)商人も保護して商業や交易
を発展させた。(___)を用いた歩兵軍が強力であった。オ
スマン帝国は(_____)派、サファヴィー朝は(_____)派
の王朝であった。

ヨーロッパ／火器／
スンナ／シーア

---

2 ムガル帝国の興隆

□□□

1 1526年、ロディー朝を倒し、デリーに入城してムガル
帝国の基礎を築いたのは誰か。

1 バーブル

□□□

2 ムガル帝国の実質的な確立者で、北インド全域とアフガ
ニスタン東半を支配した第3代皇帝は誰か。

2 アクバル

□□□

3 アクバルが定めた、支配層に官位を与え等級づけ、維持
すべき軍事力を定めた制度を何というか。

3 マンサブダール制

□□□

4 アクバルが、1598年に首都とした都市はどこか。

4 アグラ

□□□

5 イスラーム・ヒンドゥー両教徒の融和をはかるため、ア
クバルが実施した政策は何か。

5 ジズヤ(人頭税)の廃
止

□□□

6 第5代シャー=ジャハーンがアグラに造営した、インド
=イスラーム建築の代表とされる墓廟(写真)は何か。

6 タージ=マハル

□□□

7 14世紀デカン高原に成立し、イスラーム勢力と対抗した
ヒンドゥー王国は何か。

7 ヴィジャヤナガル王
国

第10章

☐☐☐ **8**	治世の大半を外征に費やし、デカンの大部分も領有して**帝国最大の領土**を獲得した第6代皇帝は誰か。 **解説▶** 彼は厳格なスンナ派の立場から、**ジズヤを復活**し、ヒンドゥー教徒やシーア派に対する弾圧を行った。	8 アウラングゼーブ
☐☐☐ **9**	ムガル帝国の支配に反抗した、**デカン高原西部**のヒンドゥー国家は何か。	9 マラーター王国
☐☐☐ **10**	16世紀初め、イスラーム教の影響を受け、偶像崇拝とカースト制を否定する**シク教**を創始したのは誰か。	10 ナーナク
☐☐☐ **11**	ムガル帝国の公用語は何か。	11 ペルシア語
☐☐☐ **12**	**ペルシア語**がインドの地方語と混ざって成立した言語は何か。 **解説▶** 他に文化面では、ササン朝以来の伝統を継承し、さらに中国絵画の影響を受けて、イランで確立された**写本絵画（細密画）**が、オスマン帝国やムガル帝国で発展した。	12 ウルドゥー語

☐☐☐

One step further
ムガル帝国において、どのような宗教政策が帝国の繁栄と衰退につながったかを説明せよ。

➡ (_____)はヒンドゥー教徒とイスラーム教徒の(___)をはかってジズヤを(___)した。しかし(_____)はジズヤを(___)させたため、反発を招いた。

アクバル／融和／廃止／アウラングゼーブ／復活

---

3 清代の中国と隣接諸地域

清

☐☐☐ **1**	中国東北地方で、農牧・狩猟の生活を営んでいた**ツングース系**の民族は何か。	1 女真（女直・満洲人） <small>じょしん じょちょく まんしゅうじん</small>
☐☐☐ **2**	1616年、諸部族を従え、**金（後金）**を建てたのは誰か。	2 ヌルハチ
☐☐☐ **3**	ヌルハチが編制した、軍事・行政組織は何か。	3 八旗 <small>はっき</small>

□□□		
4	ヌルハチのとき作成された、モンゴル文字をもとにした文字は何か。	4 満洲文字
□□□		
5	内モンゴルのチャハルを平定したのち、1636年、国号を清と改めた皇帝は誰か。	5 ホンタイジ(太宗)
□□□		
6	ホンタイジ(太宗)が編制した、モンゴル人、漢人による軍事組織をそれぞれ何というか。	6 モンゴル八旗・漢軍八旗
□□□		
7	清軍の北京入城を先導した、山海関の守将は誰か。	7 呉三桂
□□□		
8	順治帝による北京入城後に編制された、漢人による軍事組織は何か。	8 緑営
□□□		
9	清朝全盛時代の基礎を築いた第4代皇帝は誰か。	9 康熙帝
□□□		
10	清に協力したため、のちに各地に封ぜられた人物を何と呼ぶか。	10 藩王
□□□		
11	雲南の藩王呉三桂らが1673年におこした反乱とは何か。	11 三藩の乱
□□□		
12	台湾を拠点に反清運動を続け、国姓爺とも呼ばれる人物は誰か。	12 鄭成功
□□□		
13	内政に力を注ぎ、皇帝独裁体制を確立した第5代皇帝は誰か。	13 雍正帝
□□□		
14	清朝の全盛期を現出した第6代皇帝は誰か。	14 乾隆帝
□□□		
15	明・清代の皇帝の宮殿(写真)は何か。	15 紫禁城

□□□		
16	中国統治に漢人の協力を得るため、中央要職の定員を満洲人・漢人同数とした政策を何というか。	16 満漢併用制

□□□ 17	雍正帝がジュンガル遠征に際して設置し、のち軍事・行政上の最高機関となるものは何か。	17 軍機処
□□□ 18	漢人男性に強制した満洲人の風習は何か。	18 辮髪
□□□ 19	康熙帝から乾隆帝の時代にかけておきた、著述を原因とした思想弾圧を何というか。	19 文字の獄
□□□ 20	乾隆帝が排満思想弾圧を目的に、書物の刊行・所蔵を取り締まった政策を何というか。	20 禁書
□□□ 21	1727年、モンゴル北辺での国境を取り決めた、ロシアとの条約は何か。	21 キャフタ条約
□□□ 22	17～18世紀なかごろに、青海・チベット・外モンゴルに侵入した、西北モンゴルのオイラト系部族は何か。	22 ジュンガル
□□□ 23	乾隆帝はジュンガルを1757年に滅ぼし、何と改称して支配領域に加えたか。	23 新疆
□□□ 24	清に服属した、モンゴル・青海・チベット・新疆を総称して何というか。	24 藩部
□□□ 25	藩部を統括するため、乾隆帝が整備した機関は何か。	25 理藩院
□□□ 26	14世紀末から15世紀初めに、**チベット仏教を改革**して、戒律の厳しい黄帽派をおこしたのは誰か。	26 ツォンカパ
□□□ 27	チベットの宗教・政治上の最高権威者とされた教主の称号は何か。	27 ダライ=ラマ
□□□ 28	ラサにある、チベットの政治・宗教の中心であった宮殿(写真)は何か。	28 ポタラ宮殿

清と東アジア・東南アジア

□□□		
1	高麗以降、朝鮮における政治的・経済的支配層となった特権階層を何というか。	1 両班(ヤンバン)
2	明滅亡後、清への対抗意識から主張された、朝鮮こそが中国文化の正統な継承者であるという意識を何というか。	2 「小中華」
3	沖縄諸島に対する、明初からの呼称を何というか。	3 琉球(りゅうきゅう)
4	琉球を15世紀に統一したのは、どこの王か。	4 中山王(ちゅうざんおう)
5	琉球を17世紀に征服した大名は何氏か。	5 島津氏(しまづ)
6	琉球は薩摩藩(さつま)の支配下に入る一方、中国との朝貢(ちょうこう)関係を維持した。こうした体制を何というか。	6 両属体制
7	江戸幕府は、1630年代には対外関係を厳しく制限するようになった。41年、オランダ船の来航が許された場所はどこか。	7 長崎
8	江戸時代、朝鮮との交易が許されたのはどの地の大名であったか。	8 対馬(つしま)
9	新将軍就任を祝うなどの理由で、朝鮮国王が派遣した使節を何というか。	9 朝鮮通信使
10	東南アジアを中心に移住した、おもに福建省(ふっけん)・広東省(カントン)の人々を何というか。	10 華人(華僑)(かじん かきょう)

清代の社会と文化

□□□		
1	1757年、乾隆帝が唯一(ゆいいつ)のヨーロッパ船貿易港に限定した港市はどこか。	1 広州(こうしゅう)
2	課税対象を土地に一本化した、18世紀初めに採用された税制は何か。	2 地丁銀制(ち ていぎん)
3	事実にもとづく実証的な研究を重視した学問は何か。	3 考証学(こうしょうがく)

☐☐☐ 4	考証学の祖とされる、『日知録』を著した人物は誰か。	4 顧炎武
☐☐☐ 5	史学に通じた、乾隆帝時代の考証学の大家は誰か。	5 銭大昕
☐☐☐ 6	康熙帝の命で編纂された、漢字字書は何か。	6 『康熙字典』
☐☐☐ 7	乾隆帝の命で編纂された、一大叢書を何というか。	7 『四庫全書』
☐☐☐ 8	清代の小説で、貴族の生活を描いた作品は何か。	8 『紅楼夢』
☐☐☐ 9	清代の小説で、官僚の腐敗を描いた作品は何か。	9 『儒林外史』
☐☐☐ 10	16世紀末に中国でカトリックの布教を行った、イタリア出身のイエズス会宣教師は誰か。	10 マテオ = リッチ(利瑪竇)
☐☐☐ 11	マテオ = リッチが作製した世界地図を何というか。	11 「坤輿万国全図」
☐☐☐ 12	マテオ = リッチが徐光啓と協力して刊行した、エウクレイデスの幾何学の漢訳本を何というか。	12 『幾何原本』
☐☐☐ 13	徐光啓らと、『崇禎暦書』を作成した、ドイツ出身のイエズス会宣教師は誰か。	13 アダム = シャール(湯若望)
☐☐☐ 14	暦法改訂や大砲鋳造に活躍した、ベルギー出身のイエズス会宣教師は誰か。	14 フェルビースト(南懐仁)
☐☐☐ 15	ルイ14世の命で中国に派遣され、康熙帝に仕えたフランス出身のイエズス会宣教師は誰か。	15 ブーヴェ(白進)
☐☐☐ 16	ブーヴェが中心となって作製した、中国初の実測地図は何か。	16 「皇輿全覧図」
☐☐☐ 17	康熙帝・雍正帝・乾隆帝(写真)に仕え、西洋画法を中国に紹介したイタリア出身のイエズス会宣教師は誰か。	17 カスティリオーネ(郎世寧)

☐☐☐		
18 カスティリオーネが設計に加わった、清朝の離宮を何というか。	**18**	円明園
☐☐☐		
19 孔子崇拝や祖先祭祀など、中国の伝統的儀礼を認めたイエズス会の布教方法をめぐって発生した、カトリック諸派の論争を何というか。 **解説** 教皇がイエズス会の布教法を否定すると、康熙帝はイエズス会以外の宣教師を国外退去させた。	**19**	典礼問題
☐☐☐		
20 典礼問題に関して、雍正帝が1724年にとった措置は何か。	**20**	キリスト教布教の禁止
☐☐☐		
21 ヨーロッパに中国文化が伝わった結果、ヨーロッパで流行した中国風美術のことを何というか。	**21**	シノワズリ
☐☐☐		
One step further 13〜17世紀までの中央ユーラシア・中国の政権とチベット仏教の関係について説明せよ。 ➡16世紀モンゴルの（＿＿＿＿＿）＝ハーンはチベット仏教の指導者に接近し、チベット仏教はモンゴル全体に広まった。一方、（＿＿＿）人の清朝もチベット仏教を保護したため、17世紀に中央ユーラシアに台頭した（＿＿＿＿＿＿＿）とチベット仏教の保護者の座をめぐって争った。		アルタン／満洲／ジュンガル

第11章 | 近世ヨーロッパ世界の動向

1 ルネサンス

イタリアのルネサンス

□□□ 1	14世紀にイタリアから始まった、人間性の解放を求める文化運動とは何か。	1	ルネサンス
□□□ 2	東方貿易・毛織物生産・金融業で栄え、ルネサンスの中心となった、トスカナ地方の都市はどこか。	2	フィレンツェ
□□□ 3	イタリア＝ルネサンスの先駆者であり、フィレンツェの統領に選ばれたこともある詩人とは誰か。	3	ダンテ
□□□ 4	ダンテの代表作で、トスカナ地方の口語で書かれた叙事詩とは何か。	4	『神曲』
□□□ 5	ホメロスのラテン語訳や、ペストを逃れた貴族たちの話『デカメロン』の著者として知られる人物は誰か。	5	ボッカチオ(ボッカッチョ)
□□□ 6	教会の権威から脱し、キリスト教以前の古典研究にもとづき人間性を重視する考え方を何というか。	6	ヒューマニズム(人文主義)
□□□ 7	『叙情詩集』で知られる人文主義詩人とは誰か。	7	ペトラルカ
□□□ 8	東方貿易と金融業で栄えたフィレンツェの大富豪で、文芸・美術を保護したのは何家か。	8	メディチ家
□□□ 9	イタリア＝ルネサンス初期の画家で、「聖フランチェスコの生涯」で知られるのは誰か。	9	ジョット

☐☐☐ 10	「春」「ヴィーナスの誕生」（写真）で知られ、修道士サヴォナローラに影響されたといわれる画家は誰か。	10 ボッティチェリ
☐☐☐ 11	軍事・生理学・工学にすぐれたルネサンス的万能の天才で、「最後の晩餐」「モナ＝リザ」の作者は誰か。	11 レオナルド＝ダ＝ヴィンチ
☐☐☐ 12	「ダヴィデ像」（写真）やシスティナ礼拝堂の壁画「最後の審判」などで知られる芸術家は誰か。	12 ミケランジェロ
☐☐☐ 13	「アテネの学堂」や聖母子画で有名な、ルネサンス期の画家は誰か。	13 ラファエロ
☐☐☐ 14	ドームと列柱を特徴とするルネサンス様式の代表である、サンタ＝マリア大聖堂を完成させたのは誰か。	14 ブルネレスキ
☐☐☐ 15	16世紀ローマに新築された、カトリックの総本山であるルネサンス様式の大聖堂は何か。	15 サン＝ピエトロ大聖堂

ルネサンスの各地への広がり

☐☐☐ 1	『愚神礼賛』で教会を風刺した、ネーデルラント出身の、16世紀最大の人文主義者とは誰か。	1 エラスムス
☐☐☐ 2	フランドルの画家で、油絵技法を確立したのは誰か。	2 ファン＝アイク兄弟

□□□ 3 「農民の踊り」（写真）などの農民を題材とした絵で知られる、フランドルの画家は誰か。 	3 ブリューゲル
□□□ 4 多くの銅版画や「四人の使徒」などで知られる、ドイツ = ルネサンスの代表者は誰か。	4 デューラー
□□□ 5 『ガルガンチュアとパンタグリュエルの物語』で知られる、フランスの人文主義者は誰か。	5 ラブレー
□□□ 6 『エセー』を著し、ユグノー戦争の調停に努力したボルドー市長は誰か。	6 モンテーニュ
□□□ 7 ラ゠マンチャの騎士と従士サンチョ゠パンサの風刺文学『ドン゠キホーテ』の作者は誰か。	7 セルバンテス
□□□ 8 ヘンリ8世の離婚問題で処刑された、イギリスの人文主義者とは誰か。	8 トマス゠モア
□□□ 9 囲い込み（エンクロージャー）を批判した「羊が人間を食う」という言葉で有名な、トマス゠モアの代表作は何か。	9 『ユートピア』
□□□ 10 イギリス国王ヘンリ8世、トマス゠モア、エラスムスらの肖像画で知られる、ドイツの画家は誰か。	10 ホルバイン
□□□ 11 『ハムレット』『ヴェニスの商人』などで知られる、エリザベス朝時代最大の劇作家・詩人とは誰か。	11 シェークスピア

ルネサンス期の発明

□□□ 1 中国で実用化されヨーロッパに伝わった発明品で、騎士の没落をもたらしたものは何か。 解説▶ 火器の発達は、ヨーロッパのアメリカ大陸支配を可能にし、また騎士を没落させ王権の強化をもたらし中央集権化を進めた。	1 火薬（かやく）
□□□ 2 磁力（じりょく）の性質を利用して方角（ほうがく）を知ることで、遠距離航海を可能にした発明品とは何か。	2 羅針盤（らしんばん）

3	紙の普及とあいまって、小型で安価な書物が普及することを可能にした発明とは何か。	**3** 活版印刷術

4	改良した圧搾機（あっさくき）でラテン語聖書を印刷し、活版印刷術を実用化したドイツ人は誰か。	**4** グーテンベルク

5	教会の主張する**天動説**に対して**地動説**を主張した、ポーランドの天文学者・聖職者は誰か。	**5** コペルニクス

6	自作の望遠鏡で観測し地動説を科学的に実証したイタリアの学者と、惑星（わくせい）の三法則で地動説を数学的に証明したドイツの天文学者を、それぞれ答えよ。	**6** ガリレイ・ケプラー

One step further

西欧諸国の「国語」は、おもにルネサンスから絶対王政までの時期に形成された。ではイタリア、ドイツ、イギリスにおける国語の成立について、重要な役割を果たした人物名と著作名を列挙せよ。

➡イタリア＝（＿＿＿＿、『＿＿』） ドイツ＝（＿＿＿＿、『＿＿＿＿』の＿＿＿＿＿） イギリス＝（＿＿＿＿＿＿＿＿、『＿＿＿＿＿＿』『＿＿＿＿＿＿＿』）

ダンテ、『神曲』／ルター、『新約聖書』のドイツ語訳／シェークスピア、『ハムレット』『ヴェニスの商人』など

---

2 宗教改革

1	16世紀にドイツから始まった、カトリック教会を批判する動きを何というか。	**1** 宗教改革

2	贖宥状（しょくゆうじょう）販売に反対し福音（ふくいん）主義を唱えた修道士は誰か。	**2** マルティン＝ルター

3	1517年にマルティン＝ルターが発表した、贖宥状販売反対のラテン語文書とは何か。	**3** 「九十五カ条の論題」

解説 彼は主著『キリスト者の自由』のなかで、「人は信仰によってのみ義とされる」と主張した。

第11章

☐☐☐ 4	16世紀の神聖ローマ皇帝で、スペイン王を兼ねた、ハプスブルク家の人物は誰か。	4 カール5世
	解説 当時のフランス王フランソワ1世はオスマン帝国と結び、皇帝カール5世と対立した。国内外の複数の敵と対立する不利を考えたカールは、一時的にルター派と妥協した。	
☐☐☐ 5	マルティン=ルターがザクセン選帝侯に保護されている期間に行った、文化的・宗教的な業績は何か。	5 『新約聖書』のドイツ語訳
☐☐☐ 6	ドイツの説教僧ミュンツァーが指導した、農奴制廃止をめざした南ドイツの農民反乱は何か。	6 ドイツ農民戦争
☐☐☐ 7	シュパイアー帝国議会の決定に抗議したルター派を語源とし、のちに新教徒の総称となる語は何か。	7 プロテスタント
☐☐☐ 8	ルター派を容認し、新旧両教の選択権を諸侯に認めた（領邦教会制）、1555年の帝国議会の決定とは何か。	8 アウクスブルクの和議
☐☐☐ 9	1523年、チューリヒで宗教改革を開始したのは誰か。	9 ツヴィングリ
☐☐☐ 10	スイスのジュネーヴに招かれ、厳格な神権政治を行った、フランス出身の宗教改革者は誰か。	10 カルヴァン
☐☐☐ 11	魂の救済は人間の善行によらず、神によって決定されているとする、カルヴァンの教義の中心思想は何か。	11 予定説
☐☐☐ 12	カルヴァン派において、牧師とともに教会を運営する、信徒の代表を何というか。	12 長老
☐☐☐ 13	イングランド・フランスのカルヴァン派をそれぞれ何というか。	13 ピューリタン（清教徒）・ユグノー
☐☐☐ 14	離婚問題からカトリック離脱を行った、テューダー朝のイギリス国王は誰か。	14 ヘンリ8世
☐☐☐ 15	ヘンリ8世が1534年に発した、国王をイギリス国内の教会の首長であるとした法令は何か。	15 首長法（国王至上法）
	解説 彼の時代に修道院領の没収が行われ、財政強化やカトリックからの離脱によって、イギリス絶対王政が樹立された。	
☐☐☐ 16	ヘンリ8世の娘で、スペインと結んでカトリックを復活させた女王は誰か。	16 メアリ1世

| 17 | スペイン無敵艦隊を破るなどしたテューダー朝最後の女王(写真)は誰か。 | 17 エリザベス1世 |

□□□
| 18 | カトリックの一時復活のあと、エリザベス1世が1559年に定めたイギリス国教会の統一をはかる法は何か。 | 18 統一法 |

□□□
| 19 | エリザベス1世の時代に確立した、イギリス独自の教会体制を何というか。 | 19 イギリス国教会 |

解説▶イギリスの宗教改革は政治的色彩が強く、教義はほぼカルヴァン主義を採用している。主席司教はカンタベリ大司教である。

□□□
| 20 | 新教に対抗して行われた、旧教側の改革運動とは何か。 | 20 カトリック改革(対抗宗教改革) |

□□□
| 21 | 16世紀にパリで設立され、教皇に対する服従を旨とする、海外伝道に活躍した教団とは何か。 | 21 イエズス会 |

□□□
| 22 | イエズス会の初代総長で、もとスペインの貴族・軍人とは誰か。 | 22 イグナティウス=ロヨラ |

□□□
| 23 | 戦国末期の日本に来航してキリスト教を布教した、イエズス会のスペイン人は誰か。 | 23 フランシスコ=ザビエル |

□□□
| 24 | 教皇権の至上性、カトリックの教義の再確認、異端などを決定した、1545年から開かれた会議は何か。 | 24 トリエント公会議 |

□□□
| 25 | 16世紀以降激しくなった、社会に災いをもたらすとして異端を信仰する者を「魔女」として排除する動きのことを何というか。 | 25 「魔女狩り」 |

□□□
| 26 | 16世紀に作成されるようになった、反カトリックとみなされた書物・著者のリストを何というか。 | 26 禁書目録 |

□□□
| 27 | 自派の信仰と異なるものを異端として裁く法廷のことを何というか。 | 27 宗教裁判 |

□□□

One step further

ドイツとイギリスそれぞれにおける宗教改革の特徴と政治的
帰結について説明せよ。

➡ドイツの宗教改革は皇帝に対する(＿＿)をともなって進行
した。最終的に(＿＿＿＿)制が成立して(＿＿)化が深まっ
た。イギリスの宗教改革は(＿＿)主導で進行した。最終的
に(＿＿＿＿＿＿)会が成立して、(＿＿＿＿)が進んだ。

内乱／領邦教会／分
権／国王／イギリス
国教／中央集権

3　主権国家体制の成立

イタリア戦争と主権国家体制

□□□
1　中央集権が進む過程で、明確な国境を持ち、君主が主権
者として国内の秩序を守る国家があらわれてきた。近代
国家の原型となった、こうした国家を何というか。

1　主権国家

□□□
2　主権国家の形成期に登場した、国王による強力な統治を
特徴とする政体は何か。

2　絶対王政

□□□
3　国王が国家統一を進め、専制政治を行うために整えたも
のとは何か。

3　官僚制・常備軍

□□□
4　絶対王政国家が採用した、国庫収入増大を目的とした統
制経済政策を何というか。

4　重商主義

□□□
5　お互いに対等な多数の主権国家が、並存・競合している
国際体制を何というか。

5　主権国家体制

□□□
6　主権国家体制が形成される契機になった、1494～1559
年の戦争を何というか。

6　イタリア戦争

□□□
7　イタリア戦争を終了させた1559年の条約は何か。

7　カトー＝カンブレジ
条約

□□□
8　イタリア統一の必要性から「獅子の勇猛と狐の狡智を兼ね
た君主」を説いた『君主論』の著者は誰か。

8　マキァヴェリ

ヨーロッパ諸国の動向

□□□
| 1 | スイスの小貴族から婚姻によって広大な領土を獲得し、神聖ローマ皇帝を世襲したのは何家か。 | 1 | ハプスブルク家 |

□□□
| 2 | 神聖ローマ皇帝を兼ね、フランスのフランソワ1世と争った、スペイン国王は誰か。 | 2 | カルロス1世 |

□□□
| 3 | カルロス1世の子でアメリカ大陸の領有やポルトガル併合を行い、スペイン絶対王政の最盛期を築いた王は誰か。
解説 彼は1571年レパントの海戦で、オスマン艦隊を撃破した。 | 3 | フェリペ2世 |

□□□
| 4 | 世界最大の植民地帝国となった当時のスペインを評して、何というか。 | 4 | 「太陽の沈まぬ帝国」 |

□□□
| 5 | 中世以来中継貿易や毛織物で繁栄した、現在のベルギー・オランダ地域は当時何と呼ばれたか。 | 5 | ネーデルラント |

□□□
| 6 | ネーデルラントのうち、住民はラテン系が多く、カトリック勢力が強い地方はどこか。 | 6 | 南部10州 |

□□□
| 7 | ネーデルラントのうち、住民はゲルマン系が多く、プロテスタント勢力が強い地方はどこか。 | 7 | 北部7州 |

□□□
| 8 | フェリペ2世のカトリック化政策により、南部10州はスペイン領にとどまったが、ホラント州を中心とする北部7州は何を形成し抵抗したか。 | 8 | ユトレヒト同盟 |

□□□
| 9 | 1581年独立宣言を発し、1609年休戦条約が結ばれて事実上独立した、この国の名称は何か。 | 9 | ネーデルラント連邦共和国 |

□□□
| 10 | オランダ独立戦争を指導したカルヴァン派の貴族で、初代総督となったのは誰か。
解説 こののちネーデルラント連邦共和国の最高官職であるオランダ総督は、オラニエ家が世襲した。 | 10 | オラニエ公ウィレム（オレンジ公ウィリアム） |

□□□
| 11 | 独立戦争で打撃を受けたアントウェルペン（アントワープ）にかわり、商業・金融の中心となった北部の港市はどこか。 | 11 | アムステルダム |

第11章

□□□ 12	イギリスの国民産業となっていた毛織物産業のために、領主が農地を生垣や塀で囲い込んで牧場にしたことを何というか。	12 第1次囲い込み(エンクロージャー)
	解説 ▶ これは非合法であったが、産業革命の時代には食料増産のため、議会の承認のもと、共有地や耕作地を農地とする第2次囲い込みが合法的かつ大規模に行われた。	

□□□ 13	毛織物産業にも進出し、**地方行政も担当した**、名望家・地主を何というか。	13 ジェントリ(郷紳)

□□□ 14	**エリザベス1世**の時代に設立された、アジア貿易を独占的に行う組織は何か。	14 東インド会社

□□□ 15	世界周航を成功させ、スペイン無敵艦隊との戦いにも活躍したイングランド人は誰か。	15 ドレーク

□□□ 16	30年以上にも及び、諸外国の介入を招いた、16世紀フランスの宗教内乱は何か。	16 ユグノー戦争

□□□ 17	ユグノー戦争の最中の1572年に発生した、新教徒の虐殺事件を何というか。	17 サンバルテルミの虐殺

□□□ 18	ヴァロワ朝断絶後、国王に即位してブルボン朝を開き、カトリックに改宗してユグノー戦争を終了させた国王は誰か。	18 アンリ4世

□□□ 19	1598年にアンリ4世が発布した、新旧両教徒に同等の権利を認める王令の名称は何か。	19 ナントの王令

□□□ 20	ユグノーを圧迫し官僚制の確立につとめ、フランス絶対王政の確立に貢献した**ルイ13世**の宰相は誰か。	20 リシュリュー

□□□ 21	ルイ13世治世の1615年に停止され、1789年まで開催されなかった議会は何か。	21 全国三部会

三十年戦争

□□□ 1	17世紀ヨーロッパでは気温が低下、凶作・疫病などが頻発し、大規模な戦乱もおこった。こうした状況を何と呼ぶか。	1 「17世紀の危機」

□□□		
2	1618年ベーメンのプロテスタント貴族の反乱をきっかけとしてドイツでおきた宗教戦争で、国際戦争化・長期化した結果、ドイツの近代化を遅らせた戦争とは何か。	**2** 三十年戦争
□□□		
3	三十年戦争において活躍し、一方で戦禍を拡大させた、金銭で雇われた兵士の軍とは何か。	**3** 傭兵隊
□□□		
4	三十年戦争において皇帝側で活躍した傭兵隊長は誰か。	**4** ヴァレンシュタイン
□□□		
5	三十年戦争にプロテスタント側で参戦し、リュッツェンで戦死したスウェーデン王は誰か。	**5** グスタフ=アドルフ
□□□		
6	1648年に結ばれた三十年戦争の講和条約で、主権国家体制を確立したといわれる条約は何か。	**6** ウェストファリア条約
□□□		
7	ウェストファリア条約によってドイツ諸邦にはほぼ完全な主権が認められた。この結果形骸化した帝国とはどこか。	**7** 神聖ローマ帝国
□□□		
8	ウェストファリア条約によって、バルト海対岸に領土を得て、「バルト帝国」と呼ばれる、北欧の強国となった国はどこか。	**8** スウェーデン
□□□		
9	ウェストファリア条約で独立が国際的に公認された国はどこか。	**9** スイス・オランダ
□□□		
10	ウェストファリア条約のとき初めて公認されたのは何派か。	**10** カルヴァン派

解説 この他、フランスはアルザスなどのライン左岸を獲得した。
イギリスはピューリタン革命期で、この会議には参加していない。

□□□

One step further

16世紀後半のフランスでおこった宗教内戦、17世紀前半のドイツでおこった宗教戦争が、それぞれの国に与えた影響について説明せよ。

→フランスの(＿＿＿＿)戦争は(＿＿＿＿＿＿)で終結し(＿＿＿＿)が成立した。ドイツの(＿＿＿＿)戦争は(＿＿＿＿＿＿＿)条約で諸邦の主権が認められ、ドイツの(＿＿＿)化が決定的となった。

ユグノー／ナントの王令／絶対王政／三十年／ウェストファリア／分権

4 オランダ・イギリス・フランスの台頭

オランダの繁栄

□□□
1 オランダの特権的商人が設立し、軍事力や貨幣製造権まで持っていた、アジア貿易の中心的会社とは何か。

1 東インド会社

□□□
2 オランダのアジア支配の拠点となった島はどこか。

2 ジャワ島

□□□
3 ジャワ島の都市で現在ジャカルタと呼ばれる、当時のオランダ商館所在地はどこか。

3 バタヴィア

□□□
4 マルク（モルッカ・香料）諸島でおきた、1623年オランダがイギリス勢力を追放した事件を何というか。
解説 この結果、イギリスはインド経営に専念するようになった。

4 アンボイナ事件

□□□
5 オランダがアジア航路の補給基地として、アフリカ南端に農民を移住させ築いたのは何か。

5 ケープ植民地

□□□
6 イギリス東インド会社もアジアに進出するが、拠点とした、インド東南の港、インド西岸の港、ベンガル地方の港をそれぞれ答えよ。

6 マドラス・ボンベイ・カルカッタ

イギリスの2つの革命

□□□
1 元来スコットランド王朝であるが、テューダー朝断絶後にイングランドと同君連合を形成した王朝は何か。

1 ステュアート朝

□□□
2 王権神授説をとりピューリタンを弾圧した、ステュアート朝の初代国王は誰か。
解説 その結果、多くのピューリタンが北米へ移住することになった。

2 ジェームズ1世

□□□
3 絶対王政を強行し議会と対立した結果、革命によって処刑された王は誰か。

3 チャールズ1世

□□□
4 議会の同意のない課税、不法逮捕などの禁止を求めて、チャールズ1世に対し議会が提出した文書は何か。

4 権利の請願

5 □□□ チャールズ1世は、同君連合の関係にあった国に、**国教**を強制したため反乱を招いたが、その国とはどこか。

5 スコットランド

6 □□□ スコットランドの反乱からイギリスでは革命が勃発するが、その中心勢力にちなんで、この革命を何というか。

6 ピューリタン革命

7 □□□ 革命のときヨークなどを拠点とした、国王を支持する貴族・大商人などを何というか。

7 王党(宮廷)派

8 □□□ 革命のときロンドンを拠点とした、ピューリタンが多数を占めた、**王党派**と対立した人々を何というか。

8 議会(地方)派

9 □□□ 議会派のうち、のちに軍事独裁を強行した、ジェントリ出身の軍人は誰か。

9 クロムウェル

10 □□□ クロムウェルはカトリックの多い地域を征服し、その地の人々を小作人(こさくにん)としたが、その地域とはどこか。

10 アイルランド

1641年　1703年

カトリック教徒が50%以上を所有するアイルランドの土地の割合(■部分)

11 □□□ 1651年、イギリス議会が制定した、商品の輸送はイギリスと相手国の船に限定するという法は何か。

11 航海法

12 □□□ 航海法の制定がきっかけとなっておこった戦争とは何か。

12 イギリス゠オランダ(英蘭)戦争

13 □□□ クロムウェルが議会を解散したのち就任した、政治・軍事の最高官職とは何か。

13 護国卿(ごこくきょう)

14 □□□ 共和政末期の混乱で、長老派が議会尊重を条件にチャールズ1世の子を亡命先のオランダから呼び戻した事件を何というか。

14 王政復古

15 □□□ 王政復古の結果即位した国王で、絶対王政への逆行を企て議会と対立した王は誰か。

15 チャールズ2世

第11章

□□□		
16	チャールズ2世に対し議会が定めた、非国教徒は公職に就けないとした法と、勝手な逮捕・裁判を禁じた法とは何か。	**16** 審査法・人身保護法
□□□		
17	チャールズ2世の弟で、専制的な政策をとったため議会と対立を続けたカトリックの王は誰か。	**17** ジェームズ2世
□□□		
18	ジェームズ2世の即位に賛成した、貴族・地主を支持層とした、のちの保守党を何というか。	**18** トーリ党
□□□		
19	ジェームズ2世の即位に反対した、市民を支持層とした、のちの自由党を何というか。	**19** ホイッグ党
□□□		
20	議会はジェームズ2世の追放と、彼の娘夫妻を王とすることを決議した。流血なしに行われたこの政変を何というか。 **解説**▶この結果イギリスとオランダは同君連合を形成し、フランスと対立していく。	**20** 名誉革命
□□□		
21	名誉革命の結果即位した、ジェームズ2世の娘夫妻の即位後の名をそれぞれ答えよ。	**21** ウィリアム3世・メアリ2世
□□□		
22	王は議会の同意なしに、立法・司法・軍事・課税などを行わないという「権利の宣言」を成文化し、イギリス立憲君主政を確立したとされるものは何か。	**22** 権利の章典
□□□		
23	1694年に創設され、銀行券の発行などを行った、イギリスの中央銀行は何か。	**23** イングランド銀行
□□□		
24	ステュアート朝最後のアン女王の治世に、同君連合であったイングランドとスコットランドが合併したが、その国の名称を答えよ。	**24** グレートブリテン王国
□□□		
25	ステュアート朝断絶後成立した、ジョージ1世を開祖とする現イギリス王朝は何か。 **解説**▶この王朝は第一次世界大戦時、敵国の地名を嫌いウィンザー朝と改称した。	**25** ハノーヴァー朝
□□□		
26	ドイツ出身のため英語を解さなかったジョージ1世の時代に始まった、内閣が議会に対して責任を負う制度を何というか。	**26** 議院内閣制(責任内閣制)

□□□ 27	議院内閣制（責任内閣制）が確立した時代の首相で、ホイッグ党に属した人物は誰か。	27 ウォルポール

フランスの絶対王政

□□□ 1	幼王を助け、ウェストファリア条約でフランスの国際的優位を築いた事実上の宰相は誰か。	1 マザラン
□□□ 2	王権強化を進めるマザランに対し、1648年高等法院や貴族がおこした反乱は何か。	2 フロンドの乱
□□□ 3	マザランの死後親政を開始した、フランス絶対王政最盛期の王は誰か。	3 ルイ14世
□□□ 4	ルイ14世は王権神授説を採用し、「太陽王」と称されたが、彼の国家観をあらわす言葉とは何か。	4 「朕は国家なり」
□□□ 5	ルイ14世の財務総監で、典型的な重商主義政策を行ったのは誰か。	5 コルベール
□□□ 6	ルイ14世は経済の重要部分を占めるユグノーを弾圧したが、1685年に行った政策は何か。	6 ナントの王令廃止
□□□ 7	ルイ14世の行った侵略戦争のうち最大規模のもので、1701年に始まる戦争は何か。	7 スペイン継承戦争
□□□ 8	スペイン継承戦争の講和条約で、ブルボン家のスペイン王位継承は認められたものの、イギリスが多くの領土を獲得することになった条約は何か。 **解説**▶この条約でイギリスは、フランスからハドソン湾地方・ニューファンドランド、アカディア、スペインからジブラルタル・ミノルカ島を獲得した。	8 ユトレヒト条約
□□□ 9	コルベールが改革したフランス東インド会社は、インドにおいてイギリスに対抗して拠点を築いた。インド東岸部、マドラスの近くに築かれた拠点とは何か。	9 ポンディシェリ

英仏の覇権争い

□□□ 1	1608年フランスによってセントローレンス川沿いに建設され、フランス植民地の中心となったのはどこか。	1 ケベック

第11章

☐☐☐ **2** ルイ14世時代にミシシッピ川流域に建設された、フランス植民地はどこか。	**2**	ルイジアナ
☐☐☐ **3** ハドソン川沿岸のオランダ植民地であるニューデルラントの中心都市はどこか。	**3**	ニューアムステルダム
☐☐☐ **4** ニューネーデルラントの中心都市はどこか。	**4**	ニューアムステルダム
☐☐☐ **5** 1620年、プリマスに定住してニューイングランド植民地の基礎をつくったピューリタンの一団を何というか。	**5**	ピルグリム＝ファーザーズ
☐☐☐ **6** イギリス＝オランダ（英蘭）戦争の結果獲得したニューアムステルダムを、イギリスは何と改称したか。	**6**	ニューヨーク
☐☐☐ **7** 七年戦争のとき北米大陸で行われた、英・仏の戦いを何と呼ぶか。	**7**	フレンチ＝インディアン戦争
☐☐☐ **8** 植民地争奪戦における、フランスに対するイギリスの優位を決定した1763年の条約は何か。	**8**	パリ条約
☐☐☐ **9** パリ条約で、イギリスが獲得したフランスの北米植民地を答えよ。	**9**	ミシシッピ川以東のルイジアナ・カナダ
☐☐☐ **10** パリ条約によりイギリスがスペインから獲得したのはどこか。	**10**	フロリダ
☐☐☐ **11** パリ条約で、フランスからイギリスに譲渡された、スペイン領アメリカに対する奴隷供給請負契約を何というか。	**11**	アシエント
☐☐☐ **12** 18世紀には、ヨーロッパ・アフリカ・アメリカという、大西洋をはさんだ貿易がさかんになった。これを何というか。	**12**	大西洋三角貿易
☐☐☐ **13** 大西洋三角貿易で、アフリカから運ばれたのは何か。	**13**	黒人奴隷
☐☐☐ **14** 黒人奴隷をヨーロッパ人に売る貿易で栄えた、ニジェール川流域の国家を2つあげよ。	**14**	ダホメ王国・ベニン王国
☐☐☐ **15** 黒人奴隷の労働力を利用して、アメリカ大陸や西インド諸島で発達したものは何か。	**15**	プランテーション

16 プランテーションではおもに何が栽培されたか。

16 サトウキビ・タバコ・綿花

□□□

One step further
奴隷貿易の盛衰の背景にある政治的・経済的な要因を、カリブ地域や中南米世界を事例として説明せよ。

➡18世紀、(＿＿)はコーヒー・紅茶の普及で需要が増大するが、アメリカ大陸では(＿＿＿)が激減したため、西欧諸国は(＿＿＿＿)の黒人を奴隷としてアメリカ大陸に運び労働力とした。フランス革命の(＿＿・＿＿)という精神が広まると、西欧諸国は、経済効率も悪く、人道上の批判もある奴隷制度を廃止していった。

砂糖／先住民／アフリカ／自由・平等

---

5 北欧・東欧の動向

ロシアの大国化

□□□

1 シベリア経営に乗り出し、農奴制を強化した16世紀モスクワ大公国の「雷帝」とは誰か。

1 イヴァン4世

□□□

2 イヴァン4世が公的に使用した、皇帝の称号とは何か。

2 ツァーリ

□□□

3 モスクワ大公国の解体後、全国会議で皇帝に選ばれたミハイルに始まる王朝とは何か。

3 ロマノフ朝

□□□

4 1670年ロシアでおこった農民反乱の指導者で、コサックの首領は誰か。

4 ステンカ=ラージン

□□□

5 西欧化政策を行い、農奴制によるロシア絶対王政体制を築いた「大帝」とは誰か。

5 ピョートル1世(大帝)

□□□

6 ピョートル1世(大帝)が1689年に清の康熙帝と結んだ、スタノヴォイ山脈(外興安嶺)を国境とする条約は何か。

6 ネルチンスク条約

□□□

7 1700年、ピョートル1世(大帝)がバルト海の強国スウェーデンのカール12世と戦った戦争とは何か。

7 北方戦争

□□□ 8 北方戦争の最中にピョートル1世（大帝）が築いた、バルト海に臨む新都は何か。	8	ペテルブルク（サンクト＝ペテルブルク）
□□□ 9 代表的啓蒙専制君主であり、領土拡大を積極的に行ったドイツ出身のロシアの皇帝は誰か。	9	エカチェリーナ2世
□□□ 10 エカチェリーナ2世が通商を求めて根室に派遣した人物は誰か。	10	ラクスマン
□□□ 11 エカチェリーナ2世の治世におきた、農奴制廃止をめざす南ロシアの農民反乱は何か。	11	プガチョフの農民反乱
□□□ 12 16世紀に強勢を誇ったヤゲウォ朝ポーランドは、同世紀後半に王朝が断絶しどのような政体となったか。	12	選挙王政
□□□ 13 貴族の対立で国内が混乱するなか、ポーランドに対し周辺の3カ国が行ったことは何か。	13	ポーランド分割
□□□ 14 ポーランド分割の第2回目に際し、義勇軍を率いてロシアに抵抗した人物は誰か。 解説▶ コシューシコはアメリカ独立戦争に際し、義勇兵として参加している。	14	コシューシコ（コシチューシコ）

プロイセンとオーストリア

□□□ 1 15世紀に、ホーエンツォレルン家が獲得した国はどこか。	1	ブランデンブルク選帝侯国
□□□ 2 ドイツ騎士団の東方植民の結果成立し、17世紀に婚姻によってブランデンブルク選帝侯国と合併し、スペイン継承戦争の際、王国に昇格した国はどこか。	2	プロイセン
□□□ 3 徴兵制をしき、軍国的絶対王政の基礎を築いた「兵隊王」とは誰か。	3	フリードリヒ＝ヴィルヘルム1世
□□□ 4 1740年に即位し、官僚制や軍を整備し、プロイセンの強大化の礎を築いた君主は誰か。	4	フリードリヒ2世（大王）
□□□ 5 1740年ハプスブルクの家督を相続し、国内改革やフランスとの同盟に踏み切るなど、オーストリアを強大化した君主は誰か。	5	マリア＝テレジア

□□□		
6	マリア＝テレジアの家督相続に反対する有力諸侯がおこし、ヨーロッパ諸国を巻き込むことになった戦争は何か。	6 オーストリア継承戦争
□□□		
7	オーストリア継承戦争でプロイセンが獲得した、人口や資源の豊富な地方はどこか。	7 シュレジエン
□□□		
8	オーストリア継承戦争の結果、マリア＝テレジアは長年の宿敵であったフランスと同盟した。この劇的な外交政策の転換を何というか。	8 「外交革命」
□□□		
9	国際的に孤立したプロイセンに対し、シュレジエンの奪還をめざし、マリア＝テレジアが始めた戦争は何か。	9 七年戦争
□□□		
10	ヴォルテールらの影響を受け、啓蒙主義によって、自国の近代化をはかった君主を何というか。	10 啓蒙専制君主
□□□		
11	啓蒙専制君主を象徴する、フリードリヒ2世の言葉とは何か。	11 「君主は国家第一の僕」
□□□		
12	エルベ川以東に多い大地主で、高級官僚や将校を独占した、プロイセンの領主貴族を何というか。	12 ユンカー
□□□		
13	マリア＝テレジアの長男で、オーストリアの啓蒙専制君主として有名なのは誰か。	13 ヨーゼフ2世
□□□		
14	ヨーゼフ2世が発した近代化政策の例を2つあげよ。	14 農奴解放令・宗教寛容令
□□□		

One step further

ロマノフ朝のピョートル1世とエカチェリーナ2世の対外進出先を比較せよ。

➡ピョートル1世は(＿＿)戦争に勝利しバルト海に進出した。東方ではシベリアを経て極東にいたった。エカチェリーナ2世は、(＿＿＿＿＿＿＿＿)で西方に進出し、(＿＿＿＿)半島を奪って黒海に進出した。

北方／ポーランド分割／クリミア

6 17〜18世紀ヨーロッパの社会と文化

科学革命と近代的世界観

□□□ 1	17世紀、ヨーロッパでは合理的思想・学問が確立され、自然科学が発達した。これを何と称するか。	1 科学革命
□□□ 2	微積分法や万有引力の法則で知られ、『プリンキピア』を著した、イギリス人は誰か。	2 ニュートン
□□□ 3	種痘法を発明した、イギリスの医師は誰か。	3 ジェンナー
□□□ 4	17世紀、気体の体積と圧力に関する法則などを発見した、イギリスの科学者は誰か。	4 ボイル
□□□ 5	事実・経験から結論を導き出すという帰納法を用いる、主としてイギリスで発達した哲学は何か。	5 経験主義(経験論)
□□□ 6	「知は力なり」という言葉や『新オルガヌム』の著者として知られる、イギリス古典経験論の祖は誰か。	6 フランシス=ベーコン
□□□ 7	理性によって論理的に結論を導き出すという演繹法を用いる、おもにフランスで発達した哲学は何か。	7 合理主義(合理論)
□□□ 8	主著『方法序説』や「われ思う、ゆえにわれあり」の言葉で知られる、近代合理主義哲学の祖は誰か。	8 デカルト
□□□ 9	自然そのものを神とみなした(汎神論)、オランダの哲学者は誰か。	9 スピノザ
□□□ 10	単子論を唱えたドイツの哲学者・数学者は誰か。	10 ライプニッツ
□□□ 11	「人間は考える葦である」という言葉で有名な、フランスの数学者・哲学者は誰か。	11 パスカル
□□□ 12	『純粋理性批判』を著し、経験論・合理論を総合してドイツ観念論哲学を創始した哲学者は誰か。	12 カント

政治思想と経済思想

☐☐☐
1 人間の生存権を守るために普遍的に存在すると考えられ、絶対王政批判に用いられたものは何か。

1 自然法思想

☐☐☐
2 自然法思想を代表する人物で、「国際法の祖」「近代自然法の父」といわれる、オランダの法学者・外交官は誰か。

2 グロティウス

☐☐☐
3 グロティウスの著作のうち、航海の自由を主張し、母国オランダを擁護したものは何か。

3 『海洋自由論』

☐☐☐
4 グロティウスの著作のうち、三十年戦争の経験から書かれたものは何か。

4 『戦争と平和の法』

☐☐☐
5 政府や社会は、人民相互の契約によって成立するという考えを何というか。

5 社会契約説

☐☐☐
6 『リヴァイアサン』の著者で、イギリスの王政復古を支持した学者は誰か。

6 ホッブズ

☐☐☐
7 イギリスのピューリタンで、名誉革命を擁護した哲学者は誰か。

7 ロック

☐☐☐
8 ロックの主著で、人民の革命権・抵抗権を認めたものは何か。

8 『統治二論』(『市民政府二論』)

☐☐☐
9 人間の理性を信頼し、旧来の思想・制度を批判する、市民革命の背景となった思想は何か。

9 啓蒙思想

☐☐☐
10 各国の君主と交わって教会・伝統を批判し、『哲学書簡』で知られるフランスの啓蒙思想家は誰か。

10 ヴォルテール

☐☐☐
11 イギリスを賛美し、フランス旧体制を批判した、ルイ15世時代の啓蒙思想家は誰か。

11 モンテスキュー

☐☐☐
12 絶対王政を批判、三権分立を説いたモンテスキューの主著は何か。

12 『法の精神』

☐☐☐
13 人民主権説を主張し、「自然に帰れ」という言葉で有名なフランスの啓蒙思想家は誰か。

13 ルソー

□□□ 14	ルソーの著作のうち、人民主権の絶対性を説き、フランス革命に影響を与えたものは何か。	14 『社会契約論』
□□□ 15	ルソーの著作のうち、私有財産制を批判したものは何か。	15 『人間不平等起源論』
□□□ 16	合理主義にもとづき、ディドロ・ダランベールを中心に啓蒙思想家たちが編集した事典とは何か。	16 『百科全書』
□□□ 17	重商主義に対し、自然法思想にもとづき富の源泉を農業生産におく思想を何というか。	17 重農主義
□□□ 18	重農主義の代表者で『経済表』の著者であり、ルイ15世の侍医でもあった人物は誰か。	18 ケネー
□□□ 19	重商主義による国家統制を排除し、個人の自由な経済活動を重視する考えを何というか。	19 自由放任主義
□□□ 20	「神の見えざる手」という言葉で有名な、古典派経済学の創始者は誰か。	20 アダム＝スミス
□□□ 21	富の源泉は労働であるとした、アダム＝スミスの代表作は何か。	21 『諸国民の富』（『国富論』）

建築・美術・音楽・文学

□□□ 1	16～18世紀に西欧で流行した、豪壮・華麗な美術様式は何か。	1 バロック様式
□□□ 2	ルイ14世が完成させ、数多くの国際会議の舞台となった、バロック様式の代表的宮殿とは何か。	2 ヴェルサイユ宮殿
□□□ 3	外交官でもあったバロック様式絵画の第一人者で、大作「マリ＝ド＝メディシスの生涯」などで知られるフランドルの宮廷画家は誰か。	3 ルーベンス

□□□
4 「夜警」（写真）を残し、光と闇の描写にすぐれたオランダの代表的画家とは誰か。

4 レンブラント

□□□
5 肖像画や「宮廷の侍女たち」（写真）で知られる、17世紀スペインを代表する宮廷画家は誰か。

5 ベラスケス

□□□
6 「聖三位一体」などを描き、「ギリシア人」という通称で知られる画家は誰か。

6 エル゠グレコ

□□□
7 バロック様式のあとを受け、18世紀に流行した繊細・優美を特徴とする美術様式は何か。

7 ロココ様式

□□□
8 ロココ様式の代表的建築物で、フリードリヒ2世がポツダムに建てたものは何か。

8 サンスーシ宮殿

□□□
9 ロココ様式の代表的画家で、「シテール島への巡礼」を描いたのは誰か。

9 ワトー

□□□
10 多くの宗教曲を作曲し、18世紀前半に活躍した、「音楽の父」と称されるドイツの音楽家とは誰か。

10 バッハ

□□□
11 「魔笛」「レクイエム」などで知られる、古典派音楽を代表するオーストリアの作曲家は誰か。

11 モーツァルト

第11章

□□□		
12	イギリスのジャーナリストであったデフォーの代表作で、信仰を支えに孤島で生き抜いた主人公を描いた作品は何か。 解説▶絶対王政時代には国家統一によって言語が統一され、国民文学が発展した。	12 『ロビンソン＝クルーソー』

□□□		
13	『ガリヴァー旅行記』で有名な、アイルランド出身の風刺作家・聖職者は誰か。	13 スウィフト

□□□		
14	17世紀以降、ヨーロッパ各国で発行された、国内外の最新情報を伝える印刷物とは何か。	14 新聞

□□□		
15	イギリスで発達した、政治や文学を語る社交場となった、軽飲食店とは何か。	15 コーヒーハウス

□□□		
16	フランスで17世紀を中心に流行した、文化・思想を論議する社交場とは何か。	16 サロン

□□□

One step further

啓蒙思想は、フランスとプロイセンでは異なった役割を果たしている。その背景と果たした役割について説明せよ。

➡啓蒙思想は、ブルジョワが（＿＿＿）していたフランスでは王制（＿＿＿）の役割を果たし、ブルジョワが（＿＿＿＿）であったプロイセンでは君主が（＿＿＿）と対抗し改革を進める理論として採用された。

成長／打倒／未成熟／貴族

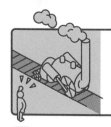

第12章 | 産業革命と環大西洋革命

1 産業革命

解説 「大交易時代」が始まると、大西洋諸国は商工業が発展し、バルト海沿岸諸国は穀物生産に重点をおくようになり、ヨーロッパの東西で地域差が拡大した。

イギリス産業革命

□□□ 1	18世紀のイギリスでは、インドや中国からの輸入超過の結果、大量の銀が流出していた。イギリスがインド・中国からおもに輸入したものをそれぞれあげよ。	1	綿織物・茶
□□□ 2	インドや中国からの輸入超過を解消するため、イギリスは輸入品の国内生産を試みるが、こうした動きを何というか。	2	輸入代替
□□□ 3	18世紀以降イギリスで議会の承認のもと進められた、大農場を形成しようとする運動は何か。	3	第2次囲い込み(エンクロージャー)
□□□ 4	18世紀のイギリスで発展した、四輪作農法(ノーフォーク農法)の導入など農業技術の発展を何というか。	4	農業革命
□□□ 5	資本が蓄積され、植民地戦争の勝利で広大な海外市場を確保していたため、18世紀後半に産業革命が始まった国はどこか。	5	イギリス
□□□ 6	18世紀後半、技術革新がおこり、毛織物工業にかわりイギリスの中心的工業となった繊維工業は何か。	6	綿工業
□□□ 7	1733年、織布工程でジョン=ケイが発明したものは何か。	7	飛び杼(梭)
□□□ 8	1764年ころ、ハーグリーヴズが発明した紡績工程の機械は何か。	8	多軸紡績機(ジェニー紡績機)

□□□		
9	1769年、水力紡績機を発明したのは誰か。	**9** アークライト
□□□		
10	多軸紡績機（ジェニー紡績機）と水力紡績機の長所を結合し、1779年にクロンプトンが発明した紡績工程の機械は何か。	**10** ミュール紡績機
□□□		
11	1785年、織布工程で力織機を発明したのは誰か。	**11** カートライト
□□□		
12	1793年に発明されて、アメリカ南部の綿花生産を急増させる端緒となった綿繰り機を発明したのは誰か。	**12** ホイットニー
□□□		
13	1712年に蒸気機関を実用化し、炭坑の排水用ポンプに利用した発明家は誰か。	**13** ニューコメン
□□□		
14	蒸気機関の動力源となった化石燃料は何か。	**14** 石炭
□□□		
15	1769年にニューコメンの蒸気機関を改良し、やがて優秀な蒸気機関を発明したのは誰か。	**15** ワット
□□□		
16	綿工業における18世紀の産業革命にともなって発達した工業分野を3つあげよ。	**16** 機械工業・鉄工業・石炭業
□□□		
17	石炭にかわりコークスを用いた製鉄技術を開発したのは誰か。	**17** ダービー
□□□		
18	世界最初の蒸気船を発明したアメリカ人は誰か。	**18** フルトン
□□□		
19	19世紀に輸送手段の中心となったのは何か。	**19** 鉄道
□□□		
20	スティーヴンソンが、蒸気機関車の試験走行に成功したのはどこか。	**20** ストックトン・ダーリントン間
□□□		
21	1830年、スティーヴンソンが、最初の営業用鉄道を開通させたのはどこか。	**21** マンチェスター・リヴァプール間
□□□		
22	19世紀におこった、交通や運輸上の変革を何というか。	**22** 交通革命
□□□		
23	産業革命の結果、世界の一体化が進み、世界的な分業体制が成立することになるが、そうした体制下でのイギリスの地位をあらわす言葉とは何か。	**23**「世界の工場」

世界経済の再編成

☐☐☐ 1	イギリスについで、産業革命がおこった国の例を2つあげよ。	1	ベルギー・フランス
☐☐☐ 2	19世紀前半から産業革命を開始し、19世紀末〜20世紀初頭にイギリスを工業生産で追い抜いた国を2つあげよ。	2	ドイツ・アメリカ
☐☐☐ 3	1861年の農奴解放を契機に、産業革命が始まった国はどこか。	3	ロシア
☐☐☐ 4	19世紀末に軽工業を中心に産業革命を本格化させた国はどこか。	4	日本
☐☐☐ 5	イギリスは農業中心から工業中心の社会に移行していったが、そのなかで支配的地位を獲得した階級は何か。	5	産業資本家
☐☐☐ 6	資本家に使用されて労働し、その対価として賃金を支払われる者を何というか。	6	賃金労働者
☐☐☐ 7	安価な製品を大量生産する、産業資本家が経営する工場を何というか。	7	機械制工場
☐☐☐ 8	産業革命以降、イギリスでは人口の都市集中がめだつようになるが、それら新興都市のうちランカシャー地方にある綿工業の中心都市はどこか。	8	マンチェスター
☐☐☐ 9	マンチェスターの外港として発達した都市はどこか。	9	リヴァプール
☐☐☐ 10	1811〜17年のイングランド中・北西部で発生した、機械打ちこわし運動を何と呼ぶか。	10	ラダイト運動
☐☐☐ 11	ラダイト運動は1810年代にピークをむかえるが、その後、労働者の運動の中心となった組織は何か。	11	労働組合
☐☐☐ 12	初期の労働問題・社会問題として、低賃金労働があげられるが、どのような人々が働かされていたか、2つ例をあげよ。	12	女性・子ども

One step further

産業革命の影響について、動力、移動手段、生産形態、人口の移動といった点の変化を説明せよ。

➡動力は（___・___）などから蒸気機関へ、移動手段は徒歩・馬車・帆船から、（_____・____）へ、生産形態はマニュファクチュアから（_____）工業へ変わり、人口は農村から（___）へ移動した。

人力・畜力／蒸気機関車・蒸気船／工場制機械／都市

---

2 アメリカ合衆国の独立と発展

北米植民地

1 18世紀前半までに、イギリスがアメリカ東部海岸一帯に建設した植民地を総称して何と呼ぶか。

1 13植民地

ミシシッピ川以西のルイジアナ
1682〜1763年フランス領
1763〜1800年スペイン領
1800〜1803年フランス領
1803年以後合衆国領

1713年以後イギリス領

モントリオール
サラトガの戦い(1777)
ヴァスコシア（アカディア）
レキシントン・コンコードの戦い(1775)
ボストン
プリマス
ニューヨーク
フィラデルフィア
ワシントン(1800)
ヨークタウンの戦い(1781)

大西洋

イギリスの13植民地
1 ニューハンプシャー ┐
2 マサチューセッツ ┤ニューイングランド
3 ロードアイランド ┤
4 コネティカット ┘
5 ニュージャージー ┐
6 デラウェア ┤中部植民地
7 ニューヨーク ┤
8 ペンシルヴェニア ┘
9 メリーランド ┐
10 ヴァージニア ┤南部植民地
11 ノースカロライナ ┤
12 サウスカロライナ ┤
13 ジョージア ┘

フロリダ
ニューオーリンズ
メキシコ湾
500km

■ スペイン植民地　▥ 1763年スペイン獲得
□ イギリス植民地　▧ 1763年イギリス獲得
▨ フランス植民地
※各国植民地の境界地帯では領有関係はまだ確定していなかった（図は1756年時点）。

植民地時代の北アメリカ東部(1750年ころ)

2 13植民地のうち最初に建設された植民地で、建国期の大統領を多く輩出したのはどこか。

2 ヴァージニア

□□□			
3	13植民地の1つで、ボストンを中心とする植民地はどこか。	3	マサチューセッツ

解説▶この植民地周辺を**ニューイングランド**といい、イギリス人が初期に入植し、独立革命の中心となった。

□□□			
4	13植民地のうちペンシルヴェニア植民地の中心都市はどこか。	4	フィラデルフィア
□□□			
5	総督とともに政治を担った、住民代表からなる会議を何というか。	5	植民地議会

アメリカ合衆国の独立

□□□			
1	七年戦争ののち、本国は財政難から植民地に対する**重商主義政策**を強化するが、1765年発布され、植民地側の反発を招いた法は何か。	1	印紙法
□□□			
2	印紙法に反対した植民地側のスローガンは何か。	2	「代表なくして課税なし」
□□□			
3	1773年、東インド会社の財政難を救うために、アメリカ植民地での茶の独占販売権を東インド会社に与えた法律は何か。	3	茶法
□□□			
4	茶法に反対した急進派がボストン港で東インド会社船を襲い、積み荷の茶を海中に投棄した事件は何か。	4	ボストン茶会事件
□□□			
5	ボストン茶会事件に対し、本国はどう対処したか。	5	ボストン港閉鎖
□□□			
6	1774年、フィラデルフィアで開催された、13植民地の代表者からなる会議は何か。	6	大陸会議
□□□			
7	1775年、両軍の衝突がおこった、マサチューセッツ植民地の町はどこか。	7	レキシントン・コンコード
□□□			
8	こうして開始された独立戦争において、植民地軍総司令官に任命された、のちの**初代大統領**は誰か。	8	ワシントン
□□□			
9	**トマス=ペイン**が1776年に発行し、植民地の独立と共和政樹立の必要性を訴えたパンフレットは何か。	9	『コモン=センス』（『常識』）

第12章

□□□ 10	1776年7月4日に発表された独立宣言の起草者で、のちの合衆国第3代大統領は誰か。 解説▶独立宣言はロックの影響を受け、社会契約説や抵抗権を主張した。しかし先住民や黒人の権利は無視された。	10 トマス=ジェファソン
□□□ 11	避雷針を発明する功績を残す一方、外交官として独立革命期に活躍した人物は誰か。	11 フランクリン
□□□ 12	植民地側にまわりイギリスに宣戦した国を2つあげよ。	12 フランス・スペイン
□□□ 13	イギリスの海上封鎖に対抗し、ロシア皇帝のエカチェリーナ2世の提唱で結成された同盟は何か。	13 武装中立同盟
□□□ 14	独立軍に義勇兵として参加した、フランス貴族は誰か。	14 ラ=ファイエット
□□□ 15	植民地側の勝利を確定的にした、1781年の戦いとは何か。	15 ヨークタウンの戦い
□□□ 16	1783年に締結された、独立戦争の講和条約は何か。	16 パリ条約
□□□ 17	パリ条約でイギリスからアメリカに割譲された領土はどこか。	17 ミシシッピ川以東のルイジアナ
□□□ 18	1787年の憲法制定会議で作成されたアメリカ合衆国憲法の特色のうち、連邦主義、人民主権以外の点を1つあげよ。	18 三権分立
□□□ 19	憲法で行政府の長と定められた役職は何か。	19 大統領
□□□ 20	1774年の大陸会議を起源とする、合衆国の立法府とは何か。 解説▶合衆国憲法の批准をめぐって、各州では、政府の権限強化を主張する連邦派と、州の自治を主張する州権派(反連邦派)が対立した。	20 アメリカ連邦議会

□□□

One step further
アメリカ独立宣言は世界の歴史にどのような影響を与えたと考えられるか、説明せよ。

➡独立宣言は(＿＿＿)の革命権という思想を取り込み、(＿＿＿＿＿＿)宣言とともに(＿＿)社会の基本原理となり、(＿＿＿)諸国の独立運動に影響を与えた。

ロック／フランス人権／近代／中南米

フランス革命

☐☐☐
1　革命前のフランスの政治・社会体制を何と呼ぶか。

1　旧制度（アンシャン＝レジーム）

☐☐☐
2　旧制度のうち特権身分とされた、第一身分と第二身分はそれぞれどのような人であったか。

2　聖職者・貴族

☐☐☐
3　旧制度のうち、政治的発言権のない平民とされた、第三身分とはどのような人々であったか。

3　農民・市民

☐☐☐
4　革命の急進化の中心となった都市民衆を、彼らの服装にちなんで何というか。

4　サンキュロット

☐☐☐
5　フランス革命が勃発したときの、国王は誰か。

5　ルイ16世

☐☐☐
6　ルイ16世に起用され、フランス財政の再建に取り組んだ改革派の財務総監を2人あげよ。

6　テュルゴ・ネッケル

☐☐☐
7　テュルゴ・ネッケルらは、どのような財政改革を試みたか。

7　特権身分への課税

☐☐☐
8　特権身分への課税などの改革に対し、特権身分が要求して、1789年に招集された身分制議会とは何か。

8　全国三部会

☐☐☐
9　1789年6月、第三身分が真に国民を代表するとし、全国三部会から分離、結成された議会を何というか。

9　国民議会

☐☐☐
10　国民議会で、憲法制定まで解散しないことを誓いあった決議を何と呼ぶか。

10　「球戯場（テニスコート）の誓い」

☐☐☐
11　国王が武力による議会弾圧をはかったため、1789年7月14日、パリ民衆が襲撃・占領した牢獄はどこか。

11　バスティーユ牢獄

☐☐☐
12　全国的な農民蜂起が広まるなか、1789年8月4日、自由主義的貴族の提案で国民議会が決議したのは何か。

12　封建的特権の廃止

□□□ 13	1789年8月26日、国民議会で採択された宣言を何という か。 解説▶人間の自由・平等、抵抗権、主権在民、私有財産の不可侵 などを主張している。	13 人権宣言（人間およ び市民の権利の宣 言）
□□□ 14	人権宣言（人間および市民の権利の宣言）の起草者の1 人で、アメリカ独立戦争にも参加した自由主義貴族は誰 か。	14 ラ＝ファイエット
□□□ 15	王家と国民議会はパリに移りさまざまな改革を実行する が、そのうち教会と商業組合に対して行われたものをそ れぞれあげよ。	15 教会財産の国有化・ ギルドの廃止
□□□ 16	自由主義貴族ミラボーの病死によって議会とのパイプ役 を失った国王一家が、オーストリアへの逃亡をはかった 事件とは何か。	16 ヴァレンヌ逃亡事件
□□□ 17	立憲君主政や財産制限選挙制などの特徴を持つ、国民議 会が制定したフランス初の憲法は何か。	17 1791年憲法

革命戦争と共和政の成立

□□□ 1	1791年10月、国民議会にかわった議会を何というか。	1 立法議会
□□□ 2	立法議会の保守派で、自由主義貴族や上層市民からなる 立憲君主派を何というか。	2 フイヤン派
□□□ 3	中産階級や商工業市民を地盤とし、穏和共和主義を主張 した立法議会の左派を何というか。	3 ジロンド派
□□□ 4	1792年、ジロンド派内閣が宣戦布告した国はどこか。	4 オーストリア
□□□ 5	戦争開始にともない、各地から自発的に参加した兵を何 というか。 解説▶このときのマルセイユ義勇兵の軍歌に由来して、国歌「ラ＝ マルセイエーズ」が生まれた。	5 義勇兵
□□□ 6	1792年、パリ民衆と義勇兵がテュイルリー王宮を襲撃 し、国王を幽閉し王権を停止した事件を何というか。	6 8月10日事件
□□□ 7	1792年9月、立法議会にかわり男性普通選挙により成 立した一院制議会を何というか。	7 国民公会

□□□			
8	1792年9月21日、国民公会において王政の廃止が宣言され成立し、1804年まで続いた政治体制は何か。	8	第一共和政

□□□			
9	フランス革命初期に結成され、立憲君主派・ジロンド派が分離し、国民公会で下層市民や農民の支持を受けた急進共和主義派からなる党派を何というか。	9	山岳派（ジャコバン派）
□□□			
10	ルイ16世の処刑とフランス軍のベルギー侵入を契機に、1793年結成された同盟とは何か。	10	第1回対仏大同盟
□□□			
11	第1回対仏大同盟を提唱した、イギリスの首相は誰か。	11	ピット
□□□			
12	第1回対仏大同盟結成に対し国民公会はどのような政策をとったか。	12	徴兵制の導入
□□□			
13	こうした内外の危機に対し、ジャコバン派は恐怖政治と呼ばれる独裁を開始するが、その最高指導機関は何か。	13	公安委員会
□□□			
14	ジャコバン派政権の中心として、多くの人々を断頭台（ギロチン）に送った人物は誰か。	14	ロベスピエール
□□□			
15	国民公会で制定された、男性普通選挙を初めて認めた憲法は何か。	15	1793年憲法
□□□			
16	1793年7月、領主権の無条件・無償廃止を定めたジャコバン派の政策は何か。	16	封建地代の無償廃止
□□□			
17	国民公会で採用が決定された、第一共和政成立の1792年9月22日を起点とした暦を何というか。	17	革命暦
□□□			
18	ロベスピエールを処刑し、恐怖政治を終結させた、1794年7月27日のクーデタを何というか。	18	テルミドールの反動
□□□			
19	制限選挙を復活させ、二院制・五人総裁制で権力の分散化をはかった憲法は何か。	19	1795年憲法（共和国第3年憲法）
□□□			
20	1795年憲法の規定により成立した、ブルジョワ共和政府は何か。	20	総裁政府

第12章

ナポレオンのヨーロッパ支配

☐☐☐
1 フランス革命末期に台頭し、軍事的成功を背景に皇帝となり、ほぼ全ヨーロッパを制圧した軍人は誰か。

1 ナポレオン゠ボナパルト（ナポレオン1世）

☐☐☐
2 オーストリアを破り、**ナポレオン**の名声を軍隊と国民の間に高めた1796～97年の軍事遠征は何か。

2 イタリア遠征

☐☐☐
3 1798～99年、**ナポレオン**がイギリスとインドとの連絡を絶つ目的で行った軍事遠征は何か。

3 エジプト遠征

☐☐☐
4 **エジプト遠征**に対して、1799年にイギリス・ロシア・オーストリアなどで結成された対フランス包囲網は何か。

4 第2回対仏大同盟

☐☐☐
5 1799年11月、エジプトから帰国したナポレオンが事実上の独裁権を握ったクーデタを何というか。

5 ブリュメール18日のクーデタ

☐☐☐
6 総裁政府にかわり樹立された政府を何というか。

6 統領政府

☐☐☐
7 統領政府においてナポレオンは何に就任したか。
解説▶1800年ナポレオンは中央銀行であるフランス銀行を設立して、財政の安定をはかった。

7 第一統領

☐☐☐
8 1801年、ナポレオンが教皇と結んだ、カトリックの復権を認めた協約とは何か。

8 政教（宗教）協約（コンコルダート）

☐☐☐
9 1802年に成立したイギリスとの休戦条約は何か。

9 アミアンの和約

☐☐☐
10 1802年ナポレオンは憲法を改定し、国民投票を実施して何に就任したか。

10 終身統領

☐☐☐
11 1804年3月に公布された民法典を何と呼ぶか。

11 ナポレオン法典（フランス民法典）

□□□ 12	1804年に皇帝に即位したナポレオンから始まる、フランスの政治体制を何というか。	12 第一帝政

ダヴィド作「ナポレオンの戴冠式」
(部分)

□□□ 13	1805年10月、イギリス海軍がフランス・スペイン連合軍を破った戦いを何というか。	13 トラファルガーの海戦
□□□ 14	1805年12月、ナポレオンがオーストリア・ロシア連合軍を破った戦いを何というか。	14 アウステルリッツの戦い(三帝会戦)
□□□ 15	1806年、ナポレオンを保護者として、西南ドイツの領邦国家をあわせて結成された組織を何というか。	15 ライン同盟
□□□ 16	ライン同盟の結成により崩壊した中世以来の帝国は何か。	16 神聖ローマ帝国
□□□ 17	1806年、ナポレオンがベルリンで発した、諸国にイギリスとの通商を禁止した勅令を何というか。	17 大陸封鎖令

解説▶イギリスに経済的打撃を与えるとともに、フランス産業によるヨーロッパ市場の独占を目的とした。

□□□ 18	1808年ナポレオンに対する反乱をおこし、ゲリラ戦を展開してナポレオン支配を動揺させた国はどこか。	18 スペイン

解説▶ゴヤは、蜂起したマドリード市民が処刑される場面を「1808年5月3日」で描いた。

ゴヤ作「1808年5月3日」

□□□ 19	革命を通じて、フランスでは自国民という意識が強くなった。そうして誕生した、1つの民族が1つの国家を形成するという考えを何というか。	19 国民国家

第12章

☐☐☐ 20	ベルリンで「ドイツ国民に告ぐ」という講演を行い、国民意識を高めたのは誰か。	20 フィヒテ
☐☐☐ 21	ナポレオンに敗北したプロイセンでは、農民解放・教育改革・軍制改革などが行われるが、改革を推進した2人の首相は誰か。	21 シュタイン・ハルデンベルク
☐☐☐ 22	1812年、ナポレオン軍が大敗した対外遠征は何か。	22 ロシア遠征
☐☐☐ 23	1813年、ロシア・プロイセン・オーストリア連合軍がナポレオン軍を破った戦いを何というか。	23 解放戦争(ライプツィヒの戦い・諸国民戦争)
☐☐☐ 24	1814年、ナポレオンが流された島はどこか。	24 エルバ島
☐☐☐ 25	ナポレオンの退位を受け、国王に即位(復古王政)した、ルイ16世の弟は誰か。	25 ルイ18世
☐☐☐ 26	ウィーン会議開催中に復位したナポレオンが1815年6月、ウェリントン率いるイギリス・オランダ・プロイセン連合軍に敗れた戦いを何というか。	26 ワーテルローの戦い
☐☐☐ 27	百日天下後に、ナポレオンが流された南大西洋上の孤島はどこか。	27 セントヘレナ島

☐☐☐

> **One step further**
> 革命期のフランスと共和政期のローマの共通点について説明せよ。
>
> ➡(__)政を打倒して共和政を確立したことで、エトルリア人の(__)を追放したローマとフランス革命は共通している。(_____)宣言で貴族と平民の平等が発表された点と、身分闘争のあとローマでは貴族と平民の(__)的平等が実現された点も共通している。

王/王/フランス人権/法

□□□
1　19世紀初頭、フランス領サン=ドマングは世界初の黒人共和国として独立するが、その国名とは何か。

1　ハイチ

メキシコ
1821
キューバ 1902
ジャマイカ 1962
ハイチ 1804
イスパニョーラ島
大西洋
ベリーズ 1981
グアテマラ 1821
ホンジュラス 1821
ニカラグア 1821
ドミニカ共和国 1844
（ハイチからの独立年）
エルサルバドル 1821
コスタリカ 1821
ガイアナ 1966
ベネズエラ 1819(1830)
スリナム 1975
フランス領
ギアナ
赤道
コロンビア 1819(1830)
パナマ 1903
（コロンビアからの独立年）
アマゾン川
エクアドル 1822(1830)
ブラジル 1822
ペルー 1821
太平洋
ボリビア 1825
パラグアイ 1811
チリ 1818
ラプラタ川
ウルグアイ 1828
0　1000km
アルゼンチン 1816

旧宗主国
スペイン
フランス
ポルトガル
オランダ
イギリス
―　中央アメリカ連邦（1823〜39）
‥‥‥　大コロンビア（1819〜30）
数字　独立年

中南米諸国の独立

解説▶武装蜂起を指揮したトゥサン=ルヴェルチュールは、フランス軍に敗れ1803年獄死した。

□□□
2　本国の抑圧に反発して、中南米独立運動の中心となった、植民地生まれの白人を何というか。

2　クリオーリョ

□□□
3　白人と先住民であるインディオの混血を何というか。

3　メスティーソ

□□□
4　1810年代初めに中南米諸国の独立が続くが、当時、宗主国スペインはどういう状況にあったか。

4　ナポレオンの占領下

□□□
5　ベネズエラ・大コロンビア・ボリビアなどの独立に貢献した、中南米諸国独立運動の指導者は誰か。

5　シモン=ボリバル

解説▶彼の他、サン=マルティンがアルゼンチン・チリ・ペルーの独立運動を指導した。

第12章

□□□			
6	1824年に独立を達成した、スペイン統治の中心であった地域はどこか。	6	ペルー
□□□			
7	中南米諸国の独立運動に際し、アメリカ大陸とヨーロッパの相互不干渉を提唱した、アメリカ大統領による宣言は何か。	7	モンロー宣言
□□□			
8	1822年、ポルトガルの王子が帝位につき、帝国として独立した国はどこか。	8	ブラジル
□□□			
9	中南米諸国の独立を支援し、独立後経済的な影響力を強めたヨーロッパの国はどこか。	9	イギリス
□□□			
10	1821年、現地のクリオーリョが主導して、帝国として独立した国はどこか。	10	メキシコ
□□□			
11	この当時、アメリカ独立革命、フランス革命、ラテンアメリカ諸国の独立などがおこっているが、こうした動きを総称して何というか。	11	「環大西洋革命」
□□□			

One step further

18〜19世紀前半にかけて、北米のイギリス領13植民地と南米のスペイン領植民地は独立するが、その後の両地域の政治的・経済的発展を比較して説明せよ。

➡北米植民地は(＿＿＿)国として独立し、その後の(＿＿＿)戦争で(＿＿＿)的自立も果たした。南米植民地も多くが(＿＿＿)国として独立するが、(＿＿＿＿＿)の経済的支配を受け、国内では(＿＿＿＿＿＿)による支配が続いた。

共和／米英／経済／共和／イギリス／クリオーリョ

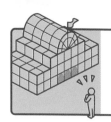

第13章 | イギリスの優位と欧米国民国家の形成

1 ウィーン体制とヨーロッパの政治・社会の変動

ウィーン会議

□□□		
1	ヨーロッパの国際秩序を再建するために、1814〜15年に開かれた国際会議を何というか。	1 ウィーン会議
□□□		
2	ウィーン会議の議長をつとめたオーストリアの政治家は誰か。	2 メッテルニヒ
□□□		
3	ウィーン会議に出席した、フランス代表は誰か。	3 タレーラン
□□□		
4	タレーランが主張し、この会議の基本原則となった、フランス革命以前の主権と領土に戻そうという考えを何というか。	4 正統主義
□□□		
5	正統主義とともにこの会議の原則となった、大国間の力の均衡をはかろうとする考えを何というか。	5 勢力均衡
□□□		
6	ウィーン会議でオーストリアはオランダにベルギー地方を譲るかわりに、どこを獲得したか。	6 ロンバルディア・ヴェネツィア
□□□		
7	ウィーン議定書において成立したポーランド王国の王となったのは誰か。	7 ロシア皇帝アレクサンドル1世
□□□		
8	イギリスが領有を認められた、旧オランダ領はどこか。	8 セイロン島(スリランカ)・ケープ植民地
□□□		
9	ライン同盟にかわり、35の君主国と4自由市で構成されたドイツの政治組織は何か。	9 ドイツ連邦
□□□		
10	ウィーン会議で永世中立が認められた国はどこか。	10 スイス

□□□ 11	ウィーン会議でスウェーデン領となった北欧の国はどこか。	11 ノルウェー
□□□ 12	ロシア皇帝アレクサンドル1世が提唱した、キリスト教の友愛精神にもとづく君主間の同盟を何というか。	12 神聖同盟
□□□ 13	ウィーン体制の強化のため、イギリス・ロシア・プロイセン・オーストリアで結成された軍事同盟は何か。	13 四国同盟

ウィーン体制の動揺

□□□ 1	フランス革命やナポレオン戦争によって各国に広まり、保守的なウィーン体制に反対した思想とは何か。	1 自由主義・ナショナリズム
□□□ 2	1821年オスマン帝国からの独立戦争をおこした国はどこか。	2 ギリシア

解説▶バイロンは義勇兵として参戦し、ドラクロワは「キオス島の虐殺」を描いて、ギリシア救援を訴えた。

□□□ 3	ドイツの自由と統一を求め、1815年に結成された学生組合を何と呼ぶか。	3 ブルシェンシャフト
□□□ 4	イタリアの自由主義運動を推進し、1820年ナポリ、21年ピエモンテで立憲革命をおこした秘密結社は何か。	4 カルボナリ
□□□ 5	ナポレオン戦争に参戦して自国の後進性を自覚したロシアの青年将校らによる、1825年の武装蜂起は何か。	5 デカブリスト(十二月党員)の乱
□□□ 6	亡命貴族に多額の補償金を出すなど反動的政策を強行した、ブルボン朝最後の国王は誰か。	6 シャルル10世
□□□ 7	シャルル10世が1830年に侵略を強行した国はどこか。	7 アルジェリア
□□□ 8	シャルル10世が未招集の議会を解散したため、1830年パリではどのような事態が勃発したか。	8 七月革命
□□□ 9	七月革命の結果、亡命した王にかわり即位(七月王政)した、オルレアン家出身の人物は誰か。	9 ルイ=フィリップ
□□□ 10	七月革命の影響で、オランダから独立した国はどこか。	10 ベルギー

11 七月革命の影響で発生した、自由主義・国民主義の運動が鎮圧された国はどこか。

11 ポーランド・ドイツ・イタリア

イギリスの自由主義的改革

解説 19世紀前半のイギリスでは、奴隷貿易や奴隷制度が禁止されるなど、自由主義的改革が進められた。

□□□
1 カトリックを除く非国教徒の公職就任を可能にするため、1828年に廃止された法律は何か。

1 審査法

□□□
2 オコネルらのアイルランド人の努力により、1829年に制定された法律は何か。

2 カトリック教徒解放法

□□□
3 1832年、ホイッグ党内閣のもとで実現した第1回選挙法改正の内容を2つあげよ。

3 腐敗選挙区の廃止、資本家の参政権獲得

□□□
4 第1回選挙法改正で参政権を獲得できなかった都市労働者を中心に、発生した政治運動を何と呼ぶか。

4 チャーティスト運動

□□□
5 男性普通選挙の実施、議員の財産資格廃止などの6カ条からなる、チャーティスト運動の請願書を何というか。

5 人民憲章

□□□
6 1846年に廃止された、輸入穀物に高関税を課し、輸入を制限して地主の利益を保護していた法律は何か。

6 穀物法

□□□
7 穀物法に反対して同盟を結成し、同法の廃止運動を展開した人物を2人あげよ。

7 コブデン・ブライト

□□□
8 17世紀にあいついで出され、1849年に廃止された、自由な貿易活動に制限を加えていた法律は何か。

8 航海法

解説 1834年には東インド会社の対中国貿易独占の廃止が実施され、産業資本家の議会進出を背景に自由貿易主義が実現していった。

社会主義思想

□□□
1 機械や土地などの生産手段を公有化することで、社会的不平等を解決しようとする考えを何というか。

1 社会主義思想

□□□
2 労働者の待遇改善を唱え、工場法の改正や労働組合の設立に努力したイギリス人は誰か。

2 オーウェン

□□□ 3	イギリスにおいて、18歳未満の夜業の禁止、工場監督官の設置などを定めた、1833年の法とは何か。	3 工場法
□□□ 4	労資対立を重視せず、生産者主体の平等社会を構想したフランス人は誰か。	4 サン=シモン
□□□ 5	私有財産と国家の廃止を主張し、無政府主義に大きな影響を与えたフランスの社会主義者は誰か。	5 プルードン
□□□ 6	史的唯物論を唱え、社会主義社会実現の必然性を説いた、ドイツの社会主義者は誰か。	6 マルクス
□□□ 7	マルクスの協力者として、マルクス主義理論の確立と普及につとめたドイツの社会主義者は誰か。	7 エンゲルス
□□□ 8	労働者の国際的な連帯を求め、マルクス・エンゲルスらが1848年2月に発表した文書は何か。	8 『共産党宣言』

解説 この著で彼らは従来の歴史を「階級闘争」の歴史であるとし、世界中の労働者に団結を呼びかけた。

1848 年革命

□□□ 1	七月王政下のフランスでは、大ブルジョワが選挙権を独占していた。この状況に対してどのような運動がおこったか。	1 選挙権拡大運動
□□□ 2	1848年、パリで二月革命がおこると王は亡命したが、この結果成立した政体は何か。	2 第二共和政
□□□ 3	第二共和政のとき成立した臨時政府に入閣した社会主義者は誰か。	3 ルイ=ブラン
□□□ 4	ルイ=ブランが推進した失業者対策は何か。	4 国立作業場の設置
□□□ 5	1848年4月に行われた男性普通選挙で、社会主義者は大敗するが、これに反発してパリの労働者がおこした行動は何か。	5 六月蜂起
□□□ 6	1848年12月に行われたフランス大統領選挙に当選したのは誰か。	6 ルイ=ナポレオン

□□□		
7	二月革命の影響で、ウィーンやベルリンでおきた自由主義運動を何と呼ぶか。	7 三月革命

解説 この結果メッテルニヒは亡命し、ウィーン体制は崩壊した。プロイセンでは国王が憲法制定を約束した。

□□□		
8	ドイツ統一と全国憲法制定のため、1848年5月に招集された議会を何というか。	8 フランクフルト国民議会

□□□		
9	三月革命の影響でチェコ人が蜂起した、オーストリア支配下の地域はどこか。	9 ベーメン

□□□		
10	コシュートが独立宣言したが、オーストリアを支援するロシア軍により鎮圧された地域はどこか。	10 ハンガリー

□□□		
11	イタリアでも反オーストリアの民族運動がおこるなど、各地で民族運動がさかんとなるが、こうした一連の動きを称して何というか。	11 「諸国民の春」

解説 自由主義にはいくつかの側面がある。経済活動の自由、思想や出版の自由、多民族の支配に対する自由などである。

□□□

One step further

1848年革命の成果と限界を説明せよ。

➡成果として(＿＿＿＿)的改革や民族独立をめざす(＿＿＿＿＿＿＿)が高揚したこと。限界として、(＿＿＿＿＿)が旧勢力と妥協して各地の革命運動を(＿＿)したこと、各地の運動の(＿＿)が少なかったことがあげられる。

自由主義／ナショナリズム／ブルジョワ／打倒／連携

---

2 列強体制の動揺とヨーロッパの再編成

クリミア戦争

□□□		
1	1831年、自治を認められていた国が、オスマン帝国と開戦する。この国とはどこか。	1 エジプト

□□□		
2	1831年エジプトとの戦争に際し、オスマン帝国をロシアは支援するが、ロシアは何をオスマン帝国に期待したのか。	2 ダーダネルス・ボスフォラス両海峡の自由航行権

□□□ 3	オスマン帝国の領土や民族問題と、ヨーロッパ列強の干渉によって生じた、19世紀の国際問題を何と呼ぶか。	3 「東方問題」
□□□ 4	ロシアが、ギリシア正教徒の保護を口実にオスマン帝国と1853年に開戦した戦争は何か。	4 クリミア戦争
□□□ 5	クリミア戦争における最大の激戦地となったのはどこか。	5 セヴァストーポリ要塞
□□□ 6	クリミア戦争において、オスマン帝国を支援しなかった国はどこか。	6 プロイセン
□□□ 7	クリミア戦争において、オスマン帝国を支援した国をあげよ。	7 イギリス・フランス・サルデーニャ
□□□ 8	ダーダネルス・ボスフォラス両海峡と黒海の中立化を定めた、クリミア戦争の講和条約は何か。	8 パリ条約

ロシアの大改革と南下政策

□□□ 1	クリミア戦争の敗北で、ロシアの後進性を反省し、自由主義的改革を進めた皇帝は誰か。	1 アレクサンドル2世
□□□ 2	アレクサンドル2世が、1861年に発した勅令は何か。	2 農奴解放令
□□□ 3	農奴解放令によって農奴は人格的自由を得たが、土地の多くは共同体に引き渡されることが多かった。この農村共同体を何というか。	3 ミール
□□□ 4	アレクサンドル2世の反動化の契機となった反乱はどこでおきたか。	4 ポーランド
□□□ 5	1870年代に、ミールを基礎にロシア独自の社会主義を実現しようとして農民の啓蒙運動につとめた、インテリゲンツィアを何と呼ぶか。	5 ナロードニキ(人民主義者)
□□□ 6	ナロードニキのスローガンは何か。 解説▶ 彼らの運動は農民の無関心によって挫折し、彼らの間には、テロリズムによって政府を倒そうとする過激なニヒリズムの思想が広がった。	6 「ヴ=ナロード(人民のなかへ)」

□□□			
7	テロリズムやニヒリズムの思想が広がるなか、1881年発生した事件は何か。	7	アレクサンドル2世の暗殺
□□□			
8	ロシアが自らの南下政策実現に利用しようとした、スラヴ民族の連帯と統一をめざす運動を何というか。	8	パン゠スラヴ主義
□□□			
9	ボスニア・ヘルツェゴヴィナやブルガリアの反乱を弾圧したオスマン帝国に対し、1877年ロシアが開始した戦争とは何か。	9	ロシア゠トルコ(露土)戦争
□□□			
10	ロシア゠トルコ戦争の講和条約とは何か。	10	サン゠ステファノ条約
□□□			
11	サン゠ステファノ条約で、オスマン帝国からの独立が認められた3国はどこか。	11	ルーマニア・セルビア・モンテネグロ
□□□			
12	サン゠ステファノ条約で、オスマン帝国内の自治国として、ロシアの保護下におかれた国はどこか。	12	ブルガリア
□□□			
13	サン゠ステファノ条約に対し、イギリス・オーストリアが反発したため、ビスマルクの仲介で開かれた国際会議は何か。	13	ベルリン会議
□□□			
14	ベルリン会議の結果、ブルガリアの領土は縮小され、ロシアの南下政策は阻止されたが、そうした内容を定めた条約は何か。	14	ベルリン条約
□□□			
15	ベルリン条約で、オーストリアが行政権を得た地域はどこか。	15	ボスニア・ヘルツェゴヴィナ

ヴィクトリア期のイギリス

□□□			
1	19世紀のイギリスの繁栄を何と称するか。	1	パクス゠ブリタニカ
□□□			
2	ホイッグ党は何と改称したか。	2	自由党
□□□			
3	トーリ党は、1830年代に何と改称したか。	3	保守党

解説 保守党はおもに地主勢力に支持され、積極的な外交政策をとったのに対し、自由党はおもに産業資本家に支持され、国内の自由主義改革を重視した。

☐☐☐ **4**	1867〜68年の第2回選挙法改正、1884年の第3回選挙法改正で選挙権を得たのは、それぞれどのような階層か。	4	都市部の労働者・農村部の労働者
☐☐☐ **5**	1837〜1901年まで64年間国王として在位し、大英帝国最盛期を現出した人物は誰か。	5	ヴィクトリア女王
☐☐☐ **6**	ヴィクトリア女王の時代に、世界で初めて開かれた、国際的な展覧会は何か。	6	ロンドン万国博覧会
☐☐☐ **7**	ヴィクトリア女王の時代に活躍した、**自由党**の代表的政治家は誰か。 **解説** 彼は教育法や労働組合法の制定、第3回選挙法改正などの自由主義的改革を推進し、アイルランド自治にも努力した。	7	グラッドストン
☐☐☐ **8**	ヴィクトリア女王の時代に活躍した、**保守党**の代表的政治家は誰か。 **解説** 彼はスエズ運河株式買収やインド帝国の成立などの帝国主義政策を推進した。	8	ディズレーリ
☐☐☐ **9**	1801年イギリスに併合されたが、自治を求めて抵抗していた、ケルト系住民でカトリック教徒が多い国とはどこか。 **解説** グラッドストンが1886年、1893年に提出したアイルランド自治法案は2回とも成立しなかった。	9	アイルランド
☐☐☐ **10**	アイルランドで1840年代に発生し、大量の移民を発生させることとなったできごとは何か。	10	ジャガイモ飢饉

フランス第二帝政と第三共和政

☐☐☐ **1**	ルイ=ナポレオン大統領が独裁権を握るにいたった事件とは何か。	1	1851年クーデタ
☐☐☐ **2**	ルイ=ナポレオンは国民投票で皇帝となり、何と称したか。	2	ナポレオン3世
☐☐☐ **3**	ナポレオン3世に始まる政体を何というか。	3	第二帝政
☐☐☐ **4**	ナポレオン3世が人気を維持するため行った対外侵略のうち、成功をおさめたものをあげよ。	4	クリミア戦争・第2次アヘン戦争・イタリア統一戦争・インドシナ出兵

□□□			
5	ナポレオン3世が国民の信望を失うきっかけとなった遠征は、どこに対して行われたものか。	5	メキシコ

□□□			
6	ナポレオン3世がスダン(セダン)で捕虜となり廃位された戦争は何か。 解説▶1871年ティエールが臨時政府の行政長官となり、対ドイツ講和が進められた。	6	ドイツ=フランス(独仏)戦争(プロイセン=フランス戦争)

□□□			
7	1871年3月、対ドイツ講和反対のパリ民衆が、臨時政府(1871)からの自立を宣言して形成した自治政府を何と呼ぶか。 解説▶この自治政府は、ドイツの支援を受けたティエールによって鎮圧された。	7	パリ=コミューン

□□□			
8	第二帝政崩壊後から1940年まで続いた、フランスの政体は何か。	8	第三共和政

□□□			
9	第三共和政のもと国民統合が進められるが、1875年に定められた憲法は何か。	9	第三共和国憲法

新国民国家の成立

□□□			
1	イタリアの統一と共和政の樹立をめざし、1831年にマルセイユで結成された組織は何か。	1	「青年イタリア」

□□□			
2	「青年イタリア」を結成したイタリアの革命家は誰か。	2	マッツィーニ

□□□			
3	マッツィーニも参加して1849年に成立した共和国は何か。	3	ローマ共和国

□□□			
4	ローマ共和国を倒した国はどこか。	4	フランス

□□□			
5	イタリア統一運動の中心となった王国はどこか。	5	サルデーニャ王国

□□□			
6	サルデーニャ王国の王で、イタリア統一に成功し、イタリア王国の初代国王となったのは誰か。	6	ヴィットーリオ=エマヌエーレ2世

□□□			
7	ヴィットーリオ=エマヌエーレ2世のもとで、イタリア統一を推進した首相は誰か。 解説▶彼は国内の近代化につとめ、クリミア戦争に参加して、サルデーニャの国際的地位を向上させた。	7	カヴール

□□□ 8	1859年のイタリア統一戦争で、サルデーニャ王国がオーストリアから獲得した領土はどこか。 解説 カヴールはナポレオン3世と密約を結び、その援助でオーストリアを破ったが、サルデーニャ王国の強大化を恐れたフランスは、オーストリアと単独講和を結んだ。	8 ロンバルディア
□□□ 9	1860年、サルデーニャ王国が中部イタリアを併合するかわりに、フランスに割譲した領土はどこか。	9 サヴォイア・ニース
□□□ 10	千人隊(赤シャツ隊)を率いて両シチリア王国を制圧し、これをサルデーニャ王に献上したのは誰か。	10 ガリバルディ
□□□ 11	1861年、トリノを首都に成立した王国は何か。	11 イタリア王国
□□□ 12	1866年、プロイセン=オーストリア(普墺)戦争によってイタリアが併合した地域はどこか。	12 ヴェネツィア
□□□ 13	1870年、イタリアがドイツ=フランス(独仏)戦争に乗じて併合した領土はどこか。	13 ローマ教皇領
□□□ 14	1870年の統一完成後も、トリエステ・南チロルなどオーストリア領として残った国境地域を何と呼んだか。	14 「未回収のイタリア」

ドイツ帝国とビスマルク外交

□□□ 1	1834年に発足した、プロイセン中心の経済同盟は何か。	1 ドイツ関税同盟
□□□ 2	プロイセンを中心とし、オーストリアを排除して行うドイツ統一方式を何と呼ぶか。	2 小ドイツ主義
□□□ 3	オーストリアのドイツ人地域とベーメンを含む統一方式を何というか。 解説 1848年からのフランクフルト国民議会のときには49年に小ドイツ主義が採用されたが、プロイセン王がドイツ皇帝即位を辞退したため、ドイツ統一は失敗した。	3 大ドイツ主義
□□□ 4	1861年に即位し、ドイツ統一に成功したプロイセン王は誰か。	4 ヴィルヘルム1世

☐☐☐ 5	ヴィルヘルム1世により首相に登用され、ドイツ統一を推進したユンカー出身の政治家は誰か。 **解説▶** ユンカーとはプロイセンの政府・軍部を支配した地主貴族である。	5 ビスマルク
☐☐☐ 6	ビスマルクのとった、軍備拡張政策を何と呼ぶか。	6 鉄血政策
☐☐☐ 7	1864年、プロイセン・オーストリアがデンマーク戦争によって、獲得した領土はどこか。	7 シュレスヴィヒ・ホルシュタイン
☐☐☐ 8	シュレスヴィヒ・ホルシュタインの2州の処分から、1866年に勃発した戦争は何か。	8 プロイセン＝オーストリア（普墺）戦争
☐☐☐ 9	それまでのドイツ連邦が解体され、1867年に結成されたプロイセン王を首長とした君主連合体は何か。	9 北ドイツ連邦
☐☐☐ 10	プロイセン＝オーストリア戦争に敗れたオーストリアが、マジャール人のハンガリーに自治権を認めて成立した国を何と呼ぶか。	10 オーストリア＝ハンガリー帝国（二重帝国）
☐☐☐ 11	スペイン王位継承問題を契機に、1870年に勃発した戦争は何か。	11 ドイツ＝フランス（独仏）戦争（プロイセン＝フランス戦争）
☐☐☐ 12	ドイツ＝フランス戦争の結果、ドイツに割譲された領土はどこか。	12 アルザス・ロレーヌ
☐☐☐ 13	ドイツ＝フランス戦争中の1871年、ドイツ皇帝の即位式が行われた宮殿はどこか。	13 ヴェルサイユ宮殿
☐☐☐ 14	誕生したドイツ帝国において、男性普通選挙が採用された議会を何というか。	14 帝国議会
☐☐☐ 15	1871〜80年の南ドイツなどのカトリック勢力とビスマルクとの対立抗争を何と呼ぶか。 **解説▶** のち社会主義勢力への対抗上、ビスマルクはカトリック勢力に譲歩した。	15 文化闘争
☐☐☐ 16	1875年に成立し、のちに社会民主党と改称する政党は何か。	16 社会主義労働者党

☐☐☐ 17	社会主義勢力の弾圧を目的に、1878年にビスマルクが制定した法律は何か。	17 社会主義者鎮圧法
☐☐☐ 18	社会主義者鎮圧法の一方で、ビスマルクは労働者を味方につけるためにどのような政策をとったか。	18 社会政策(社会保険制度)
☐☐☐ 19	ビスマルクが制定し、資本家と地主(ユンカー)の支持を取りつけることに成功した法とは何か。	19 保護関税法
☐☐☐ 20	フランスの孤立化をはかり、ビスマルクが成立させた、ドイツ・オーストリア・ロシア間の同盟を何というか。	20 三帝同盟
☐☐☐ 21	ビスマルクがフランスの孤立化をねらい、1887年にロシアと結んだ条約は何か。	21 再保障条約

解説▶ フランスの孤立化とヨーロッパの勢力均衡を目的とした、ヨーロッパの国際体制をビスマルク体制と呼ぶ。

国際運動の進展

☐☐☐ 1	1864年、ロンドンで結成された、世界初の国際的な労働運動組織を何というか。	1 第1インターナショナル
☐☐☐ 2	1889年、パリで結成され、第一次世界大戦まで国際社会主義運動の中心となった組織は何か。	2 第2インターナショナル
☐☐☐ 3	クリミア戦争の傷病兵(しょうびょうへい)の看護に活躍し「天使」とたたえられ、のち統計学の発展にも貢献(こうけん)した人物は誰か。	3 ナイティンゲール
☐☐☐ 4	イタリア統一戦争の惨状(さんじょう)をみて救援活動に参加したスイス人デュナンが、1863年設立した団体は何か。	4 国際赤十字

☐☐☐

One step further
19世紀半ばの「パクス゠ブリタニカ」にロシア、ドイツ、アメリカはどのように対応したのか、説明せよ。

➡ロシアは(＿＿＿＿)などの近代化政策で対応した。ドイツは統一を完成したのち、アメリカは(＿＿＿＿)で再統一を果たしたのち、(＿＿)政策をとり対応した。またドイツとアメリカは(＿＿＿＿＿)革命を推進した。

農奴解放／南北戦争／保護／第2次産業

合衆国の領土拡大

□□□
1 ナポレオン戦争中のイギリスの海上封鎖から勃発した、1812〜14年の戦争を何というか。

1 アメリカ＝イギリス（米英）戦争

□□□
2 初の西部出身の大統領で、白人男性普通選挙制など民主主義を進めたのは誰か。

解説▶彼を支持する者が、1820年代に民主党を結成した。

2 ジャクソン

□□□
3 ジャクソンは民主主義を進めた一方で、**先住民**に対する迫害を強めているが、彼が制定した、先住民をミシシッピ川以西に追放するという法は何か。

解説▶先住民は定められた保留地に強制移住させられた。その過程で、「涙の旅路」と称される、チェロキー族の悲惨な例も発生した。

3 先住民強制移住法

□□□
4 1840年代以降、**西部開拓**を神から与えられた使命とする考えが広まっていったが、それをあらわす言葉とは何か。

4 「明白なる運命」（マニフェスト＝デスティニー）

□□□
5 1803年、フランスから買収した地域はどこか。

解説▶ミシシッピ川以西のルイジアナは、1763年フランス領からスペイン領となるが、1800年ナポレオンが取り戻していた。

5 ルイジアナ

□□□
6 1836年メキシコから独立し、45年、州として合衆国に加入した地域はどこか。

6 テキサス

□□□
7 1846〜48年の**アメリカ＝メキシコ戦争**の結果、合衆国がメキシコから獲得した地域はどこか。

7 カリフォルニア

□□□
8 カリフォルニアで1848年金鉱が発見されたため、移民が殺到した事態を何というか。

8 ゴールドラッシュ

□□□
9 綿花プランテーションが発達した南部が要求していた、奴隷政策と貿易政策は何か。

9 奴隷制の存続・自由貿易

□□□
10 南部に対して工業が発達していた北部は奴隷制に反対していたが、経済政策としては何を主張していたか。

10 保護関税貿易

☐☐☐ 11	1820年に制定された、北緯36度30分以北には奴隷州をつくらないという協定は何か。	11 ミズーリ協定
☐☐☐ 12	1852年に、『アンクル=トムの小屋』を著して、奴隷制反対の気運を高めたのは誰か。	12 ストウ
☐☐☐ 13	ミズーリ協定を否定し、州に昇格するとき奴隷制の可否を住民が決定するという、1854年の法は何か。	13 カンザス=ネブラスカ法

南北戦争と合衆国の大国化

☐☐☐ 1	奴隷制反対を唱え、1854年に結成された政党は何か。	1 共和党
☐☐☐ 2	1860年に当選した、共和党出身の大統領は誰か。	2 リンカン
☐☐☐ 3	リンカンに反対した南部諸州が、連邦から分離してジェファソン=デヴィスを大統領に結成した国家を何というか。	3 アメリカ連合国（南部連合）
☐☐☐ 4	南部と北部の対立により発生した1861〜65年の内戦を何というか。	4 南北戦争
☐☐☐ 5	1863年、リンカンが戦争目的を明確にし、内外世論の支持を集めるために発した宣言は何か。	5 奴隷解放宣言
☐☐☐ 6	1862年に制定され、公有地に5年間定住した開拓者に160エーカーの土地を無償で与えるとし、西部による北部支持を固めた法律は何か。	6 ホームステッド法（自営農地法）
☐☐☐ 7	南北戦争の最大の激戦で、北軍の優勢を決定づけた戦場はどこか。	7 ゲティスバーグ
☐☐☐ 8	リンカンがこの激戦地の追悼集会で行った、有名な演説の一部で、民主主義を象徴する言葉とは何か。	8 「人民の、人民による、人民のための政治」

ゲティスバーグで
演説するリンカン

□□□		
9	南北戦争の結果奴隷制は憲法によって廃止されたが、黒人の多くは貧しいままであった。収穫の約半分を地主に納める小作人となった彼らを何というか。	9 シェアクロッパー
□□□		
10	1869年に開通し、合衆国の市場統一を進めることとなったものは何か。	10 大陸横断鉄道
□□□		
11	未開拓地域であるフロンティアが消滅したのは何年代か。	11 1890年代
□□□		
12	ヨーロッパから合衆国に渡った移民は、19世紀前半はドイツ系が主であったのに対し、同世紀後半は東欧・南欧からの移民が急増した。彼らのことを何というか。	12 新移民
□□□		
13	1882年、合衆国が中国系移民の入国を禁止した法とは何か。	13 移民法
□□□		

One step further
19世紀半ば以降のアメリカ合衆国が移民を引きつけた要因にはおもに西部開拓があげられるが、とくに重要な要因は何だろう、2点あげて説明せよ。

➡1848年 (_____) で (___) が発見されたことと、(_____) 建設の労働力が必要になったこと。

カリフォルニア／金鉱／大陸横断鉄道

4　19世紀欧米の文化

各国の国民文化

□□□		
1	「疾風怒濤」運動の中心人物で、ヴァイマル公国宰相でもあったドイツ古典主義文学の大成者は誰か。	1 ゲーテ
□□□		
2	啓蒙主義への反発から、個性や感情を重視した、18世紀末から19世紀半ばの文芸上の傾向とは何か。	2 ロマン主義
□□□		
3	童話集や辞典を刊行した、ドイツの言語学者の兄弟とは誰か。	3 グリム兄弟

□□□ **4**	社会主義的傾向を深めて革命詩人とも呼ばれた、『歌の本』で知られるユダヤ系のロマン派詩人は誰か。	**4** ハイネ
□□□ **5**	『レ=ミゼラブル』を著した、フランスの作家は誰か。	**5** ヴィクトル=ユゴー
□□□ **6**	19世紀半ばフランスを中心におこった、社会や人間をありのままに描こうとした文芸上の傾向は何か。	**6** 写実主義(リアリズム)
□□□ **7**	『赤と黒』を著した、フランスの**写実主義**の作家は誰か。	**7** スタンダール
□□□ **8**	「人間喜劇」のなかで市民社会と小市民を描いた、フランスの**写実主義**の作家は誰か。	**8** バルザック
□□□ **9**	『二都物語』を著した、イギリスの**写実主義**の作家は誰か。	**9** ディケンズ
□□□ **10**	『罪と罰』などで人間の魂の救済を追求した、19世紀のロシアの作家は誰か。	**10** ドストエフスキー
□□□ **11**	ナポレオン戦争時代のロシア社会を題材とした『戦争と平和』などを著した、ロシアの作家は誰か。	**11** トルストイ
□□□ **12**	写実主義をさらに発展させて人間や社会を科学的にとらえて表現した、19世紀後半の傾向を何というか。	**12** 自然主義
□□□ **13**	『居酒屋』などで社会の矛盾を取り上げ、社会正義を主張したフランスの**自然主義**の代表的作家は誰か。	**13** ゾラ
□□□ **14**	『人形の家』で女性解放問題を提起し、「近代劇の父」と呼ばれるノルウェーの**自然主義**の作家は誰か。	**14** イプセン
□□□ **15**	詩集『悪の華』などで知られる、19世紀フランスの象徴主義の詩人は誰か。	**15** ボードレール
□□□ **16**	「ナポレオンの戴冠式」などで知られる、フランス古典主義絵画を代表する画家は誰か。	**16** ダヴィド
□□□ **17**	「キオス島の虐殺」「民衆を導く自由の女神」などを描いた、フランスのロマン主義絵画の画家は誰か。	**17** ドラクロワ

「キオス島の虐殺」

「民衆を導く自由の女神」

☐☐☐		
18	農民の生活をテーマに「落ち穂拾い」「晩鐘」などの代表作を残した、フランスの自然主義絵画の画家は誰か。	**18** ミレー

「落ち穂拾い」

☐☐☐		
19	「石割り」などの代表作を残し、パリ＝コミューンにも参加した、フランスの写実主義絵画の画家は誰か。	**19** クールベ
☐☐☐		
20	光と影の色彩を重視した、19世紀後半のフランス絵画の様式とは何か。	**20** 印象派
☐☐☐		
21	「印象・日の出」などで知られる、フランス印象派の画家は誰か。	**21** モネ
☐☐☐		
22	「ムーラン＝ド＝ラ＝ギャレット」で知られる、フランス印象派の巨匠は誰か。	**22** ルノワール

「ムーラン＝ド＝ラ＝
ギャレット」

☐☐☐		
23	自然を円筒・球・円錐として表現することを主張し、19世紀後半フランスで活躍した画家は誰か。	**23** セザンヌ
☐☐☐		
24	「ひまわり」「自画像」などの代表作を残した、19世紀後半のオランダの画家は誰か。	**24** ゴッホ
☐☐☐		
25	「考える人」などを残した、フランスの彫刻家は誰か。	**25** ロダン
☐☐☐		
26	古典派音楽の大成者で、「楽聖」と称される人物は誰か。	**26** ベートーヴェン
☐☐☐		
27	「魔王」などで知られる、オーストリアのロマン派作曲家は誰か。	**27** シューベルト

第13章

□□□ 28	「英雄」や「革命」などで知られる、ポーランド出身のロマン派作曲家は誰か。	28 ショパン
□□□ 29	「ニーベルングの指環」などで知られ、楽劇を完成させた、ドイツのロマン派作曲家は誰か。	29 ヴァーグナー

人文・社会科学

□□□ 1	『純粋理性批判』で知られる、**ドイツ観念論哲学の創始者**は誰か。	1 カント
□□□ 2	弁証法哲学を唱え、ドイツ観念論哲学を大成させたのは誰か。	2 ヘーゲル
□□□ 3	商品についての記述から始めて、資本主義経済を説明したマルクスの主著は何か。	3 『資本論』
□□□ 4	「最大多数の最大幸福」を主張して功利主義を創始した、イギリスの哲学者は誰か。	4 ベンサム
□□□ 5	『人口論』を著して貧困は必然的に発生するとし、穀物法を支持した、イギリスの古典派経済学者は誰か。	5 マルサス
□□□ 6	自由貿易を主張して穀物法に反対した、イギリスの古典派経済学者は誰か。	6 リカード
□□□ 7	歴史学派経済学を確立した、ドイツの経済学者は誰か。 解説▶ 彼は、遅れた発展段階にある国民経済は国家の保護を必要とすると説いて、ドイツ関税同盟の結成に尽力した。	7 リスト
□□□ 8	厳密な史料批判によって正確な史実の究明を求める**近代歴史学**を基礎づけた、ドイツの歴史学者は誰か。	8 ランケ
□□□ 9	「神は死んだ」と主張し、虚無主義の哲学を探究したドイツ人は誰か。	9 ニーチェ

近代諸科学の発展

□□□ 1	エネルギー保存の法則を発見した、ドイツの物理学者を2人あげよ。	1 マイヤー・ヘルムホルツ

□□□			
2	電磁気学の基礎を築いた、イギリスの物理学者は誰か。	2	ファラデー
□□□			
3	X線を発見した、ドイツの物理学者は誰か。	3	レントゲン
□□□			
4	ラジウムを発見した、フランスの物理学者夫妻は誰か。	4	キュリー夫妻
□□□			
5	乳酸菌を発見、狂犬病予防接種に成功し、伝染病の予防・治療に貢献した、フランスの細菌学者は誰か。	5	パストゥール
□□□			
6	結核菌・コレラ菌を発見し、細菌学の基礎を確立したドイツの細菌学者は誰か。	6	コッホ
□□□			
7	ダイナマイト、無煙火薬を発明したスウェーデン人は誰か。	7	ノーベル
□□□			
8	1903年、動力飛行機の初飛行に成功したアメリカ人兄弟は誰か。	8	ライト兄弟
□□□			
9	太平洋を探検し、ニュージーランド・オーストラリア・ハワイ諸島などに到達した、18世紀イギリスの軍人は誰か。	9	クック
□□□			
10	北極点到達に成功したピアリに対し、南極点に初到達したノルウェー人は誰か。	10	アムンゼン
□□□			
11	『種の起源』を著し、進化論を唱えたイギリスの生物学者は誰か。	11	ダーウィン
□□□			
12	電信機を発明した、アメリカの発明家は誰か。	12	モース(モールス)
□□□			
13	電話機を発明した、アメリカの発明家は誰か。	13	ベル
□□□			
14	蓄音機・白熱電灯・映画などを発明した、アメリカの発明家は誰か。	14	エディソン
□□□			

One step further

19世紀前半の欧米に、ロマン主義の風潮が高まったのはなぜか説明せよ。

➡理性尊重の(＿＿)思想や(＿＿)主義への反発があり、フランス革命によって(＿＿・＿＿)の理念が広まり、各地で(＿＿)意識が高揚したことによって、ロマン主義の風潮が高まったため。

啓蒙/古典/自由・平等/民族

第14章 | アジア諸地域の動揺

1 西アジア地域の変容

オスマン帝国の動揺と解体

□□□ 1	オスマン帝国が第2次ウィーン包囲に失敗し、1699年ハンガリーなどを割譲した条約とは何か。	1 カルロヴィッツ条約
□□□ 2	19世紀初め以降、オスマン帝国では軍事・行政の改革が進められた。その一環で、専横が目立つため解体させられた軍団は何か。	2 イェニチェリ軍団
□□□ 3	1839年アブデュルメジド1世が発布した、帝国内の全臣民の平等をうたった勅令は何か。	3 ギュルハネ勅令
□□□ 4	ギュルハネ勅令ののち開始され1876年まで続く、司法・行政・財政・軍事の西欧化改革を何というか。 解説▶ しかし西欧化改革によって、さらに諸列強の経済的支配が強まることとなった。	4 タンジマート
□□□ 5	大宰相ミドハト゠パシャが制定し、1876年に発布した憲法とは何か。	5 オスマン帝国憲法（ミドハト憲法）
□□□ 6	アブデュルハミト2世が、オスマン帝国憲法停止の口実とした戦争は何か。	6 ロシア゠トルコ（露土）戦争
□□□ 7	18世紀中ごろのアラビア半島におこり、原始イスラーム教への復帰を唱えた新宗派を何というか。	7 ワッハーブ派
□□□ 8	ワッハーブ派と協力して、ワッハーブ王国を建設したアラビア半島の豪族は何家か。	8 サウード家
□□□ 9	ナポレオンのエジプト占領の混乱に乗じて台頭し、エジプト総督となったのは誰か。	9 ムハンマド゠アリー

□□□		
10	ムハンマド゠アリーが西欧式の軍隊を創設するため一掃した勢力は何か。	10 マムルーク
□□□		
11	ムハンマド゠アリーがシリアの領有を要求して、オスマン帝国と2度戦った戦争を何というか。	11 エジプト゠トルコ戦争
□□□		
12	1840年、オスマン帝国の宗主権のもとで、ムハンマド゠アリーが総督の地位の世襲を認められた地域はどこか。	12 エジプト・スーダン
□□□		
13	1838年オスマン帝国とイギリスの間で結ばれた、治外法権などを認める不平等条約は何か。	13 トルコ゠イギリス通商条約
□□□		
14	財政難に苦しむエジプトが、1875年売却したのは何か。	14 スエズ運河会社の株式
	解説 1869年、フランス人レセップスによってスエズ運河は開通し、その運営会社の権利をフランスとエジプト総督が持っていた。	
□□□		
15	財政破綻したエジプトに対し、英・仏の介入が強まった。それに対し、「エジプト人のためのエジプト」を掲げて蜂起したのは誰か。	15 ウラービー(オラービー)
□□□		
16	ウラービー(オラービー)の蜂起に対し単独出兵し、鎮圧したイギリスがエジプトに対してとった措置は何か。	16 イギリスによるエジプトの保護国化

イラン・アフガニスタンの動向

□□□		
1	18世紀末、イランに建国されたトルコ系の王朝を何というか。	1 ガージャール朝
□□□		
2	ガージャール朝がロシアに治外法権を認めた、1828年の条約を何というか。	2 トルコマンチャーイ条約
□□□		
3	イギリス・ロシアなどの外国勢力への屈従を拒んだイランの農民が、1848〜52年におこした武装蜂起を何というか。	3 バーブ教徒の乱
□□□		
4	イギリスが、アフガニスタンを保護国とすることに成功した戦争は何か。	4 第2次アフガン戦争

One step further

19世紀から20世紀初頭にかけて、オスマン帝国の指導者は、どのように国家の解体を食い止めようとしたか、説明せよ。

➡19世紀前半、臣民の平等を認める(_____)主義を掲げ、帝国の維持をはかった。19世紀後半ロシア＝トルコ戦争に敗れると、(_____)主義を掲げ、スルタン専制を強化した。20世紀初頭、(_____)革命ののち、(____)民族主義を掲げた。

オスマン／パン＝イスラーム／青年トルコ／トルコ

---

2 南アジア・東南アジアの植民地化

インドの植民地化とインド大反乱

□□□
1 七年戦争中の1757年、**クライヴ**率いる東インド会社軍が、フランス・ベンガル太守連合軍を破った戦いは何か。

解説▶ 1744～61(63)年南インドで、イギリスはフランスとカーナティック戦争を戦い勝利している。

1 プラッシーの戦い

□□□
2 1764年のブクサールの戦いの勝利で、東インド会社がベンガル地方などに対し獲得した権利は何か。

2 ディーワーニー(徴税権)

□□□
3 イギリスの南インド支配を決定的にした、1767年以来の4回にわたる戦争を何というか。

3 マイソール戦争

□□□
4 イギリスのデカン高原支配を確定した、1775年以来の3回にわたる戦争を何というか。

4 マラーター戦争

□□□
5 イギリスが西北インドを支配下におさめた、1845年以来の2回にわたる戦争を何というか。

5 シク戦争

□□□
6 イギリスがおもに北インドで実施した、領主から徴税する制度とは何か。

6 ザミンダーリー制

□□□
7 **ザミンダーリー制**と同様に、おもに南インドで実施した、農民から徴税する制度とは何か。

解説▶ こうした新制度の導入によりインドの農村共同体は深刻な影響を受けた。伝統的な綿産業も、1810年代にはイギリスへ綿糸を輸出し綿布を輸入する立場に転落した。

7 ライヤットワーリー制

□□□
| 8 | イギリス本国で自由主義の傾向が強まった結果、1813年にはどのような措置が東インド会社にくだされたか。 | 8 | 東インド会社の貿易独占権廃止 |

解説 1833年には東インド会社の商業活動が停止され、会社はインド統治機関となった。

□□□
| 9 | 1857〜59年、東インド会社のインド人傭兵（シパーヒー）がおこした反乱とは何か。 | 9 | インド大反乱 |

□□□
| 10 | イギリスがインド大反乱を鎮圧するなかで、インドの直接統治のために1858年に行った政策をあげよ。 | 10 | 東インド会社解散 |

□□□
| 11 | 擁立されたムガル皇帝は流刑に処されムガル帝国は滅亡した。そののち、1877年に成立したインド帝国の初代皇帝は誰か。 | 11 | ヴィクトリア女王 |

解説 イギリスは、カーストや宗教の別などによって、インドの諸集団を分断して統治（分割統治）した。また全国を直轄領と、内政権を認めた大小多数の藩王国に分けた。

東南アジアの植民地化

□□□
| 1 | オランダが18世紀に滅ぼした、ジャワ中・東部の王国をあげよ。 | 1 | マタラム王国 |

解説 オランダは20世紀初頭にスマトラのアチェ王国を滅ぼした。

□□□
| 2 | 1825〜30年におこった、オランダ支配に対する反乱とは何か。 | 2 | ジャワ戦争 |

□□□
| 3 | オランダが1830年ジャワ島で実施した、サトウキビ・コーヒー・藍などの栽培を強制する経済政策は何か。 | 3 | 強制栽培制度（政府栽培制度） |

□□□
| 4 | 1824年、イギリスとオランダが、マレー半島と諸島部などの勢力圏を定めた協定とは何か。 | 4 | イギリス＝オランダ協定 |

□□□
| 5 | 1786年イギリスが獲得した、マレー半島西方の島はどこか。 | 5 | ペナン |

□□□
| 6 | 1819年、イギリスのラッフルズが買収したマレー半島最南端の島を何というか。 | 6 | シンガポール |

□□□
| 7 | 1824年、イギリスがオランダから獲得した、マレー半島南西岸の港市はどこか。 | 7 | マラッカ |

☐☐☐ **8** 1826年、ペナン、シンガポール、マラッカをあわせて形成されたイギリスの植民地を何と呼ぶか。	8	海峡植民地
☐☐☐ **9** イギリスが1895年にマレー半島南部に形成した植民地を何というか。	9	マレー連合州
☐☐☐ **10** イギリスがマレー連合州で開発したのは、おもに何のプランテーションであったか。	10	ゴム
☐☐☐ **11** マレー半島で産出される、ブリキ食器製造などに利用される金属資源は何か。	11	錫
☐☐☐ **12** 東南アジアでプランテーションの労働に従事した、インドや中国からの移民を何というか。	12	印僑・華人（華僑）
☐☐☐ **13** イギリスが1824年以来の3回の戦争でコンバウン（アラウンパヤー）朝を滅ぼした戦争を何というか。	13	ビルマ戦争
☐☐☐ **14** 1886年、ビルマはどこの国の州として併合されたか。	14	インド帝国
☐☐☐ **15** スペインに支配されていたフィリピンで、19世紀に生産が活発化した商品作物は、サトウキビ・タバコ以外に何か。	15	マニラ麻
☐☐☐ **16** 1802年にピニョーの援助で西山朝を倒して阮朝を建国、のち清朝から越南国王に封ぜられたのは誰か。	16	阮福暎
☐☐☐ **17** 19世紀後半、侵入してきたフランス軍に対し、黒旗軍を率いて抵抗した人物は誰か。	17	劉永福
☐☐☐ **18** フランスが1863年に保護国とした国はどこか。	18	カンボジア
☐☐☐ **19** 1883〜84年のフエ（ユエ）条約によってフランスの保護国となった国はどこか。	19	ベトナム
☐☐☐ **20** ベトナムの宗主権を主張する清とフランスとの、1884〜85年の戦争を何というか。	20	清仏戦争
☐☐☐ **21** 清仏戦争の結果、ベトナムに対するフランスの保護権を清が承認した、1885年の条約は何か。	21	天津条約
☐☐☐ **22** 1887年に成立した、ハノイに総督府をおくフランスの植民地を何というか。	22	フランス領インドシナ連邦

23	1899年に**フランス領インドシナ連邦**に編入された国はどこか。	23	ラオス

タイの情勢

□□□

1	イギリス・フランスの緩衝地帯として、独立を維持したタイの王朝は何か。	1	ラタナコーシン(チャクリ)朝

□□□

2	19世紀後半に即位し、軍事・行政・司法などの分野で、タイの近代化政策を推進した国王は誰か。	2	ラーマ5世(チュラロンコン)

□□□

One step further

19世紀以前と19世紀半ば以降の、東南アジアにおけるヨーロッパ諸国の植民地経営の違いについて、説明せよ。

➡19世紀以前のヨーロッパ諸国の植民地経営は、東南アジアでの香辛料などの(___)が中心だった。19世紀半ば以降は、ヨーロッパ諸国は(___)の拡大をめざし、(_____や_____)の獲得のため植民地経営を強化させた。

貿易/領土/農産物や鉱物資源

---

3 東アジアの激動

清の危機

□□□

1	乾隆帝退位後の1796年、四川から広がった宗教反乱は何か。	1	白蓮教徒の乱

□□□

2	清は貿易港を**広州**一港に限定していたが、その貿易を独占していた特許商人の組合とは何か。	2	行商(公行)(コホン)

□□□

3	広州一港の状況を打破しようと、1793年、乾隆帝に謁見したが、交渉に失敗したイギリス外交官は誰か。	3	マカートニー

☐☐☐ **4**	18世紀末からイギリスが行った、中国の茶を本国へ、本国の綿製品をインドに、インドの**アヘン**を中国に運んだ貿易を何というか。 **解説** アヘンの密貿易により、清からは対価として銀が流出した。当時の税金は銀を基準としていたため、農民にとっては、銀価格の上昇は実質的な増税となった。	**4** 三角貿易
☐☐☐ **5**	アヘン取締りのため広州に派遣され、アヘンの没収・廃棄などの強硬策をとった欽差大臣は誰か。	**5** 林則徐
☐☐☐ **6**	林則徐の強硬策に対し、自由貿易の実現を唱えてイギリスがおこした、**1840〜42年**の侵略戦争を何というか。	**6** アヘン戦争
☐☐☐ **7**	1842年に結ばれた、**アヘン戦争**の講和条約は何か。	**7** 南京条約
☐☐☐ **8**	南京条約によって清はイギリスに賠償金を支払ったうえ、どこを割譲したか。	**8** 香港島
☐☐☐ **9**	南京条約によって行商(公行)が廃止され、長江以南の5港が開港することになったが、その5港のうち、最北の港はどこか。	**9** 上海
☐☐☐ **10**	1843年の五港通商章程で、清が認めたことは何か。	**10** 領事裁判権
☐☐☐ **11**	南京条約の追加条約で、**関税自主権の放棄**や、**片務的最恵国待遇**を定めたものは何か。	**11** 虎門寨追加条約
☐☐☐ **12**	1844年、清がアメリカ・フランスにイギリスと同じような権利を認めた条約をそれぞれ何というか。	**12** 望厦条約・黄埔条約
☐☐☐ **13**	交易上の利益が上がらなかったため、イギリスがフランスと共同出兵して、1856年に開始した戦争は何か。	**13** 第2次アヘン戦争 (アロー戦争)
☐☐☐ **14**	1858年、イギリス・フランス・アメリカ・ロシアが清と締結した条約は何か。	**14** 天津条約
☐☐☐ **15**	天津条約の批准書交換の英仏使節を清軍が攻撃したため、英仏軍は北京を占領した。このとき破壊された離宮は何か。	**15** 円明園

□□□		
16	天津条約を改めて約し、新たな内容も加えて、1860年清とイギリス・フランスが締結した条約は何か。 解説 第2次アヘン戦争における、清と英仏間の調停の代償として締結された。	16 北京条約

□□□		
17	北京条約で清が認めた、従来の外交政策と大きく異なる点は何か。	17 外国使節の北京駐在

□□□		
18	外国使節の北京駐在という事態に対応するため、1861年北京におかれた、初の外交事務官庁は何か。	18 総理各国事務衙門 （総理衙門）

□□□		
19	北京条約でさらに天津を含む11港が開港されたうえ、イギリスに割譲した地域はどこか。	19 九竜半島先端部

□□□		
20	北京条約でアヘン貿易が公認されたが、その他どのようなことが認められたか、2つあげよ。	20 外国人の内地旅行の自由・キリスト教布教の自由

ロシアのアジア進出

□□□		
1	黒竜江（アムール川）以北をロシア領とした、1858年の露清間の国境条約を何というか。	1 アイグン条約

□□□		
2	ウスリー川以東の沿海州をロシア領とした、1860年の露清間の国境条約を何というか。	2 北京条約

□□□		
3	沿海州に建設された、ロシアの太平洋進出の根拠地はどこか。	3 ウラジヴォストーク

□□□		
4	ムスリム反乱を契機にイリ地方に出兵したロシアとの間で、1881年に結ばれた条約は何か。	4 イリ条約

内乱と秩序の再編

□□□		
1	キリスト教の影響を受けた客家出身の洪秀全が、広西省で組織した宗教結社を何というか。 解説 客家とは「よそ者」の意で、移住者のこと。独特の風習を持ち、さまざまな差別を受けていた。	1 上帝会

□□□		
2	洪秀全を指導者に、広西省で挙兵した宗教結社は、1851年、国号を何としたか。	2 太平天国

□□□ 3	太平天国は、1853年に占領して首都とした南京を何と改称したのか。	3	天京 てんけい
□□□ 4	太平天国が廃止・禁止を命じた悪習を2つあげよ。	4	辮髪・纏足 べんぱつ・てんそく
□□□ 5	太平天国が制定した土地・社会制度を何というか。	5	天朝田畝制度 てんちょうでんぽせいど
□□□ 6	太平天国を鎮圧した各地の義勇軍を何というか。	6	郷勇 きょうゆう
□□□ 7	湖南省で湘軍を組織した漢人官僚は誰か。 <small>こ なん　しょうぐん　　　　かんじん</small>	7	曽国藩 そうこくはん
□□□ 8	安徽省で淮軍を組織した漢人官僚は誰か。 <small>あん き　　わいぐん</small>	8	李鴻章 りこうしょう
□□□ 9	太平天国の鎮圧のために組織された、欧米人指揮下の中国人義勇軍とは何か。	9	常勝軍 じょうしょうぐん
□□□ 10	ウォードの死後、この軍隊を指揮して、太平天国鎮圧に活躍したイギリス軍人は誰か。 **解説** イギリスなどのヨーロッパ列強は、太平天国に対し初め好意的中立の立場をとったが、北京条約締結後は清朝支持にまわった。	10	ゴードン
□□□ 11	1860年ころから展開された、**西洋の軍事技術などの導入による富国強兵運動**を何というか。	11	洋務運動 ようむ
□□□ 12	儒学にもとづく制度・伝統を守りつつ、西洋の科学技術を採用する、という洋務運動の主張を何というか。 <small>じゅがく</small> **解説** この運動は西洋科学技術の導入にとどまり、根本的な政治改革は行わなかった。	12	「中体西用」 ちゅうたいせいよう
□□□ 13	太平天国が鎮圧され、洋務運動が展開された当時の、内政・外交の表面的安定期を何と呼ぶか。	13	同治中興 どうちちゅうこう

明治維新と東アジアの変容

□□□ 1	1853年、「黒船」を率いて浦賀に来航した、アメリカの東インド艦隊司令官は誰か。 <small>くろふね　　　　うらが</small>	1	ペリー
□□□ 2	下田・箱館の開港を認め、日本の鎖国政策を終結させた、江戸幕府とアメリカとの**1854年**の条約は何か。 <small>しもだ・はこだて　　　　　　　　さこく</small> <small>え どばくふ</small>	2	日米和親条約 わしん
□□□ 3	開港場の増加、領事裁判権の承認、関税自主権の放棄などの内容を含んだ、1858年の日米間の条約は何か。	3	日米修好通商条約

□□□ 4	1871年に結ばれ、日清間に国交を樹立させた、初の通商条約は何か。	4 日清修好条規
□□□ 5	1868年、江戸幕府を倒して成立した明治政府によって進められた一連の改革を何というか。	5 明治維新
□□□ 6	ドイツ憲法を模範に、1889年に発布された欽定憲法を何というか。	6 大日本帝国憲法
□□□ 7	1890年には日本で何が開設されたか。	7 帝国議会
□□□ 8	明治政府が、17世紀以来の日中両属の形を改め、1879年沖縄県とした国はどこか。	8 琉球
□□□ 9	琉球の漂流民が台湾先住民に殺されたことを口実に、1874年に明治政府がとった軍事行動とは何か。	9 台湾出兵
□□□ 10	全樺太をロシア領、全千島を日本領とすることを定めた、1875年の日露間の国境条約は何か。	10 樺太・千島交換条約
□□□ 11	朝鮮王朝第26代国王高宗の父で、1873年まで摂政として権力を握り、鎖国攘夷政策を推進したのは誰か。	11 大院君
□□□ 12	1875年、朝鮮沿岸で挑発的な演習を行う日本軍艦と朝鮮軍が衝突した事件を何というか。	12 江華島事件
□□□ 13	江華島事件をきっかけに、日本が朝鮮に迫って締結させた不平等条約を何というか。	13 日朝修好条規(江華条約)
□□□ 14	日朝修好条規の内容として、領事裁判権の承認以外のものをあげよ。 解説▶1870年代には、汽船や電信網の発達により、アジア諸国間の貿易が活性化した。アジア域内貿易の発展にともなって、中国から東南アジアなどへの移民も急増した。	14 釜山など3港の開港(プサン)
□□□ 15	日本と結んで朝鮮の自主独立と国政改革をめざす、急進開化派というグループの指導者は誰か。	15 金玉均(キムオッキュン)
□□□ 16	大院君を引退させ、実権を掌握した高宗の王妃一族を何というか。	16 閔氏(ミン)
□□□ 17	1882年に軍人がおこした反乱で、結果として閔氏の一派を清に接近させ、日本の勢力後退を招いたものは何か。	17 壬午軍乱

□□□ 18	1884年、金玉均らは日本の援助で政権を握るが、清の介入で敗れた。この政変とは何か。	18 甲申政変

日清戦争

□□□ 1	1860年ころ、崔済愚が朝鮮の民間信仰に、儒・仏・道3教などを融合して創始した新宗教とは何か。	1 東学
□□□ 2	東学の信徒を中心に、全琫準を指導者として、1894年におきた農民反乱とは何か。	2 甲午農民戦争（東学の乱）
□□□ 3	甲午農民戦争に際して、日清両国が出兵した結果、勃発した戦争は何か。	3 日清戦争
□□□ 4	伊藤博文・陸奥宗光と李鴻章を全権大使として締結された、日清戦争の講和条約は何か。	4 下関条約
□□□ 5	下関条約の第1条で、朝鮮についてはどのようなことが確認されたか。	5 朝鮮が独立自主の国であること
□□□ 6	下関条約で日本に割譲された地域を3つあげよ。	6 遼東半島・台湾・澎湖諸島
□□□ 7	下関条約で日本が獲得し、最恵国待遇で他の列強にも拡大した、清の開港場で認められた権利とは何か。	7 企業設立権
□□□ 8	下関条約に対して、ロシア・ドイツ・フランスが遼東半島の返還を求めた事件を何というか。	8 三国干渉

□□□	**One step further** 19世紀後半に清朝で行われた洋務運動と変法運動の相違点を説明せよ。 ➡洋務運動は（＿＿＿＿）をスローガンとし西欧の（＿＿＿＿）を導入する富国強兵策であり、（＿＿）制度の改変は行われなかった。変法運動は日本やロシアを模範に、満洲族の特権廃止や（＿＿）制を導入して（＿＿＿＿）制をめざした。	中体西用／軍事技術／政治／議会／立憲君主

第15章 | 帝国主義とアジアの民族運動

1 第2次産業革命と帝国主義

第2次産業革命と帝国主義

☐☐☐
1 19世紀後半の第2次産業革命の中心となった工業分野は何か。

1 重化学工業

解説 第1次産業革命が蒸気力と石炭を動力源としたのに対し、第2次産業革命では電力・石油が新たな動力源となった。

☐☐☐
2 同一業種の企業が独立性を保ちながら、生産量・価格・販路などを協定する、市場独占の形態は何か。

2 カルテル

☐☐☐
3 同一業種の企業の吸収・合併を進めることで市場の独占をはかる形態は何か。

3 トラスト

☐☐☐
4 資源供給地・商品市場・資本輸出の対象として重要性を増し、1870年代以降、その争奪が激化した地域とは何か。

4 植民地

☐☐☐
5 1873年ウィーン証券取引所でおこった金融恐慌から、どのような状況が発生したか。

5 世界的な低成長

☐☐☐
6 1880年代以降、列強が植民地を求めてアジアやアフリカに殺到した動きを何というか。

6 帝国主義

解説 各国は国内産業保護のため、自由貿易主義から保護関税政策に転換し、イギリスは「世界の銀行」に変質していった。

帝国主義時代の欧米

☐☐☐
1 ディズレーリ首相が、1875年に株式を買収した会社はどこか。

1 スエズ運河会社

☐☐☐
2 自由党から自由統一党を結成し、植民相として南アフリカ戦争を指導し、保護関税を唱えた政治家は誰か。

2 ジョゼフ=チェンバレン

□□□ 3	20世紀初頭にアイルランドの独立を求めて結成された団体は何か。	3 シン＝フェイン党
□□□ 4	ある法の実施が第一次世界大戦の勃発で延期されたことに反発して、1916年ダブリンでイースター蜂起がおこった。その法とは何か。	4 アイルランド自治法
□□□ 5	イースター蜂起の一方で、イギリスは白人植民者の多い植民地を自治領として間接支配に切り替えた。1867年に自治領とされたのはどこか。	5 カナダ連邦
□□□ 6	流刑植民地であったが、1851年の金鉱発見で開拓が進み、1901年に自治領となったのはどこか。	6 オーストラリア連邦
□□□ 7	1907年に自治領となったイギリス植民地はどこか。	7 ニュージーランド
□□□ 8	1910年に自治領となった、アフリカのイギリス植民地はどこか。	8 南アフリカ連邦
□□□ 9	1884年、ウェッブ夫妻を中心に設立された社会主義団体を何というか。	9 フェビアン協会
□□□ 10	1900年に結成された**労働代表委員会**が、1906年に改称して成立した社会主義政党を何というか。	10 労働党
□□□ 11	小党分立状態の続く第三共和政下のフランスで、1887年に元陸相がおこしたクーデタ未遂事件は何か。	11 ブーランジェ事件
□□□ 12	**ユダヤ系軍人**のスパイ疑惑をめぐり、1894〜99年にかけて、フランスの国論を二分した事件は何か。 解説 この事件の影響で、ヘルツルらによるシオニズム運動がさかんになった。	12 ドレフュス事件
□□□ 13	ドレフュス事件に際し、軍部の持つ反ユダヤ主義を批判した作家は誰か。	13 ゾラ
□□□ 14	国内の混乱をおさめたフランス共和国が、1905年に制定した、カトリックの政治介入を禁止した法は何か。	14 政教分離法
□□□ 15	1888年に皇帝に即位し、90年にビスマルクを辞職に追い込んだのは誰か。	15 ヴィルヘルム2世

☐☐☐ 16	ヴィルヘルム2世は「世界政策」と呼ばれる帝国主義政策を進めるが、その例として、軍事面では何を行ったか。	16 海軍の大拡張
☐☐☐ 17	1875年に結成されたドイツ社会主義労働者党は、1890年の社会主義者鎮圧法の廃止を機に、何と改称したか。 **解説** 第2インターナショナルの中心となり、1912年には議会第一党となった。	17 ドイツ社会民主党
☐☐☐ 18	19世紀末からベルンシュタインらによって主張された、議会主義的な改革を重視する思想を何というか。	18 修正主義
☐☐☐ 19	1898年に結成された、ロシアのマルクス主義政党を何というか。	19 ロシア社会民主労働党
☐☐☐ 20	ロシア社会民主労働党が1903年に分裂した際、党を労働者・農民を基礎とした少数の革命家集団にしようと主張したグループを何と呼ぶか。	20 ボリシェヴィキ
☐☐☐ 21	ボリシェヴィキの指導者は誰か。	21 レーニン
☐☐☐ 22	ボリシェヴィキに対し、プレハーノフらが率い、広く大衆に基礎をおき、中産階級とも妥協した漸進的革命路線を主張したグループを何と呼ぶか。	22 メンシェヴィキ
☐☐☐ 23	1901年末に成立した、ナロードニキの流れをくむ政党は何か。	23 社会革命党(社会主義者・革命家党、エスエル)
☐☐☐ 24	1905年、立憲君主制をめざして結成されたブルジョワ政党は何か。	24 立憲民主党
☐☐☐ 25	1905年革命(第1次ロシア革命)の発端となった、ペテルブルクのデモ隊に対する発砲事件とは何か。	25 血の日曜日事件
☐☐☐ 26	国会(ドゥーマ)開設と憲法制定を約束した、皇帝ニコライ2世の宣言は何か。	26 十月宣言
☐☐☐ 27	シベリア鉄道の建設やポーツマス会議で活躍した、十月宣言の起草者は誰か。	27 ウィッテ
☐☐☐ 28	1906年に首相となり、議会の解散、革命派の弾圧などの反動政治を強行した政治家は誰か。	28 ストルイピン

□□□ 29	ストルイピンの改革の1つで、自作農の育成をはかったものは何か。	29	ミール解体
□□□ 30	アメリカ = スペイン（米西）戦争・ハワイ併合などの帝国主義政策を進めた共和党大統領は誰か。	30	マッキンリー
□□□ 31	マッキンリー以降明確となる、中米の覇権をめざす合衆国の帝国主義政策とは何か。	31	カリブ海政策
□□□ 32	「棍棒外交」と称される、帝国主義政策を進めた共和党大統領は誰か。	32	セオドア = ローズヴェルト
□□□ 33	カリブ海政策の一環として、セオドア = ローズヴェルトが着工したものは何か。	33	パナマ運河
□□□ 34	セオドア = ローズヴェルトが掲げた国内政策で、反トラストや労働者保護をはかった政策を何というか。	34	革新主義

□□□

One step further

列強各国の国内経済状況に注目して、帝国主義政策が進められた要因について、説明せよ。

➡ 1870年代の（＿＿＿＿＿）以降、（＿＿＿）資本と結んだ大企業が市場を独占し（金融資本）、（＿＿＿）供給地や（＿＿＿）としての（＿＿＿＿）獲得を競うようになり、帝国主義政策が進められた。

大不況／銀行／資源／市場／植民地

---

2 列強の世界分割と列強体制の二分化

アフリカの植民地化

□□□ 1	アフリカ奥地に入り、ヴィクトリア瀑布を発見し、ナイル水源を探査したイギリス人宣教師は誰か。	1	リヴィングストン
□□□ 2	リヴィングストンの捜索成功後、ベルギー王の援助を受けてアフリカ奥地を探検したアメリカ人は誰か。	2	スタンリー

□□□			
3	1884〜85年にビスマルクが開催し、アフリカ分割における「先占の原則」を確認した会議は何か。	3	ベルリン会議(ベルリン＝コンゴ会議)

□□□			
4	ベルリン会議の結果、ベルギー王の私領として成立した植民地はどこか。 解説 イギリスは1881年のウラービー運動を鎮圧して、エジプトを事実上の保護国としていた。	4	コンゴ

□□□			
5	ケープ植民地首相として、南アフリカにおけるイギリス帝国主義政策を強力に推進した政治家は誰か。	5	(セシル＝)ローズ

□□□			
6	17世紀以降、ケープ植民地に移住したオランダ人植民者の子孫を何と呼ぶか。	6	ブール人(アフリカーナー)

□□□			
7	ブール人はウィーン会議後、ケープ植民地がイギリス領となると北方へ移住した。彼らが建国した国を2つあげよ。	7	トランスヴァール共和国・オレンジ自由国

□□□			
8	金とダイヤモンドが豊富なトランスヴァール共和国・オレンジ自由国の両国の併合をねらってイギリスがおこした、1899〜1902年の戦争を何というか。	8	南アフリカ戦争

□□□			
9	ケープ・トランスヴァール・オレンジなどの州からなる、1910年に成立したイギリス帝国内の自治領は何か。 解説 1911年以降、アパルトヘイト(人種差別政策)が導入された。	9	南アフリカ連邦

□□□			
10	1881年にフランスが保護国とした国はどこか。 解説 フランスは1830年以降、アルジェリアに進出していた。	10	チュニジア

□□□			
11	サハラ砂漠地域をおさえ、ジブチ・マダガスカルとの連絡をめざした、フランスのアフリカ政策とは何か。	11	アフリカ横断政策

□□□			
12	ケープタウンとカイロを結ぶ、イギリスのアフリカ政策を何と呼ぶか。	12	アフリカ縦断政策

□□□			
13	イギリスとフランスがスーダンで衝突した、1898年の事件とは何か。	13	ファショダ事件

□□□			
14	1904年に成立した英仏協商で、イギリス・フランスが優越権を相互に認めあった地域はそれぞれどこか。	14	エジプト・モロッコ

□□□ 15	1905年と1911年の2度、ドイツとフランスがアフリカのある地域をめぐって対立したが、その事件とは何か。	15 モロッコ事件
	解説 ドイツはフランス領コンゴの一部の獲得を代償に、フランスのモロッコ保護権を認め、1912年にモロッコを保護国とした。	
□□□ 16	1911～12年のイタリア＝トルコ戦争で、イタリアが獲得したトリポリ・キレナイカをあわせて何と呼ぶか。	16 リビア
□□□ 17	1896年、侵入してきたイタリア軍をアドワの戦いで破った国はどこか。	17 エチオピア帝国
□□□ 18	アメリカ植民協会が解放奴隷を入植させ、1847年に独立させた、黒人共和国はどこか。	18 リベリア共和国
	解説 エチオピア帝国とリベリア共和国の2国だけが、19世紀末までのアフリカ分割期に独立を維持した。	

太平洋地域の分割

□□□ 1	クックの探検以来イギリス領となり、そののち流刑植民地となった地域はどこか。	1 オーストラリア
□□□ 2	オーストラリア連邦の先住民を何というか。	2 アボリジニー
□□□ 3	1642年オランダ人タスマンが「発見」し、1840年にイギリス植民地となった地域はどこか。	3 ニュージーランド
□□□ 4	ニュージーランドの先住民を何というか。	4 マオリ人
□□□ 5	西部をオランダ、東北部をドイツ、東南部をイギリスが領有したオーストラリア北方の島はどこか。	5 ニューギニア
□□□ 6	1898年のアメリカ＝スペイン戦争の勝利で、アメリカがスペインから獲得した領土はどこか。	6 フィリピン・グアム島
□□□ 7	1898年、アメリカに併合された太平洋上の島はどこか。	7 ハワイ

ラテンアメリカ諸国の従属

□□□ 1	1889年、ラテンアメリカへの進出をはかる合衆国が主催した、南北アメリカ諸国の代表者会議を何というか。	1 パン＝アメリカ会議

□□□
2 1898年、**アメリカ＝スペイン戦争**の契機となったのは、どこの国の独立運動か。

2 キューバ

解説▶アメリカ合衆国は戦後独立したキューバに、自国の干渉権を規定したプラット条項を認めさせ、事実上の保護国とした。

□□□
3 アメリカ＝スペイン戦争の結果、アメリカ合衆国が獲得したカリブ海の島はどこか。

3 プエルトリコ

□□□
4 アメリカ合衆国が1904年に着工し、14年に完成させた運河は何か。

4 パナマ運河

解説▶アメリカ合衆国は1903年にパナマをコロンビアから独立させ、運河地帯を租借した。

□□□
5 クーデタで独裁権を握るも、1910年の**メキシコ革命**で打倒されたメキシコの大統領は誰か。

5 ディアス

□□□
6 メキシコ革命時の農民軍の指導者で、土地改革を主張するも、1919年に暗殺された人物は誰か。

6 サパタ

解説▶1917年に公布されたメキシコ憲法は、土地改革や社会権などを含む、民主的な憲法であった。

列強体制の二分化

□□□
1 1882年、ドイツ・オーストリア・イタリアの間で結成された軍事同盟は何か。

1 三国同盟

□□□
2 1890年再保障条約更新をドイツが拒否すると、ロシアが翌年～94年に結んだ同盟は何か。

2 露仏同盟

□□□
3 ベルリン・ビザンティウム（イスタンブル）・バグダードを結ぶ、ドイツの帝国主義政策を何というか。

3 3B政策

解説▶ドイツは、バグダードにいたる鉄道（バグダード鉄道）の敷設権を獲得し、イギリスに脅威を与えた。

□□□
4 3B政策に対し、カイロ・ケープタウン・カルカッタを結ぶイギリスの帝国主義政策を何というか。

4 3C政策

□□□
5 伝統的な「光栄ある孤立」政策を放棄し、1902年にイギリスが結んだ同盟とは何か。

5 日英同盟

□□□
6 1904年、イギリスとフランスの間に結ばれた協力関係を何というか。

6 英仏協商

□□□ 7	1907年、イギリスとロシアの間に結ばれた協力関係を何というか。	7	英露協商

解説 イランにおける両国の勢力範囲を定め、アフガニスタンをイギリスの勢力範囲とし、チベットへの不干渉を確認した。

□□□ 8	露仏同盟・英仏協商・英露協商によって成立した、イギリス・フランス・ロシアの対ドイツ包囲（ほうい）の協力関係を何というか。	8	三国協商

□□□

One step further

第一次世界大戦につながるヨーロッパの国際関係について、イギリスとドイツを軸として説明せよ。

➡ドイツが（＿＿＿＿＿＿）更新を拒否すると、ロシアはフランスと（＿＿＿＿＿＿）を結んだ。さらにドイツの台頭に対してイギリスとフランス・ロシアが接近し、（＿＿＿＿＿＿）と（＿＿＿＿＿＿）が結ばれた。こうして成立した三国協商は、ドイツを中心とする（＿＿＿＿＿＿）に対抗した。

再保障条約／露仏同盟／英仏協商／英露協商／三国同盟

---

3 アジア諸国の変革と民族運動

列強の中国進出

□□□ 1	1891年、フランス資本を導入して、ロシアが敷設した鉄道は何か。	1	シベリア鉄道

□□□ 2	三国干渉（だいしょう）の代償として、1896年、ロシアが獲得した利権は何か。	2	東清鉄道（とうしん）敷設権（ふせつけん）

解説 1898年にロシアは遼東半島（りょうとう）南部を租借（そしゃく）し、旅順・大連に港を建設した。

□□□ 3	1898年、ドイツが租借した地域はどこか。	3	膠州湾（こうしゅうわん）

□□□ 4	1898年、イギリスが租借した地域はどこか。	4	威海衛（いかいえい）・九竜半島（きゅうりゅう）（新界）

□□□		
5	1899年、フランスが租借した地域はどこか。	5 広州湾 こうしゅうわん

解説▶列強は、勢力範囲内の諸権利を清朝との条約に定めたが、その効力は限定的であった。

□□□		
6	1899〜1900年に、アメリカの国務長官ジョン＝ヘイが、中国市場への進出をはかって、列国に通告した宣言は何か。	6 門戸開放宣言

□□□		
7	門戸開放宣言にもられた内容を3つあげよ。	7 門戸開放・機会均等・領土保全

□□□		
8	日本の明治維新にならって、中国で立憲君主制の樹立をめざした、19世紀末の政治改革とは何か。	8 戊戌の変法 ぼじゅつ

□□□		
9	戊戌の変法の中心となった公羊学者・政治家は誰か。	9 康有為 こうゆうい

解説▶彼とともに梁啓超もこの運動に参加した。

□□□		
10	康有為らを登用した皇帝は誰か。	10 光緒帝 こうしょてい

□□□		
11	戊戌の変法に反対する保守派がクーデタをおこし、皇帝を幽閉して改革派を弾圧した事件を何というか。	11 戊戌の政変 ぼじゅつ

□□□		
12	戊戌の政変の中心となった、宮廷保守派の実力者は誰か。	12 西太后 せいたいこう

□□□		
13	北京条約でキリスト教の布教が認められて以来、各地で続発したキリスト教排斥運動を何というか。	13 教案(仇教運動) きょうあん

□□□		
14	1898年山東から武装蜂起し、1900年には北京・天津に迫った、白蓮教系の排外的宗教結社を何というか。	14 義和団 ぎわだん

□□□		
15	義和団がかかげた、排外的なスローガンは何か。	15 「扶清滅洋」

解説▶清朝はこの運動を利用し、1900年列強に宣戦布告したため、義和団戦争に発展した。

□□□		
16	義和団に対し、日本とロシアが中心となって行った軍事行動は何か。	16 8カ国共同出兵

□□□		
17	1901年に調印された、義和団戦争の講和条約を何というか。	17 北京議定書(辛丑和約) しんちょう

□□□		
18	北京議定書(辛丑和約)のなかで、莫大な賠償金以外に清が列強に認めた条項は何か。	18 外国軍の北京駐屯権

日露戦争と韓国併合

□□□ 1	義和団戦争後も満洲占領を続け、日本との対立が深まった国はどこか。	1	ロシア
□□□ 2	朝鮮と中国東北地方をめぐる、1904年に始まった日本とロシアの戦争とは何か。	2	日露戦争
□□□ 3	日露戦争に際し、日本を支援した国を2つあげよ。 解説▶これに対しロシアをフランス・ドイツが支援した。	3	イギリス・アメリカ
□□□ 4	日露戦争において、日本がバルチック艦隊を撃破した戦いとは何か。	4	日本海海戦
□□□ 5	日露戦争のさなかにロシアで勃発した事件は何か。	5	1905年革命(第1次ロシア革命)
□□□ 6	アメリカ大統領セオドア゠ローズヴェルトの仲介で、1905年に結ばれた日露戦争の講和条約とは何か。 解説▶この条約で日本は賠償金は得られなかった。そののち、日仏協約・日露協約が結ばれ、アメリカは極東で孤立し、日米対立が強まったため、アメリカ国内では、日系移民の排斥問題がおこった。	6	ポーツマス条約
□□□ 7	ポーツマス条約において、日本が相手国に認めさせた、韓国に対する権利とは何か。	7	韓国に対する日本の指導・監督権
□□□ 8	ポーツマス条約において、日本が相手国の租借権を継承した地域と獲得した地域をそれぞれ答えよ。	8	遼東半島南部・南樺太
□□□ 9	ポーツマス条約において、日本は東清鉄道の支線の利権を獲得し、何という株式会社を設立したか。	9	南満洲鉄道株式会社
□□□ 10	1907年以降、日本がロシアと権益を調整して結んだ協約は何か。	10	日露協約
□□□ 11	ロシアと日本の干渉に対し、朝鮮は独立国としての体裁を整えるため、1897年に国号を何と改めたか。	11	大韓帝国
□□□ 12	日本が韓国への干渉を強化するために、3次にわたり、韓国に強制した取り決めは何か。	12	日韓協約

□□□			
13	韓国の外交を監督するために、第2次日韓協約でソウルに設置された日本政府の代表を何というか。	13	統監

□□□			
14	1907年韓国の高宗が、こうした日本の不当を国際社会に訴えようとした事件とは何か。	14	ハーグ密使事件

□□□			
15	1907年の第3次日韓協約によって、韓国は内政権を奪われ、軍が解散させられた。この結果、より激しくなった民衆の闘争を何というか。	15	義兵闘争

□□□			
16	1909年、ハルビン駅で安重根（アンジュングン）が暗殺した人物は誰か。	16	伊藤博文

□□□			
17	伊藤博文暗殺後、日本は1910年、韓国に対し何を断行したか。	17	韓国併合

□□□			
18	韓国併合の結果、日本はソウルに朝鮮総督府をおき、どのような統治を行ったか。	18	武断政治

□□□			
19	1910年以降、朝鮮総督府によって実施された、土地所有者を確定する政策とは何か。	19	土地調査事業

清の改革と辛亥革命

□□□			
1	義和団戦争後、清朝は光緒新政と呼ばれる改革に着手した。そのうち1905年に行われた改革は何か。	1	科挙の廃止

□□□			
2	光緒新政の改革のうち、1908年に実施した、立憲準備を進めるためのものを2つあげよ。	2	憲法大綱・国会開設の公約

解説▶このほか、西洋式軍隊（新軍）の創設や留学生の派遣などが行われたが、延命をはかった清朝の改革は、かえって革命運動を招く結果となった。

□□□			
3	1894年、清朝打倒のため華人を中心としてハワイで結成された革命結社を何というか。	3	興中会

解説▶華人や民族資本家は反清的な気風を持っていたため、革命運動中心勢力となった。

□□□			
4	興中会を組織した、中国革命の指導者は誰か。	4	孫文

□□□			
5	1905年、孫文を中心に革命勢力が結集して、日本の東京で組織された革命団体を何というか。	5	中国同盟会

□□□ 6	孫文が提唱した中国革命の基本理念を何というか。	6 三民主義
□□□ 7	三民主義の基本理念の3原則は何か。	7 民族の独立・民権の伸張・民生の安定
□□□ 8	1911年、財政再建のために清朝が打ち出した政策は何か。 解説 当時、民族資本家たちは、外国から利権を回収しようという運動を行おうとしていた。	8 幹線鉄道国有化
□□□ 9	幹線鉄道国有化に対しては激しい反対運動がおこるが、最初に暴動が発生した省はどこか。	9 四川省
□□□ 10	四川省の暴動に続いて、革命派が指導する湖北新軍が清朝に対して挙兵した都市はどこか。	10 武昌
□□□ 11	武昌の挙兵に始まり、清朝を打倒した革命を何と呼ぶか。	11 辛亥革命
□□□ 12	1912年、孫文を臨時大総統として南京で建国が宣言された、アジア初の共和国を何というか。	12 中華民国
□□□ 13	革命に対処するため、清朝に起用され、軍・政の全権を付与された北洋軍の実力者は誰か。 解説 彼は、清帝の廃位を条件に、自ら臨時大総統に就任することを孫文に承諾させた。	13 袁世凱
□□□ 14	1912年2月に退位した、清朝最後の皇帝は誰か。	14 宣統帝(溥儀)
□□□ 15	中華民国成立後、孫文らが議会政治の確立をめざしてあらたに組織した政党は何か。	15 国民党
□□□ 16	1913年正式に大総統へ就任した袁世凱は、16年どのような地位に就いたか。	16 皇帝
□□□ 17	辛亥革命を機に、1911年独立を宣言したのはどこか。	17 外モンゴル
□□□ 18	辛亥革命を機に、1913年独立を布告したのはどこか。	18 チベット
□□□ 19	外モンゴルは1924年、ソヴィエト赤軍の援助を得て、何という国として独立を達成したか。	19 モンゴル人民共和国
□□□ 20	モンゴル独立を主導した組織は、1924年何と改称したか。	20 モンゴル人民革命党

インドの民族運動

☐☐☐
1 夫が死ぬと、その妻は夫が焼かれている炎に飛び込み殉死するという、インドの風習は何か。

1 サティー(寡婦殉死)

☐☐☐
2 対英協調的な知識人・地主・商人らを集め、イギリスが1885年に第1回をボンベイで開いた会議は何か。
解説▶国民会議は、その後、政治組織である国民会議派となっていった。

2 インド国民会議

☐☐☐
3 1905年、イギリスがイスラーム・ヒンドゥー両教徒の分離をはかるために発した法令は何か。
解説▶1911年、この法令は撤回された。

3 ベンガル分割令

☐☐☐
4 カルカッタの国民会議を指導した、インド民族運動の指導者は誰か。

4 ティラク

☐☐☐
5 ベンガル分割令に反対して開かれた、1906年のカルカッタの国民会議で決議された4つの反英闘争の活動方針のうち、国産品愛用と自治獲得をそれぞれ何というか。
解説▶残りの2つが、英貨排斥と民族教育である。

5 スワデーシ・スワラージ

☐☐☐
6 イギリスがインド民族運動を分断するため支援した、1906年結成の親英的な政治組織は何か。

6 全インド=ムスリム連盟

東南アジアの民族運動

☐☐☐
1 フランス支配からの解放をめざして、1904年に維新会を結成したベトナム民族運動の指導者は誰か。

1 ファン=ボイ=チャウ

☐☐☐
2 ベトナムの知識人・青年の日本への留学を推進し、フランス支配からの脱却をめざした運動を何というか。
解説▶日露戦争後さかんになったが、日仏協約が結ばれ、留学生は日本から追放された。

2 ドンズー(東遊)運動

☐☐☐
3 1912年、反華人・相互扶助を目的に設立され、のちオランダからの独立運動の中心となっていった、インドネシアの民族運動組織は何か。

3 イスラーム同盟(サレカット=イスラーム)

☐☐☐
4 文筆活動などで、スペインによるフィリピンの植民地統治を批判し、1896年に処刑された人物は誰か。

4 ホセ=リサール

□□□ 5	1896～1902年の革命によって、99年にフィリピン共和国を樹立した人物は誰か。	5 アギナルド
□□□ 6	フィリピン共和国に対し、侵攻して平定し、1902年から植民地統治を開始した国はどこか。	6 アメリカ

西アジアの民族運動

□□□ 1	ヨーロッパ諸国の圧力が強まるなか、イスラーム勢力が連帯して、対抗しようとする考えを何というか。	1 パン＝イスラーム主義
□□□ 2	パン＝イスラーム主義を提唱したのは誰か。	2 アフガーニー
□□□ 3	憲政復活をめざす青年将校ら知識人からなる「青年トルコ人」のうち、とくに19世紀末からパリに拠点をおいて活動した組織を何というか。	3 「統一と進歩団」
□□□ 4	1908年サロニカで始まった青年トルコ革命の結果、スルタンは国会開設と何を約束したか。	4 オスマン帝国憲法復活
□□□ 5	19世紀末、ガージャール朝イランで展開された、外国利権に対する抵抗運動を何というか。	5 タバコ＝ボイコット運動
□□□ 6	タバコ＝ボイコット運動によって民族意識が高揚し、1906年に国民議会が制定された動きを何というか。 解説 しかしこの動きは1911年のイギリス・ロシアの介入で挫折した。	6 イラン立憲革命

□□□

One step further

19世紀末から20世紀初頭のフィリピンとベトナムにおける民族運動の経緯について説明せよ。

➡フィリピンでは19世紀末にフィリピン革命が始まった。一度（＿＿＿＿）が樹立されるが、（＿＿＿＿＿＿）が侵攻し植民地化された。ベトナムでは、（＿＿＿）戦争に刺激を受け（＿＿＿＿＿）運動が開始された。しかし（＿＿＿）協約を結んだ両国により運動は挫折した。

共和国／アメリカ／日露／ドンズー／日仏

第16章 | 第一次世界大戦と世界の変容

1 第一次世界大戦とロシア革命

第一次世界大戦

□□□ 1	ロシアがバルカンへの南下政策に利用した、スラヴ民族の連帯と統一をめざす運動を何というか。	1 パン＝スラヴ主義
□□□ 2	パン＝スラヴ主義と対立した、ドイツ系民族の結集を呼びかけ、大帝国建設をめざす運動を何というか。	2 パン＝ゲルマン主義
□□□ 3	1908年青年トルコ革命がおこると、オスマン帝国から独立した国はどこか。	3 ブルガリア
□□□ 4	青年トルコ革命がおこると、オーストリアが併合した地域はどこか。	4 ボスニア・ヘルツェゴヴィナ
□□□ 5	1912年、ロシアが支援して、セルビア・ブルガリア・モンテネグロ・ギリシアが結成したものは何か。	5 バルカン同盟
□□□ 6	バルカン同盟がイタリア＝トルコ戦争に乗じて、1912年開始した戦争は何か。	6 第1次バルカン戦争
□□□ 7	第1次バルカン戦争後、領土をめぐる争いから、ブルガリアと他国の間で行われた戦争は何か。	7 第2次バルカン戦争
□□□ 8	列強の利害が複雑にからみあい、一触即発の状況におちいった、当時のバルカン半島は何と称されたか。	8 「ヨーロッパの火薬庫」
□□□ 9	1914年6月、オーストリアの帝位継承者夫妻がセルビア人青年に暗殺された事件を何というか。	9 サライェヴォ事件

□□□
| 10 | サライェヴォ事件の結果、オーストリアがどこに宣戦して、第一次世界大戦となったか。 | 10 セルビア |

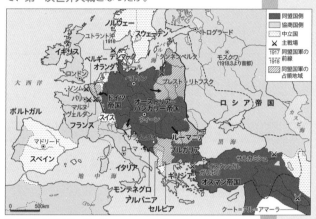

第一次世界大戦中のヨーロッパ

□□□
| 11 | ドイツ・オーストリア、およびのちに加わったオスマン帝国・ブルガリアの４カ国を何というか。 | 11 同盟国 |

□□□
| 12 | イギリス・フランス・ロシア側について参戦した27カ国を何というか。 | 12 協商国（連合国） |

□□□
| 13 | イギリスがドイツに対し参戦した理由は何か。 | 13 ベルギーの中立侵犯 |

解説▶日英同盟にもとづき1914年日本は対独参戦した。

□□□
| 14 | ドイツのヒンデンブルク将軍がロシア軍を撃破した、東部戦線における1914年８月の戦いを何というか。 | 14 タンネンベルクの戦い |

□□□
| 15 | ドイツ軍の進撃をフランスが阻止し、ドイツの短期決戦のもくろみを挫折させた、西部戦線における1914年９月の戦いは何か。 | 15 マルヌの戦い |

□□□
| 16 | 領土問題からオーストリアと対立していたため、三国同盟を離脱して、協商国側で参戦した国はどこか。 | 16 イタリア |

□□□
| 17 | 第一次世界大戦に際して、同盟国・協商国とも機関銃や大砲を装備し、鉄条網を張った陣地にこもって戦った。戦争の長期化をもたらした陣地を何というか。 | 17 塹壕 |

□□□ 18	第一次世界大戦に際して投入された新兵器を3つあげよ。	18 航空機・毒ガス・戦車
□□□ 19	イギリスの海上封鎖に対し、ドイツ軍が、連合国の商船への攻撃におもに使用した兵器は何か。	19 潜水艦
□□□ 20	戦争が長期化し、生産力・経済力のすべてを総動員するために、各国がとった戦時体制を何というか。 解説▶植民地の現地人も動員されたり、食料が配給制になるなど、国民生活への国家の強制力が増大した。	20 総力戦体制
□□□ 21	出征した男性にかわり、女性が国内の労働力としてさまざまな職場に進出したため、大戦期に広がった権利とは何か。	21 女性参政権
□□□ 22	1917年にドイツがとった、交戦水域に入った船舶への無差別・無制限な撃沈作戦を何というか。	22 無制限潜水艦作戦
□□□ 23	無制限潜水艦作戦を理由として、1917年4月に参戦した国はどこか。	23 アメリカ合衆国
□□□ 24	1918年、あいついで降伏した同盟国側の国はどこか。	24 ブルガリア・オスマン帝国・オーストリア
□□□ 25	ドイツの敗戦が濃厚になるなか、1918年11月、出撃命令を拒否した水兵がおこした反乱を何というか。	25 キール軍港の水兵反乱
□□□ 26	キール軍港の水兵反乱を機にドイツ革命がおこり、ドイツ皇帝が亡命して成立した国は何か。	26 ドイツ共和国
□□□ 27	1918年11月11日、ドイツ共和国政府が行った政策は何か。	27 休戦協定の締結

ロシア革命

| □□□ 1 | 1917年3月8日の首都ペトログラードのストライキ・デモから発生した革命を何というか。
解説▶ペテルブルクは、開戦後ドイツ風の名称を嫌ってペトログラードに改称されていた。さらに第一次世界大戦後はレニングラードと改められた。 | 1 ロシア二月革命（三月革命） |

☐☐☐ 2	ロシア二月革命(三月革命)によって退位した、ロマノフ朝最後の皇帝は誰か。	2	ニコライ2世
☐☐☐ 3	帝政崩壊後、立憲民主党を中心に成立したものは何か。	3	臨時政府
☐☐☐ 4	ロシア二月革命(三月革命)の推進力となった、労働者・兵士の代表による評議会を何というか。	4	ソヴィエト
☐☐☐ 5	ロシア国内では、臨時政府とソヴィエトが併存する状況となったが、この状況を何というか。	5	二重権力状態
☐☐☐ 6	臨時政府に入閣し、のち首相として戦争継続を指導した、社会革命党(エスエル)右派の政治家は誰か。	6	ケレンスキー
☐☐☐ 7	1917年亡命先から帰国し、四月テーゼを発表して、全権力のソヴィエト集中を訴えた、ボリシェヴィキの指導者(写真)は誰か。	7	レーニン
☐☐☐ 8	1917年11月、レーニンとトロツキーらが武装蜂起し、社会主義政権を樹立した革命を何と呼ぶか。	8	ロシア十月革命(十一月革命)
☐☐☐ 9	1917年、全ロシア=ソヴィエト会議が採択した、「無併合・無償金・民族自決」の原則にもとづく即時講和を訴える布告は何か。	9	「平和に関する布告」
☐☐☐ 10	「平和に関する布告」と同時に発表された、土地私有制の廃止を宣言したものは何か。	10	「土地に関する布告」
☐☐☐ 11	1917年実施された普通選挙によって、社会革命党が過半数を占めることとなった会議は何か。	11	憲法制定会議
☐☐☐ 12	レーニンは武力で憲法制定会議を閉鎖し、どのような政治を開始したか。	12	ボリシェヴィキの一党支配
☐☐☐ 13	1918年3月、ソヴィエト政権がドイツと結んだ講和条約を何というか。	13	ブレスト=リトフスク条約

□□□		
14	1918年3月、ボリシェヴィキは何と改称したか。	14 ロシア共産党
□□□		
15	1918年3月、首都はどこに移されたか。	15 モスクワ
□□□		
16	1918年4月～1922年末に、協商国がソヴィエト政権打倒のために行った軍事干渉を何というか。	16 対ソ干渉戦争
□□□		
17	チェコスロヴァキア軍団の救出を名目として、日・米・中などが出兵したことを何というか。	17 シベリア出兵
□□□		
18	反革命軍(白軍)・外国干渉軍と戦ったソヴィエト政権の軍隊を何と呼ぶか。	18 赤軍（せきぐん）
□□□		
19	反革命派の取り締まりのため、1917年12月に設置された機関を何と呼ぶか。	19 チェカ(非常委員会)
□□□		
20	「世界革命論」にのっとり、1919年3月にモスクワに創設された組織は何か。	20 コミンテルン(共産主義インターナショナル・第3インターナショナル)
□□□		
21	対ソ干渉戦争や内戦に対抗するため、ソヴィエト政権が強行した1918～21年の経済政策を何というか。	21 戦時共産主義

解説▶全企業の国営化、穀物の強制徴発、食料配給制などを実施したが、生産意欲の喪失と不満から、農工業生産は激減した。

□□□		
22	生産力の回復のため、レーニンの提起で1921年から採用された経済政策を何と呼ぶか。	22 新経済政策(ネップ)

解説▶中小企業の私的営業を許し、余剰生産物の自由販売を認めるなど、一定範囲内で資本主義的な営業を復活させる政策だった。

□□□		
23	1922年12月に成立したソヴィエト社会主義共和国連邦を構成した4つの共和国をあげよ。	23 ロシア・ウクライナ・ベラルーシ・ザカフカース
□□□		
24	1922年、ドイツがソ連を承認した条約は何か。	24 ラパロ条約

解説▶そののち、1924年にはイギリス・イタリア・フランスがソ連を承認した。列強中ではアメリカがもっとも承認が遅く1933年であった。

One step further

第一次世界大戦における総力戦の特徴について説明せよ。

➡各国政府は（＿＿＿＿）体制をつくり、（＿＿＿）工業優先の
産業再編、（＿＿＿）の動員、（＿＿＿）制などを実行し、国民生
活を（＿＿＿）した。さらに各国の（＿＿＿＿）も宗主国の体制に
組みこまれた。

挙国一致／軍需／女性／配給／統制／植民地

2 ヴェルサイユ体制下の欧米諸国

ヴェルサイユ体制とワシントン体制

□□□
1 1919年1月連合国代表によって開かれた、第一次世界大戦の講和会議を何というか。

1 パリ講和会議

□□□
2 パリ講和会議で中心的役割を果たした、アメリカ・イギリス・フランスの首脳はそれぞれ誰か。

解説 オーストリアはサン＝ジェルマン条約、ブルガリアはヌイイ条約、ハンガリーはトリアノン条約を、それぞれ連合国と結んだ。

2 ウィルソン・ロイド＝ジョージ・クレマンソー

□□□
3 ドイツとのヴェルサイユ条約で、フランスに割譲された地域はどこか。

3 アルザス・ロレーヌ

□□□
4 ヴェルサイユ条約で、非武装地域とされたのはどこか。

4 ラインラント

□□□
5 ヴェルサイユ条約で、ドイツに課せられた義務を2つあげよ。

解説 ドイツは海外植民地をすべて失い、南太平洋のドイツ植民地は、日本・オーストラリア・ニュージーランドの委任統治領となった。

5 軍備制限・賠償金支払い

□□□
6 オーストリア＝ハンガリー帝国の解体によって、同地域から独立した国をあげよ。

解説 イラク・トランスヨルダン・パレスチナはイギリスの、シリアはフランスの委任統治領とされた。

6 チェコスロヴァキア・ハンガリー・ユーゴスラヴィア

□□□			
7	1918年、アメリカ大統領ウィルソンが発表した、秘密外交の廃止・民族自決・海洋の自由・植民地問題の公正な解決などを求めたものは何か。	7	「十四カ条」

□□□			
8	「十四カ条」にもとづいて、史上初めて成立した集団的安全保障機構は何か。	8	国際連盟

□□□			
9	国際連盟の本部はどこにおかれたか。	9	ジュネーヴ

□□□			
10	国際連盟の最高議決機関は何か。	10	総会
	解説▶国際労働機関(ILO)・国際司法裁判所(ハーグに常設)が付属機関として設置された。		

□□□			
11	国際連盟の提唱国でありながら、加盟しなかった国はどこか。	11	アメリカ合衆国
	解説▶上院がヴェルサイユ条約の批准を否決した。またドイツやソ連は加盟を当初認められなかった。		

□□□			
12	第一次世界大戦後、ヨーロッパにおいて成立した国際体制を何というか。	12	ヴェルサイユ体制

□□□			
13	1921〜22年、アメリカ大統領ハーディングの提唱で開催された国際会議を何というか。	13	ワシントン会議

□□□			
14	ワシントン会議で締結された、主力艦保有トン数に関する制限条約を何というか。	14	ワシントン海軍軍備制限条約

□□□			
15	ワシントン会議で締結された、中国の主権尊重・領土保全を約束した条約を何というか。	15	九カ国条約

□□□			
16	ワシントン会議で締結された、太平洋の現状維持を求めた日・米・英・仏間の条約を何というか。	16	四カ国条約

□□□			
17	四カ国条約によって解消されたものは何か。	17	日英同盟

□□□			
18	ワシントン会議を中心に形成された、アジア・太平洋地域の国際体制を何というか。	18	ワシントン体制

□□□ 1	1924年以降、ヨーロッパでは国際協調の気運が広がるが、25年にラインラントの非武装化などを確認した集団安全保障条約とは何か。	1 ロカルノ条約
□□□ 2	ロカルノ条約の結果、ドイツは何が承認されたか。	2 国際連盟への加入
□□□ 3	1928年、仏外相ブリアンと米国務長官ケロッグの提唱で、15カ国(のち63カ国)間で結ばれた条約は何か。	3 不戦条約
□□□ 4	21歳以上の男性と、30歳以上の女性に選挙権が拡大された、1918年のイギリスの選挙法改正は第何回か。	4 第4回
□□□ 5	1928年の第5回選挙法改正ではどのような人々に選挙権が与えられたか。	5 21歳以上の男女
□□□ 6	1924年に成立した労働党内閣の首相は誰か。	6 マクドナルド
□□□ 7	1919年にシン=フェイン党が独立宣言を発し、22年イギリスが自治領と認めた国はどこか。	7 アイルランド自由国
□□□ 8	アイルランド自由国が、1937年に完全独立を宣言して改称した国名は何か。	8 エール
□□□ 9	ドイツにおいて、大戦後、軍部と結んで共産党の蜂起(ほうき)を鎮圧した政党は何か。 解説▶1919年の共産党蜂起に際し、ローザ=ルクセンブルクやカール=リープクネヒトが虐殺(ぎゃくさつ)された。	9 社会民主党
□□□ 10	1919年ヴァイマルの国民議会で大統領に選ばれた、社会民主党の指導者は誰か。	10 エーベルト
□□□ 11	1919年に制定された、男女平等の普通選挙や、労働者の権利を認めた憲法とは何か。	11 ヴァイマル憲法
□□□ 12	ヴァイマル憲法の制定後のドイツ共和国を何と呼ぶか。	12 ヴァイマル共和国
□□□ 13	1923〜25年、ドイツの賠償不履行(ふりこう)を理由にフランス・ベルギーが行ったことは何か。	13 ルール占領

14	ルール占領に対しドイツはサボタージュ戦術で対抗するが、その結果ドイツ経済を襲った現象は何か。	**14** インフレーション
15	首相となり、ドイツ経済の立て直しにつとめたのは誰か。	**15** シュトレーゼマン
16	シュトレーゼマンが発行した新紙幣を何というか。	**16** レンテンマルク
17	アメリカ資本のドイツへの貸与と支払い方式・期限の緩和を内容とする、1924年の新賠償方式案は何か。 **解説** アメリカ資本によってドイツは経済を再建し、英・仏に賠償金を支払うという構造が成立した。	**17** ドーズ案
18	賠償金額を358億金マルクに削減し、支払い期間を延長した、1929年成立の新賠償方式案は何か。	**18** ヤング案

アメリカ合衆国の繁栄

1	第一次世界大戦によって、アメリカの国際金融市場における地位はどう変化したか。	**1** 債務国から債権国へ
2	アメリカの国際連盟加盟を阻止した、アメリカ大陸以外への不干渉・不介入を主張する外交的立場は何か。	**2** 孤立主義
3	大戦によって女性の社会進出が進んだアメリカで、1920年女性に認められた権利は何か。	**3** 参政権
4	1921年から政権を握り、自由放任政策と低関税政策を実施したのは何党か。 **解説** この時期の合衆国で、大量生産・大量消費を特徴とする大衆社会が発展することとなった。	**4** 共和党
5	「組み立てライン」方式を導入して、自動車の低価格化に成功した人物は誰か。 **解説** 自動車や家庭用電化製品に象徴されるアメリカ的生活様式が、世界各地に広まることとなった。	**5** フォード
6	当時の大衆文化の例をあげよ。	**6** 映画・ラジオ・ジャズ・スポーツ観戦・演劇など
7	経済的繁栄の一方で、アメリカ社会では保守的な傾向があらわれていた。その傾向を示す法律を2つあげよ。	**7** 禁酒法・移民法

□□□ 8	アメリカ社会の中心的存在であった、白人のエリート層を何というか。	8	ワスプ(WASP)
□□□ 9	1920年代に再び台頭した、白人優越主義を主張する秘密組織は何か。	9	KKK(クー゠クラックス゠クラン)

イタリアのファシズムと東欧諸国の動揺

□□□ 1	議会制民主主義や個人の自由を否定し、強力な国家や指導者のもとに国民生活全体を統制することをめざした暴力的な独裁体制を何と呼ぶか。 解説 イタリアは戦勝国であるが戦後は混乱が続き、北部では労働者が工場を、南部では農民が土地を占拠した。これらの運動の失敗後、ファシズム勢力が拡大した。	1	ファシズム
□□□ 2	1919年に結成され、地主・資本家・軍人層から支持を得た、イタリアのファシズム政党を何というか。	2	ファシスト党
□□□ 3	ファシスト党を結成した、イタリアの独裁者(写真)は誰か。	3	ムッソリーニ
□□□ 4	1922年、ムッソリーニが政権獲得のためにおこした示威行動を何と呼ぶか。	4	「ローマ進軍」
□□□ 5	国王により首相に任命されたムッソリーニが、1926年に開始した政体は何か。	5	一党独裁体制
□□□ 6	1924年、イタリアがユーゴスラヴィアから獲得したアドリア海北岸の地域はどこか。	6	フィウメ
□□□ 7	1926年、イタリアが保護国とした国はどこか。	7	アルバニア
□□□ 8	1929年に結ばれた、イタリア゠ファシズム政権とローマ教皇庁との和約を何というか。	8	ラテラノ(ラテラン)条約
□□□ 9	ラテラノ条約の結果、成立した国家は何か。	9	ヴァチカン市国

□□□			
10	1919年ロシア革命の影響下に、クン(クン＝ベラ)がソヴィエト政権を成立させた事件を何というか。	10	ハンガリー革命

□□□			
11	対ソ戦争を指導し、1926年にはクーデタで実権を握った、ポーランドの政治家は誰か。	11	ピウスツキ

□□□

One step further

第一次世界大戦前後の時期に、ユーラシアの東西で旧来の帝国が解体された。その解体理由とその後成立した政体について説明せよ。

➡ (___)で解体した(___と____)は、ほぼ領土を存続させた共和国・共和国連邦となった。(___)で解体した(____と_____)は、領土を大幅に縮小され、共和国となった。

革命／中国とロシア／敗戦／トルコとオーストリア＝ハンガリー

3　アジア地域の民族運動

日本の進出と東アジアの民族運動

□□□			
1	1915年、日本が袁世凱政府に認めさせた、山東におけるドイツ利権継承などを含む要求を何というか。	1	二十一カ条の要求

□□□			
2	新文化運動の一環で、1917年から展開された、白話(口語)運動を中心とするものを何というか。	2	文学革命

□□□			
3	雑誌『新青年』を刊行して、文学革命の中心となった北京大学教授は誰か。	3	陳独秀

□□□			
4	1917年『新青年』誌上で、白話文学を唱えた北京大学教授は誰か。	4	胡適(こてき)

□□□			
5	文学革命のなかで、マルクス主義研究を進めた北京大学教授は誰か。	5	李大釗

□□□			
6	『狂人日記』『阿Q正伝』などを通じて、白話運動を発展させた文学者は誰か。	6	魯迅

□□□ 7	1919年5月4日、パリ講和会議で二十一カ条要求の取消しや山東の利権返還の中国の要求が退けられたことから発生した民族運動を何というか。	7 五・四運動
□□□ 8	五・四運動の結果、中国政府はパリ講和会議において、どのような行動をとったか。	8 ヴェルサイユ条約調印拒否
□□□ 9	日露戦争後から1920年代にかけて、日本では民主主義的な風潮が強まった。これを何というか。	9 大正デモクラシー
□□□ 10	第一次世界大戦やシベリア出兵などにより、米価が暴騰したため、1918年富山県から発生した全国的騒動は何か。	10 米騒動
□□□ 11	1925年日本で成立した、有権者数を4倍に増加させた法と、社会主義運動を抑圧する法をそれぞれ答えよ。	11 男性普通選挙法・治安維持法
□□□ 12	大戦に参戦した日本が占領したドイツ領を2つあげよ。	12 青島・南洋諸島
□□□ 13	1919年3〜5月に、朝鮮民衆が日本からの独立を求めておこした運動を何と呼ぶか。	13 三・一独立運動
□□□ 14	三・一独立運動の結果、日本政府は従来の武断政治を緩和して、どのような統治に転換したか。	14「文化政治」
□□□ 15	三・一独立運動ののちの1919年4月、李承晩を大統領に上海で成立した政権は何か。	15 大韓民国臨時政府

南京国民政府の成立

□□□ 1	1919年10月、孫文が中華革命党を秘密結社から公開政党として組織した政党を何というか。	1 中国国民党
□□□ 2	1921年コミンテルンの支援によって、陳独秀を委員長として上海で結成された革命政党は何か。	2 中国共産党
□□□ 3	1924年の国民党第1回全国代表大会で決定された、三民主義を発展させた新政策は何か。	3「連ソ・容共・扶助工農」
□□□ 4	1924〜27年の、国民党と共産党との協力体制を何というか。 解説 共産党員が個人の資格で国民党へ入党することが認められたが、逆は認められず、対等な協力関係ではなかった。	4 第1次国共合作

□□□ 5	1925年、上海の中国人労働者の待遇改善要求のストライキから発生した、反日・反英運動を何というか。	5	五・三〇運動
□□□ 6	1925年7月に国民政府がおかれた都市はどこか。	6	広州(広東)
□□□ 7	1925年の孫文の死後、国民革命軍総司令官として軍事権を握った中国国民党右派の指導者は誰か。	7	蔣介石
□□□ 8	1926年、蔣介石が開始した北方軍事勢力制圧のための軍事行動を何というか。	8	北伐
□□□ 9	1927年4月、蔣介石が強行した反共クーデタとは何か。 解説 これにより第1次国共合作は崩壊した。	9	上海クーデタ
□□□ 10	1927年4月、蔣介石が国民党右派を結集して成立させた政府を何というか。 解説 1927年には武漢の国民党左派が合流し、28年に蔣介石が主席となった。	10	南京国民政府
□□□ 11	北伐による国民政府の勢力拡大を防ぐために、日本がおこした軍事行動を何というか。	11	山東出兵
□□□ 12	奉天派の首領で、1928年6月北伐軍に敗れて帰還途中、関東軍に爆殺された(奉天事件)のは誰か。 解説 日露戦争で獲得した遼東半島南部(関東州と呼ぶ)と南満洲鉄道の警備のため設置されたのが関東軍で、のちに独断で軍事行動を拡大していった。	12	張作霖
□□□ 13	父である張作霖の爆殺後、日本に対抗するため蔣介石に従ったのは誰か。 解説 これにより北伐が完成し、国民党による中国統一がひとまず達成された。	13	張学良
□□□ 14	1935年国民政府が行った、通貨を法幣という紙幣に統一する改革を何というか。	14	幣制改革
□□□ 15	1927年に組織された中国共産党の軍を何というか。	15	紅軍

□□□		
16	農村工作に重点をおき、井崗山を根拠地に活動した中国共産党の指導者は誰か。	16 毛沢東

1920〜30年代の中国

□□□		
17	1931年、江西省瑞金を首都に、毛沢東を主席として成立した中国共産党政府を何というか。	17 中華ソヴィエト共和国臨時政府

インド・東南アジアの民族運動

□□□		
1	戦後自治の約束を守らず、イギリスが1919年に制定した、露骨なインド弾圧法を何というか。 解説▶令状なしの逮捕、裁判ぬきの投獄を認めた。	1 ローラット法

□□□		
2	1919年、州行政の一部をインド人に認めた法は何か。	2 1919年インド統治法

□□□		
3	ローラット法に対し、自治獲得をめざす運動を展開した国民会議派の指導者は誰か。	3 ガンディー

□□□		
4	ガンディーが指導した、反イギリス運動の闘争方式は何か。 解説▶彼はこれをサティヤーグラハと呼び、この精神はキング牧師らに受け継がれることとなった。	4 非暴力・不服従(非協力)

□□□		
5	1929年に開催されたラホールでの国民会議で決議された、「完全独立」を意味する運動方針は何か。	5 プールナ゠スワラージ

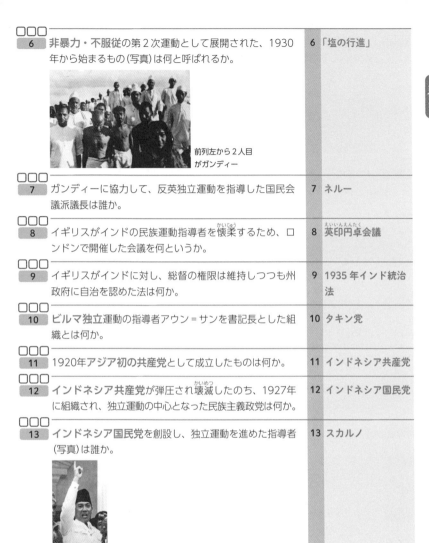

□□□ 6	非暴力・不服従の第2次運動として展開された、1930年から始まるもの(写真)は何と呼ばれるか。	6	「塩の行進」

前列左から2人目がガンディー

□□□ 7	ガンディーに協力して、反英独立運動を指導した国民会議派議長は誰か。	7	ネルー
□□□ 8	イギリスがインドの民族運動指導者を懐柔(かいじゅう)するため、ロンドンで開催した会議を何というか。	8	英印円卓会議(えいいんえんたく)
□□□ 9	イギリスがインドに対し、総督の権限は維持しつつも州政府に自治を認めた法は何か。	9	1935年インド統治法
□□□ 10	ビルマ独立運動の指導者アウン=サンを書記長とした組織とは何か。	10	タキン党
□□□ 11	1920年アジア初の共産党として成立したものは何か。	11	インドネシア共産党
□□□ 12	インドネシア共産党が弾圧され壊滅(かいめつ)したのち、1927年に組織され、独立運動の中心となった民族主義政党は何か。	12	インドネシア国民党
□□□ 13	インドネシア国民党を創設し、独立運動を進めた指導者(写真)は誰か。	13	スカルノ

☐☐☐ 14	1925年ベトナム青年革命同志会を結成した、反仏・反日運動の指導者(写真)は誰か。	14 ホー=チ=ミン
☐☐☐ 15	1930年ホー=チ=ミンを中心に創設された組織を改称、反仏・反日の抵抗・独立闘争の主体となった政党は何か。	15 インドシナ共産党
☐☐☐ 16	1934年、アメリカが10年後の独立を約束した、東南アジアの国はどこか。	16 フィリピン
☐☐☐ 17	フィリピンにおいて、1935年発足した仮政府は何か。	17 フィリピン独立準備政府
☐☐☐ 18	1932年の革命によって、王制から立憲君主制になった国はどこか。	18 タイ

西アジアの民族運動

☐☐☐ 1	トルコ大国民議会を組織して、イズミルに侵入したギリシア軍を撃退、トルコ革命を推進した指導者は誰か。	1 ムスタファ=ケマル
☐☐☐ 2	大国民議会が、ムスタファ=ケマルに贈った尊称は何か。	2 アタテュルク
☐☐☐ 3	1923年に成立したトルコ共和国の首都はどこか。	3 アンカラ
☐☐☐ 4	オスマン帝国が大戦の講和条約として結んだ条約は何か。	4 セーヴル条約
☐☐☐ 5	ムスタファ=ケマルが列強と1923年、あらたに結びなおした条約は何か。	5 ローザンヌ条約
☐☐☐ 6	オスマン帝国の滅亡を意味する1922年の改革は何か。	6 スルタン制廃止
☐☐☐ 7	トルコ共和国において、政教分離が実現することになった、1924年の制度改革は何か。	7 カリフ制廃止

□□□			
8	トルコ革命によって推進された近代化政策を2つあげよ。	8	女性解放・ローマ字の採用

解説▶ただし土地解放は行われず、共和人民党の一党独裁が1945年まで続いた。

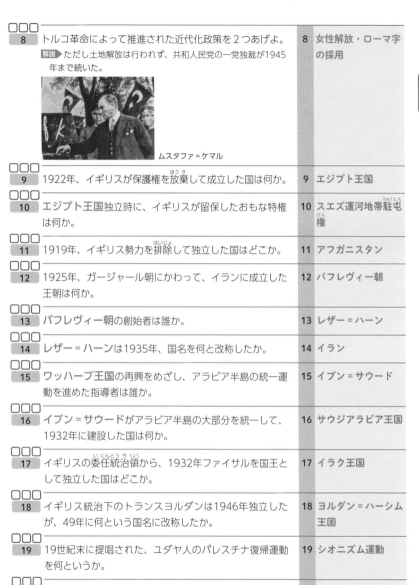

ムスタファ＝ケマル

□□□			
9	1922年、イギリスが保護権を放棄して成立した国は何か。	9	エジプト王国
□□□			
10	エジプト王国独立時に、イギリスが留保したおもな特権は何か。	10	スエズ運河地帯駐屯権
□□□			
11	1919年、イギリス勢力を排除して独立した国はどこか。	11	アフガニスタン
□□□			
12	1925年、ガージャール朝にかわって、イランに成立した王朝は何か。	12	パフレヴィー朝
□□□			
13	パフレヴィー朝の創始者は誰か。	13	レザー＝ハーン
□□□			
14	レザー＝ハーンは1935年、国名を何と改称したか。	14	イラン
□□□			
15	ワッハーブ王国の再興をめざし、アラビア半島の統一運動を進めた指導者は誰か。	15	イブン＝サウード
□□□			
16	イブン＝サウードがアラビア半島の大部分を統一して、1932年に建設した国は何か。	16	サウジアラビア王国
□□□			
17	イギリスの委任統治領から、1932年ファイサルを国王として独立した国はどこか。	17	イラク王国
□□□			
18	イギリス統治下のトランスヨルダンは1946年独立したが、49年に何という国名に改称したか。	18	ヨルダン＝ハーシム王国
□□□			
19	19世紀末に提唱された、ユダヤ人のパレスチナ復帰運動を何というか。	19	シオニズム運動
□□□			
20	1915年にイギリスがアラブ人に対して、トルコからの戦後の独立を約束した協定を何というか。	20	フセイン・マクマホン協定

□□□

21	1916年のイギリス・フランス・ロシアによるトルコ領分割に関する秘密協定とは何か。	21 サイクス・ピコ協定

□□□

22	ユダヤ財閥の資金援助を得るため、1917年イギリス外相がパレスチナにおけるユダヤ人の国家建設の支持を表明した宣言を何というか。	22 バルフォア宣言

□□□

23	イギリスの矛盾した外交によって、ユダヤ人とアラブ人の対立が激化し現在にいたっているが、この問題を何というか。	23 パレスチナ問題

□□□

One step further

イギリスはインドに対し、第一次世界大戦中にどのような政策をとったか、またその結果についても説明せよ。

➡イギリスは戦後の(＿＿＿)を約束して大戦へ協力させた。しかし大戦後(＿＿＿＿＿＿)法を施行して弾圧した。これに対し(＿＿＿＿＿＿)は(＿＿＿＿)運動をはじめ、(＿＿＿＿＿)を含めた民族運動に発展させた。

自治／ローラット／
ガンディー／非協力
／ムスリム

第17章 | 第二次世界大戦と新しい国際秩序の形成

1 世界恐慌とヴェルサイユ体制の破壊

世界恐慌

□□□
1 1929年、**ニューヨーク株式市場**の株価大暴落に始まる、世界最大規模の不況を何というか。
1 世界恐慌

□□□
2 株価大暴落が始まった10月24日のことをとくに何というか。
2 「暗黒の木曜日」

□□□
3 ニューヨーク株式市場がある一角で、アメリカ金融の中心地となっていたのはどこか。
3 ウォール街

解説▶農産物価格の下落による購買力の低下、工業製品の生産過剰、高関税政策による国際貿易の停滞などが恐慌の原因となった。

□□□
4 第1次五カ年計画を実施中のため、世界恐慌の影響をほとんど被らなかったヨーロッパの国はどこか。
4 ソ連

アメリカのニューディール

□□□
1 世界恐慌発生時の共和党出身のアメリカ大統領は誰か。
1 フーヴァー

□□□
2 フーヴァーが発したドイツの賠償や連合国の戦債の支払いを1年間停止するとした宣言を何というか。
2 フーヴァー=モラトリアム

□□□
3 フーヴァーにかわり、恐慌克服のための諸政策を実行した、民主党出身の大統領は誰か。
3 フランクリン=ローズヴェルト

□□□
4 恐慌克服のためにフランクリン=ローズヴェルトが実行した、一連の諸政策を何と呼ぶか。
4 ニューディール

□□□
5 農業生産を制限して農産物価格を安定させ、農民の購買力の回復をはかった、1933年制定の法律は何か。
5 農業調整法（AAA）

□□□ 6	産業の国家統制を強める一方で、労働者の権利を認めて、生産力や購買力の回復をねらった、1933年の法律は何か。 解説 この法はニューディールの主軸をなすものであったが、1935年最高裁から違憲判決を受けた。	6 全国産業復興法（NIRA）
□□□ 7	民間の電力独占を打破して電力供給の増大をはかるとともに、失業者の救済を意図した、公共投資による地域開発事業を何というか。	7 テネシー川流域開発公社(TVA)
□□□ 8	1935年、労働者の団結権・団体交渉権などを保障するために制定された法律を何というか。	8 ワグナー法
□□□ 9	キューバのプラット条項を廃止するなど、南北アメリカの一体化をめざした、フランクリン＝ローズヴェルトの外交政策を何というか。	9 善隣外交
□□□ 10	1933年にアメリカが行った外交政策の転換とは何か。	10 ソ連の承認

ブロック経済

□□□ 1	世界恐慌発生時のイギリスの首相は誰か。	1 マクドナルド
□□□ 2	マクドナルドが緊縮財政を実施するために提案した政策は何か。 解説 これをうけて労働党は彼を除名した。	2 失業保険の削減
□□□ 3	恐慌克服のため、マクドナルドが保守党・自由党と組織した連立内閣を何というか。	3 マクドナルド挙国一致内閣
□□□ 4	国際収支の悪化と短期債務の増大に対処するために、マクドナルド挙国一致内閣がとった経済政策は何か。	4 金本位制離脱
□□□ 5	国王への忠誠を条件に、イギリス連邦の一員として各自治領に本国と対等な地位を認めた、1931年の規定を何というか。	5 ウェストミンスター憲章
□□□ 6	世界恐慌克服のために、1932年に開催されたイギリス連邦経済会議を何というか。	6 オタワ連邦会議
□□□ 7	オタワ連邦会議で採用された、排他的な経済政策は何か。	7 ブロック経済政策

□□□			
8	ブロック経済政策の例として、イギリス・フランス・アメリカが形成したものをそれぞれ何というか。	8	スターリング(ポンド)=ブロック・フラン=ブロック・ドル=ブロック

ナチス=ドイツ

□□□			
1	1919年に結成されたドイツ労働者党が改称、ドイツ=ファシズムの中心となった政党は何か。	1	国民社会主義ドイツ労働者党(ナチ党)
□□□			
2	1921年以降、国民社会主義ドイツ労働者党の党首となった人物は誰か。	2	ヒトラー
□□□			
3	ヒトラーが主張した、人種差別政策は何か。	3	ユダヤ人排斥(はいせき)
□□□			
4	ユダヤ人排斥に反対してドイツから亡命(ぼうめい)した、著名なユダヤ系科学者とドイツ系文学者をあげよ。	4	アインシュタイン・トーマス=マン
□□□			
5	国民社会主義ドイツ労働者党が第一党となったのは何年の選挙か。	5	1932年
	解説▶議会政治に失望した中間層を中心に、共産党の進出におびえる産業界・軍部が支持した。		
□□□			
6	1933年、ヒトラーに組閣(そかく)を命じた大統領は誰か。	6	ヒンデンブルク
□□□			
7	ヒトラーが共産党を解散に追い込む契機とした、1933年2月の事件は何か。	7	国会議事堂放火事件
□□□			
8	1933年3月ヒトラーが議会を通過させ、国民社会主義ドイツ労働者党の一党独裁を可能にした法律は何か。	8	全権委任法
	解説▶以後4年間政府に立法権を委(ゆだ)ねるとした法律。ヒトラーは7月までにナチ党以外の全党を解散させ、一党独裁を樹立した。		
□□□			
9	反対派やユダヤ人弾圧のために組織された、国民社会主義ドイツ労働者党の機関を2つあげよ。	9	秘密警察(ゲシュタポ)・親衛隊(SS)
	解説▶ヒトラーは首相・大統領を兼ねて総統(そうとう)(フューラー)と称した。		
□□□			
10	ナチスは軍需(ぐんじゅ)工業を拡張し、大規模な公共事業を行って失業者を急速に減らした。そうした土木工事の例をあげよ。	10	アウトバーン(自動車専用道路)の建設

スターリン体制

☐☐☐
1 1924年のレーニンの死後、反対派を失脚させ、30年代初頭には事実上の独裁権を握った指導者(写真)は誰か。

1	スターリン

☐☐☐
2 ソ連一国で社会主義建設ができるとした、スターリンの革命理論を何というか。

2	一国社会主義論

☐☐☐
3 世界革命論を主張して、スターリンと対立した指導者は誰か。

3	トロツキー

☐☐☐
4 新経済政策を改め、1928年に採用された本格的な社会主義経済建設のための経済政策を何というか。

4	第1次五カ年計画

☐☐☐
5 第1次五カ年計画によって全国に建設が強制された、集団農場・国営農場をそれぞれ何というか。

5	コルホーズ・ソフホーズ

☐☐☐
6 1933年から実施され、軽工業にも力を入れた経済政策は何か。

6	第2次五カ年計画

☐☐☐
7 1936年に発布された憲法を通常何と呼ぶか。

7	スターリン憲法

満洲事変と日中戦争

☐☐☐
1 大戦後の不況下の日本で、1927年に発生し、台湾銀行の休業や会社の破産などを引きおこした事態とは何か。

1	金融恐慌

☐☐☐
2 1931年9月、日本の関東軍が奉天郊外でおこした南満洲鉄道爆破事件を何というか。

2	柳条湖事件

☐☐☐
3 柳条湖事件を機に本格化した、関東軍による中国東北地方への軍事侵略戦争を何というか。

解説 日本海軍は1932年上海事変をおこした。

3	満洲事変

□□□			
4	日本の軍事行動を調査するために、国際連盟が派遣した調査団を何というか。	4	リットン調査団

□□□			
5	1932年3月、関東軍が既成事実をつくるために中国東北地方に建設した傀儡国家を何というか。	5	満洲国

□□□			
6	満洲国の執政(のち皇帝)となったのは誰か。	6	溥儀

□□□			
7	国際連盟の調査団の報告に不満を持った日本が、1933年3月にとった外交政策は何か。	7	国際連盟脱退

解説▶日本では、1932年に五・一五事件、36年に二・二六事件がおこり、軍国主義体制が強化されていった。

□□□			
8	1934年、共産党が国民党の圧迫を逃れて、瑞金を離れた大移動を何というか。	8	長征

□□□			
9	長征の結果到達し、のち共産党の根拠地となった陝西省の都市はどこか。	9	延安

□□□			
10	1935年、長征途上の中国共産党が、内戦の停止と抗日民族統一戦線の結成を呼びかけた宣言は何か。	10	八・一宣言

□□□			
11	こうした状況に動かされた張学良が、1936年蔣介石を幽閉して内戦停止と抗日を説いた事件を何というか。	11	西安事件

□□□			
12	日中戦争開始直後の1937年9月に成立した、国民党と共産党の協力関係を何と呼ぶか。	12	第2次国共合作

解説▶第1次に比べ、共産党の自立性が高く、対等に近い協力関係であった。

□□□			
13	1937年7月北京郊外で発生、日中戦争のきっかけとなった日本と中国の軍事衝突事件を何というか。	13	盧溝橋事件

□□□			
14	1937年12月、日本の南京占領部隊が捕虜・一般市民の多数を殺害した事件を何というか。	14	南京事件

□□□			
15	日本軍の攻勢を受けた国民政府は、南京から武漢、さらに1938年8月にはどこに遷都したか。	15	重慶

□□□			
16	1940年、日本と結んで南京に国民政府を樹立した国民党左派の政治家は誰か。	16	汪兆銘

ファシズム諸国の攻勢

☐☐☐ **1**	ヒトラーが、**1933年**10月に軍備平等権を主張してとった行動とは何か。	**1**	国際連盟脱退
☐☐☐ **2**	ヴェルサイユ条約にもとづき、住民投票でドイツへ編入された地方はどこか。	**2**	ザール
☐☐☐ **3**	1935年3月、ヒトラーがヴェルサイユ条約を破棄し、徴兵制を復活させるために行った宣言は何か。	**3**	再軍備宣言
☐☐☐ **4**	ドイツに、イギリスの35％の軍艦と45％の潜水艦の保有を認めた協定は何か。	**4**	英独海軍協定
☐☐☐ **5**	1935年の仏ソ相互援助条約を理由に、ドイツがロカルノ条約を一方的に破棄して行った軍事行動は何か。	**5**	ラインラント進駐
☐☐☐ **6**	1935～36年、世界恐慌の影響で経済がいきづまったイタリアがおこした軍事行動とは何か。	**6**	エチオピア侵攻
☐☐☐ **7**	1936年に成立した**日独防共協定**に、翌年イタリアが参加して成立した協定は何か。	**7**	三国防共協定
☐☐☐ **8**	1937年、国際連盟を脱退した国はどこか。	**8**	イタリア
☐☐☐ **9**	1930年代、スターリンの独裁体制下で、それに反対する人々に対して彼は何を行ったか。	**9**	粛清
☐☐☐ **10**	1934年、ソ連が加盟した国際組織は何か。	**10**	国際連盟
☐☐☐ **11**	ファシズムの台頭に対して、1935年コミンテルン第7回大会で正式に認められた左翼勢力の連合を何というか。	**11**	反ファシズム人民戦線
☐☐☐ **12**	1936年、フランスで社会党のブルムを首相に成立した内閣は何か。	**12**	人民戦線内閣
☐☐☐ **13**	1936年、スペインでも人民戦線内閣が成立するが、それに対し、モロッコで反乱をおこした軍人は誰か。 解説▶1939年マドリードが陥落してフランコ軍が勝利し、以後1975年まで彼が独裁権を握っていた。	**13**	フランコ

14	1936年に始まる**スペイン内戦**に際し、イギリス・フランスはどのような政策をとったか。	14 不干渉政策

□□□

| 15 | 政府軍を助けるため、欧米の社会主義者や知識人によって編制された軍隊を何というか。 | 15 国際義勇軍 |

□□□

| 16 | 国際義勇軍として参加した、アメリカとイギリスの文学者をそれぞれあげよ。 | 16 ヘミングウェー・オーウェル |

□□□

| 17 | スペイン内戦の際、ドイツ軍の爆撃を受けた、**バスク**地方の村はどこか。 | 17 ゲルニカ |

□□□

| 18 | ゲルニカの悲報を聞いて、同名の絵(写真)を描き上げた画家は誰か。 | 18 ピカソ |

□□□

One step further

世界恐慌に対して、イギリスとフランスが採用した対策、アメリカ合衆国とドイツが共通して採用した失業者対策、ソ連が採用していた対策をそれぞれ説明せよ。

➡イギリス・フランスは自国の植民地を囲いこむ(_____)政策、アメリカ合衆国とドイツは大規模な(_____)を行った。ソ連は恐慌の前年から(___)経済を開始していた。

ブロック経済/公共事業/計画

---

2 第二次世界大戦

ナチス゠ドイツの侵略と開戦

□□□

| 1 | 1938年3月、ドイツが併合を強行した国はどこか。 | 1 オーストリア |

□□□ 2	1938年9月、ドイツがチェコスロヴァキアに割譲を要求した、ドイツ系住民が多い地域を何というか。	2	ズデーテン地方
□□□ 3	ズデーテン地方の問題を協議するために開催された、イギリス・フランス・ドイツ・イタリアの首脳会談を何というか。	3	ミュンヘン会談
□□□ 4	ミュンヘン会談に出席し、ヒトラーの要求を認めたイギリス首相は誰か。	4	ネヴィル゠チェンバレン
□□□ 5	ヒトラーの不法な侵略要求に譲歩し、結果的にヒトラーを増長させることになった外交政策を何と呼ぶか。	5	宥和政策
□□□ 6	1939年3月、ミュンヘン会談の合意に反して、ドイツが実施した侵略政策は何か。	6	チェコスロヴァキア解体
□□□ 7	ドイツがポーランドに割譲を要求したのはどこか。	7	ダンツィヒ・ポーランド回廊
□□□ 8	1939年8月、ドイツとソ連が結んだ条約は何か。	8	独ソ不可侵条約
□□□ 9	1939年、ドイツがある国に侵攻したため、イギリス・フランスがドイツに宣戦して第二次世界大戦となった。ドイツが侵攻した、ある国とはどこか。	9	ポーランド
□□□ 10	ドイツ侵攻に続き、ポーランドに侵攻した国はどこか。	10	ソ連
□□□ 11	1939年11月、ソ連が国境地帯の軍事基地を獲得するために宣戦した国はどこか。	11	フィンランド
□□□ 12	フィンランドとの開戦の結果、国際連盟がソ連に対して下した措置は何か。	12	ソ連を除名
□□□ 13	1940年8月、ソ連が併合した国はどこか。	13	バルト3国(エストニア・ラトヴィア・リトアニア)
□□□ 14	1940年4月、ドイツが侵攻した中立国はどこか。	14	デンマーク・ノルウェー
□□□ 15	1940年5月、永世中立規約を破ってドイツが侵攻した国はどこか。	15	オランダ・ベルギー

□□□ 16	1940年6月、ドイツ軍が占領したフランスの都市はどこか。	16	パリ
□□□ 17	パリ占領の直前にドイツ側で参戦した国はどこか。	17	イタリア
□□□ 18	パリ占領後に成立した、対独降伏内閣の首班は誰か。	18	ペタン
□□□ 19	ペタンの政府がおかれた、フランス中部の町はどこか。	19	ヴィシー
□□□ 20	フランスの対独降伏に反対してロンドンに亡命、対独抗戦を呼びかけた軍人は誰か。	20	ド=ゴール
□□□ 21	ド=ゴールがロンドンに組織した亡命政府を何というか。	21	自由フランス政府
□□□ 22	ファシズム占領地域におこった、一般市民を基礎とした抵抗運動を何というか。	22	レジスタンス
□□□ 23	フランスの降伏後、アメリカはそれまでの中立法を改め、何という法を制定したか。	23	武器貸与法
□□□ 24	1940年5月、チェンバレンにかわってイギリス首相となり、対独抗戦を指導した保守党の政治家は誰か。	24	チャーチル
□□□ 25	1941年4月以降、ドイツがイタリアを支援して、電撃戦で占領を進めた地域はどこか。	25	バルカン半島
□□□ 26	ドイツのバルカン侵攻に不安を持ったソ連が、1941年4月に日本と結んだ条約は何か。	26	日ソ中立条約

独ソ戦

□□□ 1	1941年6月、ドイツの一方的な奇襲攻撃で始められた戦争を何と呼ぶか。	1	独ソ戦

解説 ドイツとともに、イタリア・ハンガリー・ルーマニア・フィンランドがソ連領内に侵入した。ソ連はイギリスと同盟を結び、アメリカ・イギリスとの協調のためコミンテルンを解散した。

□□□ 2	1933年以降、ナチスが反対する勢力を収容した施設を何というか。	2	強制収容所
□□□ 3	強制収容所の1つで、おもにユダヤ人を迫害するためにポーランドに設けたものはどこにあるか。	3	アウシュヴィッツ

太平洋戦争

□□□ 1	1940年9月、連合国による援蔣ルートを遮断するため、日本が進駐した地域はどこか。	1	フランス領インドシナ北部
□□□ 2	1940年9月、三国防共協定を発展させて結成された軍事同盟は何か。	2	日独伊三国同盟
□□□ 3	1941年に結ばれた、相互不可侵を定める、日本とソ連間の条約とは何か。	3	日ソ中立条約
□□□ 4	日米開戦を回避するため、1941年から行われていたものは何か。	4	日米交渉
□□□ 5	1941年12月8日、日本陸軍が上陸を開始した地域はどこか。	5	イギリス領マレー半島
□□□ 6	1941年12月8日、日本海軍が攻撃したアメリカ軍基地はどこか。	6	ハワイの真珠湾（パールハーバー）
□□□ 7	日本がアメリカ・イギリスに宣戦して始まったこの戦争を何というか。	7	太平洋戦争
□□□ 8	日本の宣戦とともに、アメリカに宣戦した国はどこか。	8	ドイツ・イタリア
□□□ 9	開戦後の半年間で、日本が東南アジアで占領した地域はどこか。	9	マレー半島・フィリピン・シンガポール・オランダ領東インド（ジャワ・スマトラ）・ビルマ
□□□ 10	日本を盟主とした、東アジアの政治・経済・軍事ブロックの形成を唱えた戦略構想を何というか。 解説▶日本はフィリピン・ビルマに親日政権を樹立させ、インドシナ・タイにも日本への協力を強要した。	10	「大東亜共栄圏」
□□□ 11	朝鮮に対する皇民化政策の一環として実施された、朝鮮名を日本名に改めさせた政策を何というか。	11	創氏改名

枢軸諸国の敗北

□□□			
1	連合国に対して、日独伊三国同盟側に加わった国々を何と呼ぶか。	1	枢軸国

□□□			
2	ドイツ軍が壊滅し、独ソ戦の転機となった1942〜43年の戦いを何というか。	2	スターリングラードの戦い

□□□			
3	北アフリカに上陸した連合軍が、1943年7月ムッソリーニ政権打倒のために占領したのはどこか。	3	シチリア島

□□□			
4	1943年9月、ムッソリーニにかわったバドリオ政府は、何を申し出たか。	4	無条件降伏

□□□			
5	1941年8月、ローズヴェルトとチャーチルが大西洋上の艦船で会談した結果発表された共同宣言で、戦後構想の原則となったものは何か。	5	大西洋憲章

□□□			
6	1943年11月のローズヴェルト・チャーチル・蔣介石の会談で発表された、対日処理方針を何というか。	6	カイロ宣言

□□□			
7	1943年11〜12月、ローズヴェルト・チャーチル・スターリンが第二戦線問題について協議した会談は何か。	7	テヘラン会談

□□□			
8	テヘラン会談にもとづいて、1944年6月にアイゼンハワー指揮下の連合軍が上陸したのはどこか。 解説▶1944年8月には、ドイツ軍が撤退しパリが解放された。	8	ノルマンディー

□□□			
9	1945年2月、ローズヴェルト・チャーチル・スターリンがドイツ処理の大綱、秘密条項としてソ連の対日参戦などを決めたクリミア半島での会談は何か。	9	ヤルタ会談

□□□			
10	1945年5月、ソ連軍によって陥落されたドイツの都市はどこか。 解説▶陥落直前にヒトラーは自殺し、ドイツは無条件降伏した。	10	ベルリン

□□□			
11	1942年6月、日本軍が太平洋地域で大敗し、戦争の主導権を失った戦いを何というか。	11	ミッドウェー海戦

□□□			
12	1944年7月、マリアナ諸島のある島を陥落したことで、アメリカ軍による日本本土への空襲が可能になった。その島とはどこか。	12	サイパン

□□□			
13	1945年4月、アメリカ軍が上陸したのはどこか。	13	沖縄本島

□□□			
14	1945年7〜8月、トルーマン・チャーチル（途中でアトリーと交替）・スターリンがドイツ管理問題や戦後日本の管理方針を協議した会談を何というか。	14	ポツダム会談

解説▶ 会談中、アメリカ・イギリス・中国の名で、日本に無条件降伏を求めるポツダム宣言が発表された。

□□□			
15	核分裂を利用した大量破壊兵器で、アメリカが日本に対して使用したものは何か。	15	原子爆弾

□□□			
16	原子爆弾をアメリカが1945年8月6日、投下した都市はどこか。	16	広島

□□□			
17	ヤルタ協定にもとづいて、1945年8月8日に日本に宣戦した国はどこか。	17	ソ連

解説▶ 戦後、ソ連は約60万の日本人をシベリアなどに抑留した。

□□□			
18	1945年8月9日、アメリカの原爆投下を受け、7万人以上（1950年7月時点）の死者を出した都市はどこか。	18	長崎

□□□			
19	日本がポツダム宣言受諾を国民に明らかにしたのはいつか。	19	1945年8月15日

□□□

One step further
連合国のドイツと日本に対する占領方式の違いについて説明せよ。

➡ 政府の崩壊したドイツは、（＿＿による＿＿）占領で（＿＿）統治された。政府が存続した日本は事実上（＿＿＿＿）の単独占領で、（＿＿＿＿）による（＿＿）統治方式だった。

4国による分割／直接／アメリカ／GHQ／間接

3 新しい国際秩序の形成

戦後国際秩序の形成

□□□			
1	1945年4〜6月、50カ国が参加して国際連合憲章を採択した国際会議を何というか。	1	サンフランシスコ会議

□□□		
2	国際連合憲章が発効し、1945年10月、原加盟国51カ国で発足した組織は何か。	2 国際連合

□□□		
3	国際連合の全構成国が平等に参加し、多数決で決議を行う機関は何か。	3 総会

□□□		
4	総会に優越する、アメリカ・イギリス・フランス・ソ連・中国の5常任理事国と非常任理事国からなる機関は何か。	4 安全保障理事会

□□□		
5	5常任理事国に与えられた、特別な権利は何か。	5 拒否権

□□□		
6	1944年のブレトン=ウッズ会議で設立が合意された国際機関のうち、加盟国の復興と開発を援助することを目的としたものは何か。	6 国際復興開発銀行(IBRD、世界銀行)

□□□		
7	国際復興開発銀行(IBRD、世界銀行)と同様の機関で、外国為替相場の安定をはかることを目的としたものは何か。	7 国際通貨基金(IMF)

□□□		
8	1947年に成立した、貿易障壁を除去して、国際貿易を推進するための協定は何か。	8 「関税と貿易に関する一般協定(GATT〈ガット〉)」

□□□		
9	国際連合で、教育・科学・文化などに関連した活動を行う専門機関は何か。	9 ユネスコ(国際連合教育科学文化機関、UNESCO)

□□□		
10	国際連盟から引き継がれた国際連合で、労働問題解決のための活動を行う専門機関は何か。	10 国際労働機関(ILO)

□□□		
11	国際的保健事業を行う、国連の専門機関は何か。	11 世界保健機関(WHO)

□□□		
12	1948年に採択され、すべての人間の自由と平等をうたった決議は何か。	12 世界人権宣言

□□□		
13	ナチス=ドイツの指導者の戦争犯罪を裁くために行われた国際裁判とは何か。	13 ニュルンベルク裁判

□□□		
14	1947年、旧枢軸国と連合国間で結ばれた講和条約は何か。	14 パリ講和条約

□□□		
15	敗戦後のドイツ及びベルリンを、分割占領・共同管理した4カ国はどこか。	15 アメリカ・イギリス・フランス・ソ連

□□□		
16	ドイツと同様、4カ国によって共同管理された国はどこか。	**16** オーストリア
□□□		
17	連合国が日本の戦争犯罪を裁くために行った裁判は何か。	**17** 東京裁判(極東国際軍事裁判)
□□□		
18	実質的なアメリカの占領下で実施された日本の民主改革のうち、旧日本軍と土地に関するものをそれぞれあげよ。	**18** 軍隊の解散・農地改革
□□□		
19	主権在民・戦争放棄(ほうき)・基本的人権の尊重を三大原則とし、1946年に公布された日本の新憲法を何というか。	**19** 日本国憲法
□□□		
20	1945年チャーチルにかわってイギリス首相となった、労働党アトリーの推進した代表的政策は何か。	**20** 重要産業国有化
□□□		
21	アトリーは社会福祉制度の充実をはかったが、それを象徴する標語は何か。	**21** 「ゆりかごから墓場まで」
□□□		
22	1946年10月、新憲法が成立して発足したフランスの政治体制を何というか。	**22** 第四共和政
□□□		
23	1946年、国民投票の結果、イタリアは王政を廃止し、どのような政体へ移行したか。	**23** 共和政

解説▶ フランスやイタリアでは、大戦中レジスタンスの中心として活躍したため、共産党が政権に参加するようになった。

米ソ冷戦の始まり

□□□		
1	第二次世界大戦後、米ソ両陣営間の直接衝突(しょうとつ)にはいたらないが、厳しい緊張関係が続いた状態を何というか。	**1** 「冷戦(れいせん)」
□□□		
2	「冷戦」の事態を象徴する、1946年イギリス前首相のチャーチルがアメリカのフルトンで用いた表現とは何か。	**2** 「鉄のカーテン」
□□□		
3	ソ連の勢力拡大を防ぐことを目的とした、アメリカのトルーマン政権の外交基本政策を何というか。	**3** 封(ふう)じ込め政策
□□□		
4	1947年3月、トルーマンが共産主義の進出を防ぐため、ギリシア・トルコへの援助を声明した宣言は何か。	**4** トルーマン=ドクトリン
□□□		
5	1947年6月に発表された、アメリカの援助によるヨーロッパの経済復興計画を何というか。	**5** マーシャル=プラン(ヨーロッパ経済復興援助計画)

□□□		
6	マーシャル＝プランに対抗して、1947年9月に結成された各国共産党の情報交換機関を何というか。	6 コミンフォルム（共産党情報局）
7	大戦後、東欧各国の共産党が成立させた政治体制・理念を何というか。	7 人民民主主義
8	1948年2月、マーシャル＝プランをめぐる対立からクーデタがおき、共産党が実権を握った国はどこか。	8 チェコスロヴァキア
9	大戦末期にティトーを指導者としたパルチザン闘争によって、自力解放に成功していた国はどこか。 解説▶この国は1948年コミンフォルムから除名された。	9 ユーゴスラヴィア
10	チェコスロヴァキアのクーデタに危機感を持った、イギリス・フランス・ベルギー・オランダ・ルクセンブルクの間で1948年3月に結ばれた相互防衛条約は何か。	10 西ヨーロッパ連合条約（ブリュッセル条約）
11	1948年6月、アメリカ・イギリス・フランスのドイツ西側管理地区で実施された経済改革は何か。	11 通貨改革
12	通貨改革に対する反発から、ソ連が西側管理地区と西ベルリンとの交通を遮断した事件を何と呼ぶか。	12 ベルリン封鎖
13	1949年5月、ボンを首都として、ドイツ西側管理地区に成立した国を何というか。	13 ドイツ連邦共和国（西ドイツ）
14	1949年10月、東ベルリンを首都として、ソ連管理地区に成立した国を何というか。	14 ドイツ民主共和国（東ドイツ）
15	西側に属することを明確にし、奇跡的な経済復興に成功したキリスト教民主同盟党首・西独首相は誰か。	15 アデナウアー

中華人民共和国の成立

□□□		
1	中国で大戦末期から再燃していた、国民党と共産党の内戦をへて、1949年10月1日成立した社会主義国家とは何か。	1 中華人民共和国

□□□ 2	中華人民共和国において主席（左写真）及び首相（右写真）に就任した人物をそれぞれあげよ。	2 毛沢東・周恩来
□□□ 3	内戦に敗れ、1949年台湾に逃れて**中華民国政府**を維持した人物は誰か。 解説▶中華人民共和国は、1949年にソ連・東欧諸国・インド、50年にイギリスから承認された。	3 蔣介石
□□□ 4	1947年台湾でおこった、民衆の抗議運動とは何か。	4 二・二八事件
□□□ 5	1950年、モスクワで調印された中国とソ連との軍事同盟条約を何というか。 解説▶建国当初の中華人民共和国は、一党独裁体制ではなかったが、この条約締結後、急速な社会主義化が進んだ。	5 中ソ友好同盟相互援助条約
□□□ 6	農業の集団化と工業の社会主義化を推進するために、中国が1953年から開始した政策を何というか。 解説▶すでに1950年の土地改革法によって、地主の土地は農民に分配されていた。	6 第1次五カ年計画

朝鮮戦争と東アジア

□□□ 1	1948年8月、アメリカ占領地域に成立した国は何か。	1 大韓民国（韓国）
□□□ 2	大韓民国の初代大統領は誰か。	2 李承晩
□□□ 3	1948年9月、ソ連占領地域に成立した国は何か。	3 朝鮮民主主義人民共和国（北朝鮮）
□□□ 4	朝鮮民主主義人民共和国の初代首相は誰か。	4 金日成
□□□ 5	1950年6月、朝鮮民主主義人民共和国（北朝鮮）軍の北緯38度線をこえる侵攻から始まった戦争を何というか。	5 朝鮮戦争

□□□			
6	北朝鮮の行動を侵略行為と断定した国際連合安全保障理事会が、韓国を支援するためにとった行動は何か。 **解説** このときソ連は中国の代表権問題で欠席していたため拒否権は発動されず、アメリカ軍を主体とした国連軍が組織された。	6	国連軍出動

□□□			
7	北緯38度線をこえて中国国境まで追撃した国連軍に対して、中国側はどのような行動をとったか。	7	義勇軍派遣

□□□			
8	1953年、北緯38度線を停戦ラインとする**休戦協定**が結ばれた場所はどこか。	8	板門店(はんもんてん)

□□□			
9	朝鮮戦争勃発で対日政策を変更したアメリカが、1950年発足させた自衛隊の前身組織とは何か。	9	警察予備隊

□□□			
10	1951年9月に開かれた、第二次世界大戦の対日講和会議を何というか。 **解説** 日本はソ連・東欧諸国・中国・インド・ビルマを除く48カ国とサンフランシスコ平和条約を締結した。これにより、日本は主権を回復し、朝鮮・台湾・南樺太・千島を正式に放棄した。	10	サンフランシスコ講和会議

□□□			
11	平和条約と同時に結ばれた、アメリカが事実上、日本の防衛を引き受け、アメリカ軍の日本駐留などを定めた条約は何か。	11	日米安全保障条約

□□□			
12	第二次世界大戦後、朝鮮半島を分割占拠したソ連とアメリカとの暫定的な境界線はどこに設けられたか。	12	北緯38度線

東南アジアの独立

□□□			
1	日本占領下で激しい抗日運動を展開し、1946年7月にアメリカの支援で独立した国はどこか。	1	フィリピン共和国

□□□			
2	1945年8月、**インドネシア共和国**の独立を宣言した初代大統領は誰か。	2	スカルノ

□□□			
3	**ベトナム独立同盟会**(ベトミン)を組織し、抗日運動を展開した指導者は誰か。	3	ホー=チ=ミン

□□□			
4	ホー=チ=ミンを中心とし、1945年9月独立を宣言した国は何か。	4	ベトナム民主共和国

☐☐☐ 5	ベトナム民主共和国の独立を認めない、旧宗主国フランスとの間で勃発した戦争を何というか。	5 インドシナ戦争
☐☐☐ 6	1949年、フランスが阮朝最後の王バオダイを主席として、南ベトナムに発足させた国を何というか。	6 ベトナム国
☐☐☐ 7	1954年5月フランスが大敗し、戦争の趨勢が決定的になった戦いがおきたベトナム北西部の町はどこか。	7 ディエンビエンフー
☐☐☐ 8	1954年7月、暫定的軍事境界線を定め、南北統一選挙の実施を約束したインドシナ戦争の休戦協定は何か。	8 ジュネーヴ休戦協定
☐☐☐ 9	ジュネーヴ休戦協定のなかで、暫定的軍事境界線とされたのはどこか。	9 北緯17度線
☐☐☐ 10	1948年1月、イギリス連邦から離脱して完全独立が認められたインドシナ半島の国はどこか。	10 ビルマ
☐☐☐ 11	1953年シハヌークのもとで、フランスからの独立を達成した国はどこか。	11 カンボジア
☐☐☐ 12	1957年8月、イギリス連邦内の自治領として独立したマレー半島の国を何というか。	12 マラヤ連邦
☐☐☐ 13	マラヤ連邦は1963年英領ボルネオと合体して、何と改称したか。	13 マレーシア
☐☐☐ 14	1965年、マレーシアから離脱し、独立国となった国はどこか。	14 シンガポール

南アジアの独立

☐☐☐ 1	統一インドを主張したが実現せず、1948年急進的ヒンドゥー教徒に暗殺されたインド独立運動の指導者は誰か。	1 ガンディー
☐☐☐ 2	ガンディーに対し、パキスタンの分離・独立を求めたジンナーの率いる組織とは何か。 解説 1947年のインド独立法で、ヒンドゥー教徒主体のインド連邦と、イスラーム教徒主体のパキスタン共和国にわかれて独立した。	2 全インド＝ムスリム連盟
☐☐☐ 3	インド連邦の初代首相となったのは誰か。	3 ネルー

□□□			
4	1948年2月、イギリス連邦内の自治領として独立した南アジアの国はどこか。	4	スリランカ(セイロン)

中東の動向

□□□			
1	1951年、イランのモサッデグ首相が行った政策は何か。	1	石油国有化

□□□			
2	石油国有化によりイギリスとの関係が悪化したため、1953年クーデターをおこし、親英米路線に転じた国王は誰か。	2	パフレヴィー2世

□□□			
3	1945年、エジプトなどアラブ7カ国がアラブの統一行動を促進するため結成した組織を何というか。	3	アラブ連盟(アラブ諸国連盟)

□□□			
4	1947年に国連で採択されたパレスチナ分割案にもとづき、1948年5月に建設されたユダヤ人国家は何か。	4	イスラエル

□□□			
5	イスラエルを認めないアラブ諸国連盟との間に勃発した、1948年5月〜49年2月の戦争を何というか。	5	パレスチナ戦争(第1次中東戦争)

□□□			
6	パレスチナ戦争(第1次中東戦争)でパレスチナを追放され難民となった、75万人以上のアラブ人を何というか。	6	パレスチナ難民(パレスチナ人)

□□□

One step further

朝鮮戦争が中国・台湾・日本の政治に与えた影響を説明せよ。

➡中国ではアメリカへの対決上、急速に(_____)国家建設が行われた。台湾は西側陣営となり、(_____)の一党独裁体制が確立した。日本は西側陣営として(___)を回復した。

社会主義/国民党/独立

第18章 | 冷戦と 第三世界の台頭

1 | 冷戦の展開

軍事同盟の広がり

□□□
1 西ヨーロッパ連合条約（ブリュッセル条約）の５カ国にアメリカ・カナダなどを加えた12カ国で、**1949年４月に**結成した集団安全保障の軍事機構は何か。

1 北大西洋条約機構（ナトー）（NATO）

□□□
2 1949年１月、ソ連と東欧６カ国で創設された経済相互援助会議を何と呼ぶか。

2 コメコン（COMECON）

□□□
3 ソ連を中心とする東欧８カ国が北大西洋条約機構（NATO）に対抗して、1955年に結成した軍事同盟を何というか。

3 ワルシャワ条約機構（東ヨーロッパ相互援助条約）

□□□
4 1951年、アメリカ・オーストラリア・ニュージーランドの間で結ばれた、集団防衛条約を何というか。

4 太平洋安全保障条約（アンザス）（ANZUS）

□□□
5 1954年、ANZUS諸国・イギリス・フランス・フィリピン・タイ・パキスタンで結成された反共軍事同盟を何というか。

解説▶アメリカは、米州機構（OAS）、米比相互防衛条約、米韓相互防衛条約などを結び、対共産主義の同盟網を成立させた。

5 東南アジア条約機構（シアトー）（SEATO）

□□□
6 1955年、イギリス・パキスタン・イラン・イラク・トルコで結成した反共軍事同盟を何というか。

解説▶イラク革命で1959年イラクが脱退し、中央条約機構（セントー）（CENTO）と改称した。

6 バグダード条約機構（中東条約機構、METO）

□□□
7 原子爆弾や水素爆弾などを総称して何というか。

解説▶1949年ソ連、52年イギリス、60年フランス、64年中国、74年インド、98年パキスタンが原子爆弾の実験に成功した。

7 核兵器

□□□			
8	アメリカが1946年以来核実験を行っていた、太平洋マーシャル群島の環礁はどこか。	8	ビキニ環礁

□□□			
9	1954年の第五福竜丸事件以降、原水爆禁止運動が広まるなか、57年にカナダで開かれた大会とは何か。	9	パグウォッシュ会議

□□□			
10	1950年代前半、合衆国で高まった反共活動を、上院議員の名にちなんで、何というか。	10	マッカーシズム

□□□			
11	1953年、トルーマンにかわりアメリカ大統領となった、共和党出身の政治家は誰か。	11	アイゼンハワー

解説 アイゼンハワーは、軍部・民間企業・大学・政治家が結合して生まれた「軍産複合体」の拡大に対し、警戒を呼びかけた。

西欧・日本の復興

□□□			
1	外相として、フランスとドイツの和解につとめ、のち欧州議会の議長になった人物は誰か。	1	シューマン

□□□			
2	石炭・鉄鋼生産の共同運営をめざし、フランス・西ドイツ・イタリア・ベネルクス3国で1952年に発足した機関は何か。	2	ヨーロッパ石炭鉄鋼共同体(ECSC)

解説 この後、ドイツはアデナウアー首相のもとで「経済の奇跡」と呼ばれる発展をとげる。

□□□			
3	ヨーロッパ石炭鉄鋼共同体(ECSC)の6カ国が共通関税の設定、資本・労働力移動の自由化などをはかるため、1958年に設立した機関は何か。	3	ヨーロッパ経済共同体(EEC)

□□□			
4	ヨーロッパ経済共同体(EEC)に対抗して、1960年イギリスがスウェーデン・デンマーク・ノルウェー・オーストリア・スイス・ポルトガルと結成した機関は何か。	4	ヨーロッパ自由貿易連合(EFTA)

□□□			
5	ヨーロッパ経済共同体(EEC)の6カ国が1958年に設立した、原子力資源の管理・開発のための協力機関は何か。	5	ヨーロッパ原子力共同体(EURATOM)

□□□			
6	ヨーロッパ石炭鉄鋼共同体(ECSC)・ヨーロッパ経済共同体(EEC)・ヨーロッパ原子力共同体(EURATOM)の3機関を統合して、1967年に発足した組織は何か。	6	ヨーロッパ共同体(EC)

解説 1973年、イギリス・アイルランド・デンマークが加盟して拡大ECとなった。

□□□ **7**	1958年フランスのド＝ゴールは、大統領権限の強い憲法を成立させたが、この政治体制を何というか。	**7** 第五共和政
□□□ **8**	ド＝ゴールが、1962年独立を承認した国はどこか。	**8** アルジェリア
□□□ **9**	ド＝ゴールは核実験を成功させ、独自外交を進めたが、1964年国交を樹立させた国はどこか。	**9** 中華人民共和国
□□□ **10**	ド＝ゴールが1966年脱退した機構は何か。	**10** NATOの軍事機構
□□□ **11**	1956年の日ソ国交回復により、実現した事態は何か。 解説▶国連軍への物資供給による朝鮮戦争特需等があり、1955年以降日本は高度経済成長の時代を迎え、先進国の一員となった。	**11** 日本の国連加盟
□□□ **12**	1960年、アメリカの日本防衛義務を明文化して改定されたものは何か。	**12** 日米安全保障条約
□□□ **13**	1965年に結ばれ、韓国を朝鮮半島で唯一の政府とし、日本と韓国の国交回復を取り決めた条約は何か。	**13** 日韓基本条約

ソ連の「雪どけ」

□□□ **1**	1953年に死亡したソ連の指導者は誰か。	**1** スターリン
□□□ **2**	1956年2月のソ連共産党第20回大会で、フルシチョフ第一書記が行った秘密報告は何か。	**2** スターリン批判
□□□ **3**	ソ連共産党第20回大会で、東西間の緊張緩和政策として打ち出された外交方針は何か。	**3** 平和共存政策
□□□ **4**	平和共存政策のもと、1956年に解散した組織は何か。	**4** コミンフォルム
□□□ **5**	ソ連がこの時期、国内では一定の自由化、対外的には緊張緩和政策に転換しはじめたことを何と呼んだか。 解説▶1955年、ソ連は西ドイツと国交を結んだ。	**5** 「雪どけ」
□□□ **6**	西側への人口流出を防ぐため、東ドイツ政府が1961年東西ベルリン間に構築したものは何か。	**6** ベルリンの壁

□□□
| 7 | 1956年6月、ポーランドで生活の改善と民主化を要求する運動がおきた都市はどこか。 | 7 | ポズナニ |

解説▶この事件に際し、ポーランド共産党第一書記に復帰したゴムウカが事態を収拾し、ソ連軍の介入を防いだ。

□□□
| 8 | 1956年10月、スターリン主義に反発する民主化要求運動が発生し、ソ連軍が武力介入した国はどこか。 | 8 | ハンガリー |

□□□
| 9 | 民主化要求運動の際に拘束され、のち処刑されたハンガリーの首相は誰か。 | 9 | ナジ＝イムレ |

□□□

第18章

○ne step further

ヨーロッパが統合を進めた経済的要因について説明せよ。

➡第二次世界大戦で疲弊したヨーロッパ諸国は、超大国（＿＿＿＿＿・＿＿）、経済成長する（＿＿＿）に対抗するため、（＿＿＿＿＿）によって経済圏の拡大をはかった。

アメリカ・ソ連／日本／地域統合

---

2 第三世界の台頭とキューバ危機

アジア・アフリカ諸国の非同盟運動

□□□
| 1 | 米ソ両陣営に属さず、積極中立を主張する新興独立国・開発途上国を総称して何というか。 | 1 | 第三世界（第三勢力） |

□□□
| 2 | 1954年6月、インドのネルーと中国の周恩来の会談で確認された、平和のための原則を何というか。 | 2 | 平和五原則 |

□□□
| 3 | 1955年4月、アジア・アフリカ29カ国の代表が集まり開催された会議を何というか。 | 3 | アジア＝アフリカ会議（バンドン会議） |

□□□
| 4 | アジア＝アフリカ会議が開催された、インドネシアの都市はどこか。 | 4 | バンドン |

□□□
| 5 | アジア＝アフリカ会議で採択され、平和共存・反植民地主義をうたった原則は何か。 | 5 | 平和十原則 |

☐☐☐ 6	1961年、ユーゴスラヴィアの**ティトー**を中心に、アジア・アフリカ・ラテンアメリカの25カ国の代表が集まって開催された会議を何というか。	6 非同盟諸国首脳会議
☐☐☐ 7	**非同盟諸国首脳会議**が開催された都市はどこか。	7 ベオグラード
☐☐☐ 8	1952年、ナギブを団長とした自由将校団がおこした**エジプト革命**によって成立した国は何か。	8 エジプト共和国
☐☐☐ 9	ナギブを失脚させ、**1956年**に大統領となったのは誰か。	9 ナセル
☐☐☐ 10	1956年**アスワン=ハイダム**建設の資金援助をイギリス・アメリカに拒否されたため、**ナセル**は何を行ったか。	10 スエズ運河国有化
☐☐☐ 11	**スエズ運河国有化**宣言に対し、**1956年**10月イギリス・フランスがイスラエルを誘いエジプトに侵攻したことで勃発した戦争は何か。 解説▶国連の即時停戦決議と**ソ連のエジプト支援声明**で3国は撤退し、ナセルは**アラブ民族主義**の指導的地位についた。	11 スエズ戦争（第2次中東戦争）

アフリカ諸国の独立とラテンアメリカ諸国の動向

☐☐☐ 1	1956年、フランス支配下の北アフリカ地域で独立した2国をあげよ。	1 モロッコ・チュニジア
☐☐☐ 2	1954年以降、フランスからの独立闘争が激化した国はどこか。 解説▶この結果、ド=ゴール大統領は、1962年のエヴィアン協定で独立を認めた。	2 アルジェリア
☐☐☐ 3	1957年、サハラ以南で初めてとなる自力独立を果たした黒人共和国はどこか。	3 ガーナ
☐☐☐ 4	**ガーナ**の独立運動を指導した初代大統領は誰か。	4 エンクルマ（ンクルマ）
☐☐☐ 5	アフリカで、一挙に17の新興独立国が生まれた**1960年**を、とくに何と呼ぶか。	5 「アフリカの年」
☐☐☐ 6	アフリカ諸国の連帯をめざし、1963年のアフリカ独立諸国首脳会議で結成された地域協力機構は何か。 解説▶2002年にはこれにかわり、**アフリカ連合（AU）**が成立した。	6 アフリカ統一機構（OAU）

□□□
7 1960年の独立直後から、豊富な資源をめぐって、ベル | 7 コンゴ
ギー軍が介入し動乱がおきた国はどこか。

解説 先進国と開発途上国間の経済格差（南北問題）の解決をめざ
し、開発途上国に対して援助を行う**国連貿易開発会議
（UNCTAD）**が開催されるようになった。

□□□
8 1948年、アメリカ合衆国とラテンアメリカ20カ国で結 | 8 米州機構（OAS）
成した協力機構を何というか。

□□□
9 アメリカ資本と結びついて腐敗し、1959年の**キューバ | 9 バティスタ政権
革命**で打倒された政権を何というか。

□□□
10 キューバ革命の指導者として農地改革を行ったのは誰か。 | 10 カストロ

解説 1961年、合衆国がキューバと断交したのに対抗し、キュー
バ革命政権は社会主義宣言を出し、ソ連寄りの姿勢を強めた。

□□□
11 **カストロ**とともに革命に参加し、のちボリビアで逮捕さ | 11 ゲバラ
れ処刑された、アルゼンチン出身の革命家は誰か。

□□□
12 1946年アルゼンチン大統領となり、反米・民族主義的政 | 12 ペロン
策を展開するも、55年のクーデタで失脚した人物は誰か。

キューバ危機と核不拡散体制

□□□
1 1961年、アイゼンハワーにかわってアメリカ大統領に就 | 1 ケネディ
任した、**民主党出身**の政治家は誰か。

□□□
2 **1962年**、ソ連のキューバにおけるミサイル基地建設に | 2 キューバ危機
対して、**合衆国が海上封鎖**を実施して、米・ソの直接衝
突の危機が迫った事件を何というか。

解説 ソ連のフルシチョフが譲歩したため危機は回避された。この
のち、米ソ両国は緊張緩和に転じた。

□□□
3 1963年8月、米・英・ソが調印した、**地下実験を除く** | 3 部分的核実験禁止条
核実験を禁止した条約とは何か。 | 約

解説 フランスと中国はこの条約に反対した。

□□□
4 1968年に調印された、すでに核兵器を保有している国以 | 4 核拡散防止条約
外の国が核を持つことを禁じる条約は何か。 | （NPT）

□□□
5 1969年から始まり、72年に妥結した、米ソ間の戦略ミ | 5 第1次戦略兵器制限
サイルの数量制限に関する交渉を何というか。 | 交渉（SALT Ⅰ）

| 6 | 1979年に調印されたが、ソ連のアフガニスタン侵攻によって発効しなかったものは何か。 | 6 第2次戦略兵器制限交渉(SALT II) |

□□□

One step further
アジア・アフリカ諸国の協調の背景、結集の意義について、説明せよ。

➡ (_____)の激化にともない、アジア・アフリカの新興独立国の間には巻き込まれることへの危機感が高まり、東西のどちらにも属さないという動きが強まった。1961年の第1回(_____) 会議には(_____) 諸国も加わり共同歩調をとることで、「(_____)」として影響力を高めた。

東西対立／非同盟諸国首脳／ラテンアメリカ／第三世界

---

3 冷戦体制の動揺

ベトナム戦争

□□□

| 1 | アメリカに支援されて、ベトナム南部に成立したベトナム共和国の初代大統領は誰か。 | 1 ゴ=ディン=ジエム |

□□□

| 2 | 北ベトナムの支援で、1960年に南ベトナムに結成され、ゲリラ戦を展開した組織は何か。 | 2 南ベトナム解放民族戦線 |

□□□

| 3 | 撤退したフランスにかわり、アメリカが介入して、北ベトナム軍や南ベトナム解放民族戦線と戦った戦争とは何か。 | 3 ベトナム戦争 |

□□□

| 4 | アメリカのベトナム介入に反対して展開された、国際的な運動を何というか。 | 4 ベトナム反戦運動 |

□□□

| 5 | 1969年、ベトナム戦争の終結を公約し、ジョンソンにかわった共和党出身の大統領は誰か。 | 5 ニクソン |

解説▶ アメリカは、北ベトナムから攻撃を受けたとして、1965年から本格的な攻撃(北爆)を開始した。

□□□

| 6 | 1973年1月に調印され、アメリカ軍のベトナムからの完全撤退を実現した協定は何か。 | 6 ベトナム(パリ)和平協定 |

□□□		
7	1975年4月、北ベトナムと南ベトナム解放民族戦線により占領された南ベトナムの首都はどこか。	7 サイゴン
□□□		
8	1976年、南北ベトナムが統一されて成立した国を何というか。	8 ベトナム社会主義共和国
□□□		
9	1975年にカンボジアで成立した、親中国的な共産主義政権を何というか。	9 ポル＝ポト政権
□□□		
10	1978年にベトナムがカンボジアに侵攻したことを契機に、翌79年に始まった戦争とは何か。	10 中越戦争

アメリカ合衆国とソ連の変容

□□□		
1	1963年11月のケネディ暗殺後、副大統領から大統領に就任したのは誰か。	1 ジョンソン
□□□		
2	1955年以降、アメリカで黒人解放運動を指導した人物は誰か。 解説 彼は1963年ワシントン大行進において、"I have a dream"という言葉で有名な演説を行った。	2 キング牧師
□□□		
3	ジョンソンが1964年に制定した、人種差別撤廃をめざした法律は何か。	3 公民権法
□□□		
4	1964年内政面の失敗からフルシチョフが解任されたあと、第一書記(のち書記長)に就任したのは誰か。	4 ブレジネフ
□□□		
5	1968年、ドプチェク第一書記を中心に進められた、チェコスロヴァキアの民主化運動を何と呼ぶか。	5 「プラハの春」
□□□		
6	チェコスロヴァキアへの軍事介入を行い、この自由化路線を阻止した国はどこか。	6 ソ連
□□□		
7	チャウシェスクの独自外交路線によって、この介入に参加しなかった東欧の国はどこか。	7 ルーマニア

ヨーロッパでの緊張緩和

□□□		
1	1969年西ドイツに成立した、社会民主党と自由民主党の連合内閣の首相は誰か。	1 ブラント

□□□ 2	ブラントが進めた、社会主義国との関係改善をめざす外交を何というか。	2 東方外交
□□□ 3	1972年、東西ドイツは相互承認を行い、翌年ある国際機関に同時加盟するが、その機関とは何か。 解説▶ドイツは懸案であったオーデル・ナイセ線を承認した。	3 国際連合

中ソ対立と文化大革命

□□□ 1	中国における1958年からの第2次五カ年計画で目標とされた、農工業生産の飛躍的増大をめざす運動を何というか。	1 「大躍進」
□□□ 2	農業の集団化を推進するため、農村に建設された政治・経済・文化・軍事を含んだ共同体を何というか。	2 人民公社
□□□ 3	1959年、毛沢東にかわり国家主席となったのは誰か。	3 劉少奇
□□□ 4	漢人への同化政策などへの反発から、1959年中国に対する反乱をおこした地域はどこか。	4 チベット
□□□ 5	チベットの反乱鎮圧後、インドへの亡命を余儀なくされた、宗教指導者は誰か。	5 ダライ=ラマ14世
□□□ 6	ダライ=ラマ14世の亡命を機におこった武力衝突とは何か。	6 中印国境紛争
□□□ 7	中国がソ連の平和共存路線を批判し、ソ連が中国への経済援助を取りやめるなどの行動に出た結果、両国の陥った状態を何というか。	7 中ソ対立
□□□ 8	中ソ対立の結果、1969年にはどのような事件に発展したか。	8 中ソ国境紛争
□□□ 9	1966～76年、毛沢東が林彪らと結び、思想・文化闘争の形をとり、劉少奇らを失脚させるために行った権力奪回闘争を何というか。	9 プロレタリア文化大革命(文化大革命)
□□□ 10	「造反有理」を唱えて激しい闘争を展開した、学生を主体とした組織は何か。	10 紅衛兵

□□□			
11	資本主義への復活をはかる実権派(走資派)として、劉少奇とともに失脚した政治家は誰か。	11	鄧小平

□□□			
12	1972年中国を訪問し、中華人民共和国を事実上承認したアメリカ大統領は誰か。	12	ニクソン

解説▶1971年、中華民国政府にかわって中華人民共和国政府の国連代表権が認められた。

□□□			
13	ニクソンの訪中により1979年に米中国交は正常化された。日本も72年当時の首相が訪中して、日中国交が正常化された。周恩来首相(写真右)と会談した、当時の日本の首相(写真左)は誰か。	13	田中角栄

□□□			
14	1978年福田赳夫首相のとき結ばれた、日中両国の内政に対する相互不干渉などを取り決めた条約は何か。	14	日中平和友好条約

□□□			
15	1976年に死去した、中国共産党の指導者を2人あげよ。	15	周恩来・毛沢東

□□□			
16	周恩来・毛沢東らの死後首相となった華国鋒が1976年に行ったことは何か。	16	江青ら「四人組」の逮捕

□□□			
17	1978年鄧小平らは経済重視へ方針転換するが、その後展開された、農業・工業・国防・科学技術の近代化策とは何か。	17	「四つの現代化」

□□□			
18	鄧小平の指導下、人民公社の解体や経済特区の設置、外資導入などが進められるが、この政策を何というか。	18	改革開放政策

開発独裁と東南・南アジアの自立化

□□□			
1	アジアやラテンアメリカで1960年代以降出現した、軍部や軍人出身の政治家が独裁権を握り、近代化を強行していく政治体制を何というか。	1	開発独裁

□□□ **2** 1961年の軍部クーデタで実権を握り、63年に大統領に就任した韓国の指導者は誰か。	2	朴正煕（パクチョンヒ）
□□□ **3** 1980年、韓国で発生した、民主化運動を政府軍が弾圧した事件とは何か。	3	光州事件
□□□ **4** 1965年、軍部が実権を握り、スカルノを失脚させるきっかけとなったインドネシアの事件を何というか。	4	九・三〇事件
□□□ **5** 1965年フィリピン大統領となり、親米路線をとった人物は誰か。	5	マルコス
□□□ **6** マラヤ連邦を中心に成立したマレーシアから、1965年に中国系住民が分離・独立して建てた国は何か。	6	シンガポール
□□□ **7** 1967年、インドネシア・マレーシア・フィリピン・シンガポール・タイで結成された地域協力機構は何か。 **解説** 当初は反共軍事同盟の性格が強かったが、1971年に中立地帯宣言を出して、政治・経済面での協力機構に移行した。	7	東南アジア諸国連合（ASEAN（アセアン））
□□□ **8** 1965年の第2次インド＝パキスタン戦争の原因となった領土問題は何か。	8	カシミール帰属（きぞく）問題
□□□ **9** 西パキスタンに対する不満から、東パキスタンは1971年、何という国として独立したか。	9	バングラデシュ
□□□ **10** 史上初めて選挙によって社会主義政権を樹立するも、1973年のクーデタによって死亡したチリの大統領は誰か。	10	アジェンデ

□□□

One step further
米中の国交正常化にいたる両国の国内・国際事情について説明せよ。

➡アメリカは（＿＿＿＿）戦争に対する国内および国際的な（＿＿＿）運動や（＿＿＿）の増大、中国は（＿＿＿＿＿＿）や（＿＿＿＿＿）で苦しんでいた。両国は、国際的な孤立を解消するため、関係改善をはかった。

ベトナム／反戦／戦費／文化大革命／中ソ対立

第19章 | 冷戦の終結と今日の世界

1 産業構造の変容

ドル=ショックとオイル=ショックの影響

□□□ 1	1971年、アメリカ大統領ニクソンが金・ドルの兌換停止、ドルの切り下げを発表したことを何と呼ぶか。 解説 EC・日本の経済成長でアメリカの国際収支はしだいに赤字に転じ、ベトナム戦争の長期化がこの赤字に拍車をかけ、ドルを中心とした国際通貨体制に動揺が生じた。	1	ドル=ショック
□□□ 2	第二次世界大戦後の諸国で実施された、社会保障制度の充実や雇用の安定などをはかる政策とは何か。	2	福祉国家政策
□□□ 3	1973年、先進国の通貨はどのような制度に移行したか。	3	変動相場制
□□□ 4	第4次中東戦争の際、アラブ石油輸出国機構（OAPEC）が行った、原油の減産、非友好国への石油の輸出停止・制限などの措置を何というか。 解説 他国の影響を排除し、自国の資源の生産・支配をめざす資源ナショナリズムという考えが広まった。	4	石油戦略
□□□ 5	石油戦略と同時に、石油輸出国機構（OPEC）が原油価格の大幅引上げを行ったために発生した、世界的な経済混乱を何と呼ぶか。	5	第1次石油危機（オイル=ショック）
□□□ 6	公害の発生などに対し、1972年ストックホルムで開かれた、環境を主題とする初の国際会議は何か。	6	国連人間環境会議
□□□ 7	経済政策の相互協力と調整を協議するため、1975年以降毎年開かれている主要先進国の首脳会議は何か。	7	先進国首脳会議（サミット）
□□□ 8	福祉国家政策に対する反発から、「小さな政府」をめざして、競争原理を重視する考えを何というか。	8	新自由主義

□□□ 9	1979〜90年、社会政策費削減や国営企業民営化による財政再建をはかり、フォークランド戦争で強硬路線をとった保守党出身のイギリス初の女性首相は誰か。	9	サッチャー
□□□ 10	1982年以来西ドイツ首相をつとめ、90年のドイツ統一を実現させたキリスト教民主同盟の党首は誰か。	10	コール
□□□ 11	1970年代に経済成長を遂げた、韓国・台湾・香港・シンガポール・メキシコ・ブラジルなどを総称して何というか。	11	新興工業経済地域（NIES）
□□□ 12	ラテンアメリカ諸国で、1980年代に累積債務（るいせきさいむ）が増大して発生した事態は何か。 解説▶その結果、80年代にはアルゼンチン、ブラジル、チリなどは軍事政権から民政に移行していった。	12	債務危機

中東の変容

□□□ 1	1967年、イスラエルがエジプト・シリア・ヨルダンを攻撃して始まった戦争を何というか。	1	第3次中東戦争（6日戦争）
□□□ 2	第3次中東戦争（6日戦争）の結果、イスラエルが占領した地域はどこか。	2	シナイ半島・ガザ地区・ヨルダン川西岸・ゴラン高原など
□□□ 3	1973年、エジプト・シリアがイスラエルを攻撃して始まった戦争は何か。	3	第4次中東戦争
□□□ 4	1979年のイラン＝イスラーム革命を国外から指導し、パフレヴィー2世を追放したシーア派の宗教指導者は誰か。	4	ホメイニ

イラン＝イスラーム革命

| 5 | ホメイニのもとで成立した、イスラーム教を国家原理とする復古色の強い国家を何というか。 | 5 | **イラン＝イスラーム共和国** |

解説▶イラン＝イスラーム革命・イラン＝イラク戦争などの要因から石油価格が高騰して第2次石油危機となった。

□□□

One step further
1970年代の世界的経済危機をまねいた、「2つのショック」について説明せよ。

➡アメリカが（＿・＿＿＿＿＿＿）停止を発表した「（＿＿＿＿＿＿＿）」により（＿＿＿＿＿＿＿＿＿）体制が崩壊した。また（＿＿＿＿＿＿）のとった石油戦略により「（＿＿＿＿＿）」がおこり、世界的な不況が広がった。

| | **金・ドルの兌換**／**ドル＝ショック**／**ブレトン＝ウッズ**／**OAPEC**／**石油危機** |

---

2 冷戦の終結

新冷戦

□□□

| 1 | 1977年アメリカ大統領となり、「人権外交」を展開した民主党の政治家は誰か。 | 1 | **カーター** |

□□□

| 2 | 1981年**共和党**から大統領に就任、「強いアメリカ」を標榜してソ連との対決姿勢を強めた政治家は誰か。 | 2 | **レーガン** |

□□□

| 3 | **レーガン**の時代、ソ連はアフガニスタンに侵攻中で、一方アメリカはグレナダに侵攻していた。こうした1980年代前半の米ソ関係は何といわれるか。 | 3 | **「第2次冷戦」**（新冷戦） |

□□□

| 4 | **レーガン**は減税や規制を緩和し、どのような政府をめざすと提唱したか。 | 4 | **「小さな政府」** |

解説▶当時アメリカは、財政赤字と貿易赤字の「**双子の赤字**」に悩み、1985年**世界最大の債務国**に転落した。

□□□

| 5 | 1985年に先進5カ国（アメリカ、フランス、イギリス、西ドイツ、日本）の会議で、ドル高是正の国際協調を決めた合意とは何か。 | 5 | **プラザ合意** |

ペレストロイカから東欧革命へ

□□□ 1	1985年、ソ連共産党書記長に就任したのは誰か。	1	ゴルバチョフ
□□□ 2	ゴルバチョフが提起した、ソ連の政治・社会全般にわたる改革を何というか。 解説▶1990年大統領制が導入され、市場経済への移行が行われた。	2	ペレストロイカ(改革)
□□□ 3	1986年、周辺地域にも重大な被害を与えた、ソ連(当時)のウクライナでおこった事故とは何か。	3	チョルノービリ(チェルノブイリ)原子力発電所事故
□□□ 4	ゴルバチョフが打ち出した、秘密主義を改め、情報公開を進めようとする政策を何というか。	4	グラスノスチ(情報公開)
□□□ 5	ゴルバチョフによる協調外交を何というか。	5	「新思考外交」
□□□ 6	ゴルバチョフは1979年以降、革命政権を支援するために軍事介入していた国からの撤兵を表明した。その国はどこか。	6	アフガニスタン
□□□ 7	1987年に米ソ間で締結された、「核兵器搭載可能な中距離ミサイルを廃棄、その後の製造をしない」とした条約は何か。	7	中距離核戦力(INF)全廃条約
□□□ 8	1980年ポーランドで、ワレサを指導者として労働者が結成した組織を何というか。	8	ポーランド自主管理労組「連帯」
□□□ 9	1989年、ホネカー退陣後の東ドイツ政府が東西ドイツ間の自由な往来を認めて行った政策は何か。	9	ベルリンの壁開放
□□□ 10	1990年10月に実現したドイツ統一は、どのような形で行われたか。	10	西ドイツによる東ドイツの吸収
□□□ 11	1989年12月の反体制運動で処刑された、ルーマニアの独裁者は誰か。	11	チャウシェスク
□□□ 12	1989年、社会主義諸国においてあいついで共産党独裁体制が崩壊した事態を何というか。	12	東欧革命

ソ連の崩壊と冷戦の終結

□□□
1 1989年アメリカ大統領に就任した、共和党出身の政治家は誰か。

1 ブッシュ（父）

□□□
2 「冷戦の終結」を宣言した、ブッシュとゴルバチョフの1989年12月の会談（写真）を何と呼ぶか。

2 マルタ会談

□□□
3 1982年から交渉が始まり、91年に調印された、核兵器削減を目的とした米ソ間の条約を何というか。

3 第1次戦略兵器削減条約（START）

解説▶1996年にはあらゆる場所での核実験を禁止した、包括的核実験禁止条約（CTBT）が国際連合で採択されたが、反対する国があって発効していない。

□□□
4 1991年に解消された、社会主義諸国の国際組織を2つあげよ。

4 コメコン・ワルシャワ条約機構

□□□
5 1991年8月末の保守派クーデタ（反ゴルバチョフ＝クーデタ）を、民衆の抵抗を指揮して阻止した、ロシア共和国（のちのロシア連邦）大統領は誰か。

5 エリツィン

解説▶クーデタ鎮圧後、ゴルバチョフはソ連共産党の解散を宣言した。

□□□
6 1991年9月、ソ連から離脱して独立した国はどこか。

6 バルト3国（エストニア、ラトヴィア、リトアニア）

□□□
7 1991年12月ロシア・ウクライナ・ベラルーシで創設、のちバルト3国を除く、ソ連を構成していた全共和国が参加した組織は何か。

7 独立国家共同体（CIS）

解説▶ゴルバチョフは大統領を辞任し、ソ連は消滅した。

□□□
8 ソ連邦消滅後の1992年、社会主義体制から離脱した国はどこか。

8 モンゴル国

☐☐☐ 9	2000年よりロシア連邦大統領に就任した、KGB(ソ連国家保安委員会)出身の人物(写真)は誰か。 解説 ロシアは、2014年ロシア系住民の多いクリミア半島を併合し、22年にはウクライナへ侵攻した。	9	プーチン

☐☐☐

One step further

ペレストロイカとソ連崩壊の経過について説明せよ。

→ (_____) はペレストロイカをかかげて改革に着手
し、(_____)制や(___)経済への移行を行った。しかし急
速な改革は、連邦内の(_____)運動を呼びおこし、さら
にクーデタを契機にソ連共産党は(___)し、(_____
____)が結成され、ソ連邦は消滅した。

ゴルバチョフ／大統
領／市場／民族独立
／解散／独立国家共
同体

---

3 今日の世界

旧社会主義圏の民族紛争

☐☐☐ 1	1990年以降独立戦争を開始し、94年ロシアが軍事介入した、イスラーム系住民が多く、石油を産出するロシア連邦内の共和国はどこか。	1	チェチェン
☐☐☐ 2	1991年クロアティア・スロヴェニアが連邦からの離脱を宣言、セルビア・クロアティア間で激しい内戦に突入した国はどこか。	2	ユーゴスラヴィア
☐☐☐ 3	内戦の続くユーゴスラヴィアにおいて、セルビアが独立を求めるアルバニア人を弾圧した事件を何というか。 解説 1999年国際連合安保理の決議なしに、NATO軍はセルビアを空爆した。	3	コソヴォ問題

東アジアの動向

☐☐☐
1 1989年6月、民主化を要求する学生・労働者を、政府が人民解放軍を使って弾圧した事件を何というか。

> **解説** この結果、趙紫陽が解任され、江沢民が総書記となった。

1 天安門事件

☐☐☐
2 共産党独裁を維持しながらも、外国資本の導入などを行う、1993年に中国の憲法で採用された経済体制とは何か。

2 社会主義市場経済

☐☐☐
3 1997年と99年に、イギリスとポルトガルから中国へ返還された地域はそれぞれどこか。

> **解説** 両地域は中国の一部ではあるが、特別行政区として高度な自治を約束(一国二制度)し、資本主義体制を維持させた。

3 香港・マカオ

☐☐☐
4 2002年、中国共産党総書記となり、急激な経済成長を実現した人物は誰か。

4 胡錦濤

☐☐☐
5 2012年に中国共産党総書記に就任し、国内では権力を集中させ、対外的には強硬な政策を打ち出している人物は誰か。

5 習近平

☐☐☐
6 長く民主化運動のリーダーであったために弾圧された後、1998年韓国の大統領になったのは誰か。

> **解説** 韓国の盧泰愚大統領は1990年ソ連と、92年中国と国交を樹立し、91年には朝鮮民主主義人民共和国(北朝鮮)と国際連合同時加盟を実現した。

6 金大中

☐☐☐
7 太陽政策を採用した**金大中**が、2000年実現させた外交成果とは何か。

7 南北首脳会談

☐☐☐
8 1997年朝鮮労働党総書記に就任、98年国防委員長に再任された、北朝鮮の指導者は誰か。

8 金正日

☐☐☐
9 1988年、台湾出身者として初めて総統に就任し、民主化推進につとめた人物は誰か。

9 李登輝

東南アジア・南アジアの変化

☐☐☐
1 1997年、タイの通貨危機から始まったアジアの経済混乱を何というか。

1 アジア通貨危機

	問題		解答
□□□ 2	九・三〇事件以降政権を握っていたが、経済危機により1998年に退陣したインドネシア大統領は誰か。	2	スハルト
□□□ 3	1991年にカンボジア和平協定が成立した後、93年に樹立された国は何か。	3	カンボジア王国
□□□ 4	1986年以降、ベトナムは緩やかな市場開放に向かうが、そうした政策を何というか。	4	ドイモイ(刷新)
□□□ 5	1974年及び98年に核実験に成功した、南アジアの国はどこか。 解説 これに対抗して1998年パキスタンも核実験を行った。	5	インド

民族・地域紛争

	問題		解答
□□□ 1	1975年、ポルトガルから独立したアフリカの国を2つあげよ。 解説 冷戦後の世界では地域紛争が頻発するようになった。	1	モザンビーク・アンゴラ
□□□ 2	南アフリカ共和国で白人・非白人の差別分離を目的に、第二次世界大戦後に法制化された政策は何か。 解説 1991年この政策は撤廃された。	2	アパルトヘイト
□□□ 3	1994年全人種による選挙の結果、黒人として初の大統領に就任したアフリカ民族会議(ANC)議長は誰か。	3	マンデラ
□□□ 4	1980年代以降内戦が激化し、92年の多国籍軍派遣によっても内戦は鎮圧できず、国連が部隊を撤収させた東アフリカの国はどこか。	4	ソマリア
□□□ 5	1990年からツチ人とフツ人による内戦が勃発し、大量の難民が発生した国とはどこか。	5	ルワンダ
□□□ 6	1970年、ナセルの急死でエジプト大統領となったのは誰か。 解説 1981年、サダトはイスラーム主義者によって暗殺された。	6	サダト
□□□ 7	1979年アメリカ大統領カーターの仲介で、エジプトとイスラエルが結んだ条約を何というか。	7	エジプト=イスラエル平和条約
□□□ 8	エジプト=イスラエル平和条約が成立した結果、イスラエルがエジプトに返還した地域はどこか。	8	シナイ半島

□□□		
9	イスラエルに奪われた土地と権利回復をめざし、1964年パレスチナ難民が設立した組織は何か。	9 パレスチナ解放機構（PLO）
□□□		
10	1993年アメリカ大統領クリントンの仲介でPLOとイスラエルの間で合意した協定は何か。	10 パレスチナ暫定自治協定（オスロ合意）
□□□		
11	パレスチナ暫定自治協定のときの、PLO議長とイスラエル首相を答えよ。 解説▶この合意に反対するユダヤ教徒によってイスラエル首相は暗殺された。	11 アラファト・ラビン
□□□		
12	パレスチナ暫定自治協定にもとづいて自治が開始された、地中海沿岸の地域はどこか。	12 ガザ地区
□□□		
13	イスラエルに対して、パレスチナ人が投石などで抵抗する行動を何というか。	13 インティファーダ
□□□		
14	欧米流の近代化に反発し、イスラーム法による統治を求めるような復古主義的思想を何というか。	14 イスラーム主義（イスラーム復興運動）
□□□		
15	1979年イラク大統領に就任し、独裁政治を続けた軍人は誰か。	15 サダム＝フセイン
□□□		
16	1980年国境問題でイラクがイランに侵入、88年の停戦まで続いた戦争を何というか。	16 イラン＝イラク戦争
□□□		
17	1990年8月、石油資源をねらってイラクが侵攻・占領した国はどこか。	17 クウェート
□□□		
18	クウェートに対し、1991年1～2月、アメリカ軍を中心とする多国籍軍が組織され、イラクを攻撃・敗北させた戦争を何というか。	18 湾岸戦争
□□□		
19	トルコ・シリア・イラン・イラクなどに居住し、そうした諸国からの独立運動を弾圧されている民族は何か。 解説▶クルド人は推定2000万人以上とされ、「国家を持たない世界最大の少数民族」といわれる。	19 クルド人
□□□		
20	ポルトガルからの独立後、インドネシアの併合をへて、2002年独立を達成した国はどこか。	20 東ティモール

第19章

通商の自由化と地域統合

☐☐☐
1 1995年 GATT にかわって設置され、貿易の自由化や貿易紛争の調停にあたっている組織は何か。

1 世界貿易機関
(WTO)

☐☐☐
2 EC の市場統合後の共通外交、欧州市民権をめざした**1992年のマーストリヒト条約**に従って、93年に EC が発展して発足した機構を何というか。

2 ヨーロッパ連合
(EU)

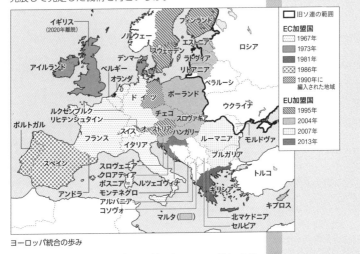

ヨーロッパ統合の歩み

解説 2004年、バルト3国やポーランド、チェコ、ハンガリーなど10カ国が加盟したことで、EU が東欧に拡大した。なお、イギリスは20年、EU を離脱した。

☐☐☐
3 ヨーロッパ連合(EU)での共通通貨とは何か。

3 ユーロ

☐☐☐
4 1994年、アメリカ・カナダ・メキシコが発足させた自由貿易協定は何か。

4 北米自由貿易協定
(NAFTA)

☐☐☐
5 1989年オーストラリアの提唱で結成された、アジア・太平洋地域の経済協力機構は何か。

5 アジア太平洋経済協力(APEC)会議

☐☐☐
6 貿易の自由化を促進する、環太平洋パートナーシップ(TPP)協定からアメリカが離脱して、2018年に発効した協定は何か。

6 CPTPP(TPP11協定)

7	従来の先進国8カ国によるG8に、ブラジル・インド・中国などの有力新興国を含めた会合を何というか。	7	G20

☐☐☐

8	人や資本が世界規模で移動して、さまざまな分野で進行していく、世界の一体化を何というか。	8	グローバリゼーション

同時多発テロと対テロ戦争

☐☐☐

1	2001年アメリカの4カ所で発生した、飛行機をハイジャックした犯人らによる自爆テロ事件を何というか。	1	同時多発テロ事件

☐☐☐

2	**同時多発テロ事件**を実行したとされる、ビン=ラーディン率いるイスラーム組織は何か。	2	アル=カーイダ

第19章

☐☐☐

3	**同時多発テロ事件**に際し、「対テロ戦争」宣言を出した、当時のアメリカ大統領は誰か。	3	ブッシュ(子)

☐☐☐

4	ブッシュが2001年攻撃を開始した、アフガニスタンの政権は何か。	4	ターリバーン政権

☐☐☐

5	ブッシュが2003年、大量破壊兵器を所有しているとして攻撃を開始した国はどこか。 解説 その結果、当時のフセイン政権は崩壊した。	5	イラク

☐☐☐

6	2010年以降、アラブ世界に広がった民主化運動を何というか。	6	「アラブの春」

☐☐☐

7	国連平和維持軍が紛争地域に派遣されて、停戦や選挙を監視したり、人道支援などを行う活動を何というか。	7	国連平和維持活動(PKO)

☐☐☐

8	2009年、アフリカ系初のアメリカ大統領に就任した人物(写真)は誰か。	8	オバマ

☐☐☐

9	「アメリカ第一主義」を唱え、2017年アメリカ大統領となった共和党の人物は誰か。	9	トランプ

□□□ 10	人権擁護や平和維持などの分野で活躍する、営利を目的としない団体を何というか。	10 非政府組織(NGO)

□□□

One step further

1990年代前半の中東和平の経緯について説明せよ。

➡パレスチナ解放機構の(＿＿＿＿＿＿＿)議長とイスラエルの
(＿＿＿＿)首相は、アメリカ大統領(＿＿＿＿＿＿＿)の仲介で
相互に承認を行い、(＿＿＿＿＿＿＿＿＿＿＿＿＿)の樹立で
合意した。しかしラビン首相が(＿＿＿)されると、双方とも
武力対決路線に戻った。

アラファト／ラビン
／クリントン／パレ
スチナ暫定自治政府
／暗殺

---

4 現代文明の諸相

□□□ 1	相対性理論を提唱して、原子物理学の飛躍的な発達に貢献したユダヤ系の理論物理学者は誰か。	1 アインシュタイン
□□□ 2	原子爆弾や水素爆弾などを総称して何というか。	2 核兵器
□□□ 3	1969年、初めて有人月面着陸に成功したロケットは何か。	3 アポロ11号
□□□ 4	2011年東日本大震災により、放射性物質の放出をともなう深刻な事故が発生した施設は何か。	4 福島第一原子力発電所
□□□ 5	集積回路(IC)の開発によって飛躍的に発達した、超高速で計算・記憶・情報管理を行う装置は何か。 解説▶電子工学の発達の結果、工業生産のオートメーション化・ロボット化が進み、日常生活の快適さがもたらされた。その劇的な変化を情報技術(IT)革命という。	5 コンピュータ
□□□ 6	経済成長・技術の進歩により、人口が爆発的に増えた結果、どのような事態が生じているか。	6 環境破壊・食料問題
□□□ 7	二酸化炭素などの増加によるとされる、環境問題は何か。	7 地球温暖化
□□□ 8	「持続可能な開発」の実現に向けて、1992年リオデジャネイロで開催された会議は何か。 解説▶1997年、二酸化炭素の排出量を減少させるための取り組みを定めた京都議定書が結ばれた。	8 「環境と開発に関する国連会議」(地球サミット)

□□□			
9	地球温暖化防止のため、2015年に採択された枠組みとは何か。	9	パリ協定
□□□			
10	2015年、国連サミットで取り決められた開発目標とは何か。	10	「持続可能な開発目標(SDGs)」
□□□			
11	無意識の領域に注目する精神分析学を確立した、オーストリアの精神病理学者は誰か。	11	フロイト
□□□			
12	「ゲルニカ」などで知られる、スペインの立体派の画家は誰か。	12	ピカソ
□□□			
13	『プロテスタンティズムの倫理と資本主義の精神』などで知られる、社会学・経済学者は誰か。	13	マックス＝ヴェーバー
□□□			
14	20世紀のアメリカ哲学の主流となり、教育学に多く取り入れられた哲学思想を何というか。 解説▶その代表に、アメリカのデューイがいる。	14	プラグマティズム
□□□			
15	異なる文化を尊重し、さまざまな集団の共存を求める考えを何というか。	15	多文化主義
□□□			
16	1960年代に登場した、女性解放運動を何というか。 解説▶19世紀以降、ヨーロッパを中心に女性参政権を要求する運動がさかんになり、第一次世界大戦中から戦後にかけて、女性参政権を認める国が増えていった。	16	フェミニズム
□□□			
17	身体的な性とは別に、社会的につくられた規範のことを何というか。	17	ジェンダー
□□□			

One step further

「歴史的に見て大気中の二酸化濃度は1750年以降急増した。現在の二酸化炭素濃度の増加率は、過去２万年で例のない高い値である」という政府間パネルの評価報告書が2001年出された。この報告書の指摘する環境問題について説明せよ。

➡（_____）後、（___・___）などの化石燃料を大量消費するようになり大気中の二酸化炭素濃度が急増し、（_____）化を招いた。

産業革命／石炭・石油／地球温暖化

【写真所蔵・提供一覧】

p.13　日本銀行金融研究所貨幣博物館

p.15　義井豊

p.37　アフロ／Imagemart

p.100　東京大学史料編纂所

p.243　時事通信フォト

p.246　時事通信フォト

上記以外、ユニフォトプレス

よくでる一問一答世界史

2024 年 7 月　初版発行

編者	小豆畑和之
発行者	野澤武史
印刷所	株式会社　加藤文明社
製本所	有限会社　穴口製本所
発行所	株式会社　山川出版社
	〒 101-0047　東京都千代田区内神田 1-13-13
	電話 03（3293）8131（営業）　03（3293）8134（編集）
	https://www.yamakawa.co.jp/
装幀	Malpu Design（清水良洋）
本文デザイン	株式会社　ウエイド（山岸全）

ISBN978-4-634-03225-5　　　　　　　　　　NYZS0101

本書の全部または一部を無断で複写複製（コピー）・転載することは、
著作権法上での例外を除き、禁じられています。

● 造本には十分注意しておりますが、万一、落丁・乱丁などがございましたら、
　営業部宛にお送りください。送料小社負担にてお取り替えいたします。
● 定価はカバーに表示してあります。
● 暗記用シートは、実用新案登録第 3110283 号